体育健身理论与实践研究

杨韩雪 著

中国原子能出版社
China Atomic Energy Press

图书在版编目(CIP)数据

体育健身理论与实践研究 / 杨韩雪著. — 北京 ：中国原子能出版社，2019.12（2021.9重印）

ISBN 978-7-5221-0284-9

Ⅰ.①体… Ⅱ.①杨… Ⅲ.①体育锻炼—研究 Ⅳ.①G806

中国版本图书馆 CIP 数据核字(2019)第 278738 号

体育健身理论与实践研究

出版发行	中国原子能出版社(北京市海淀区阜成路 43 号　100048)
责任编辑	宋翔宇　刘　佳
责任印制	潘玉玲
印　　刷	三河市南阳印刷有限公司
发　　行	全国新华书店
开　　本	787mm×1092mm　1/16
印　　张	14
字　　数	314 千字
版　　次	2019 年 12 月第 1 版　2021 年 9 月第 3 次印刷
书　　号	ISBN　978-7-5221-0284-9
定　　价	68.80 元

网址:http://www.aep.com.cn　　**E-mail:atomep123@126.com**

前　言

众所周知，党和国家一直关注人们的健康和群众体育的发展。自20世纪90年代，这种关注逐渐上升到更高水平。早在1995年6月，国务院就颁布了《全民健身计划纲要》，为广泛开展群众体育活动、增强人民体质吹响了号角；2010年，国务院再次颁布《全民健身计划(2011—2015年)》，提出了“切实加强青少年体育”“重视发展老年人体育”“大力推进残疾人体育”“着力推动职工体育”等各种提高全民健身水平的具体举措；时至2016年，国务院又颁布了《关于印发全民健身计划(2016—2020年)的通知》，明确了“开展全民健身活动，提供丰富多彩的活动供给。因时因地因需开展群众身边的健身活动，分层分类引导运动项目发展，丰富和完善全民健身活动体系”等具体任务，标志着“健康中国2030”总体发展战略和“全民健康”伟大工程序幕的开启。

经过全民健身计划多年的推广和实施，我国居民体质健康水平有了较大提高，健康素养也得到较大提升，尤以经济发达地区的大中城市为典型。但不容忽视的是，大众健身领域仍有较多问题存在。如大学生群体中身体素质继续呈现下降趋势，肥胖检出率持续上升，白领人群中亚健康状态高居不下，成年人中慢性病常发，农民群体健身能力不强等问题，严重影响了“健康中国2030”战略目标的顺利实现。

综上，可以认为，身处从“全面小康”向“全民健康”转变的伟大历史时期，学术界应该为国家战略的贯彻落实贡献智慧。本书的出版，既以此为宗旨和目标，也为提高体育专业学生从事大众健身指导的理论水平和实践能力、为提高居民体育健身的意识和能力等尽绵薄之力。

重庆工商大学融智学院　杨韩雪

2019年11月

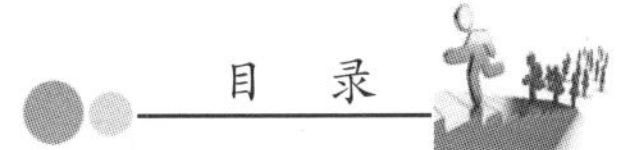

目 录

第一章　绪论

第一节　选题意义

改革开放以来，我国经济发展迅猛，人民生活日趋富裕，对健身的需求不断增长。为增强国民体质、改善国民健身环境，国家先后颁布了《全民健身计划纲要》《体育法》《全民健身条例》《全民健身计划（2016—2020）》等一系列政策法规促进和保障全民健身公共服务供给，但现阶段人民群众日益增长的多样化体育需求和社会体育资源相对不足之间的矛盾依然突出，政府全民健身公共服务供给效率不高的问题仍旧存在，解决这些矛盾和问题就必须对现有的全民健身公共服务供给模式进行变革。如何推进私人部门和社会组织在全民健身公共服务供给中发挥作用，完善全民健身公共服务供给体系，提高公共服务的质量和效率，是现阶段全民健身公共服务体系建设亟待解决的问题，这也正是本选题的意义所在。

第二节　文献综述

一、国内全民健身理论研究综述

（一）我国全民健身理论研究的缘起

全民健身公共服务与国家政策、政府行为密切相关，为此，本研究以具有承上启下意义的《全民健身计划纲要》为主线，进行全民健身研究的探索。

1.《全民健身计划纲要》颁布的历史背景（1949—1994 年）

自新中国成立以来，我国群众体育工作经历了数次起起落落。1949—1957 年期间，为改善国民羸弱的体质，改变“东亚病夫”的形象，适应国家建设的需要，群众体育工作受到了党和政府高度的重视。期间，《准备劳动与保卫祖国体育制度》（简称《劳卫制》）推行，中华全国体育总会成立，行业体协、职工体协、基层体协建立，体育场地设施兴建等，都标志着新中国群众体育事业的第一个“黄金时代”到来。这一时期群众体育活动不仅在改善国民体质、发展国民经济和保家卫国等方面成绩显著，同时也奠定了后期群众体育活动开展的基本框架。但随之而来的“大跃进”（1958 年）使“兴盛一时”的群众体育活动几乎陷入停顿。1960 年中央调整政策后，经济形势开始了好转，体育系统也纠正了以往的错误，对群众体育提出了“业余、自愿、小型、多样，因时、因地、因人制宜”的原则，使群众体育出现了新的发展势头。与此同时，我国试行了由《劳卫制》修订而成的《青少年体育锻炼标准》，并有52万多人达到标准，各种群体组织也相继恢复和新建成立。1965年，全国出现了群众体育活动的高潮，有近亿人参加各种体育活动，群众体育活动开始朝着良性的方向发展。可是刚刚获得的经验成果还未总结，历时十年的“文化大革命”（1966－1976年）就将群众体育打入了瘫痪状态。随着“文革”的结束、党的十一届三中全会的召开，我国的经济形势开始好转，群众体育工作又迎来了春天，随着经济体制改革的逐步深入和企业经营机制的逐步转换，群众体育由单纯的行政命令组织活动，向多渠道、多形式演进，群众体育的管理也由集中统一向多元化过渡。自20世纪80年代中期以来，社区体育作为一个新的群众体育活动形式开始在我国城市社区迅速兴起。1990年又推出了“亿万农民健身活动”，受到了广大农民的欢迎。但期间随着国际奥委会对我国奥委会合法席位的恢复（1979年），出现了“重竞技体育、轻群众体育”的现象。以往依靠行政命令参与体育的群众也失去约束力，从体育活动参与的队伍中流失，再加之其他业余文化活动对余暇时间的竞争，开展大众体育活动的难度逐步增大，部分群众体育管理机构形同虚设。20世纪90年代前期体育改革拉开了序幕，1993年5月，国家体委下发《关于深化体育改革的意见》中明确提出“改革原来在计划经济体制下，单纯依赖国家和主要依靠行政手段办体育的高度集中的体育体制，建立与社会主义市场经济相适应，符合现代体育运动规律、国家调控、依托社会、有自我发展活力的体育体制和良性循环的运行机制，形成国家办与社会办相结合、集中办与分散办相结合的格局”。

2.《全民健身计划纲要》颁布及相关政策演进

经李克强总理签批，国务院印发《全民健身计划（2016－2020年）》（以下简称《计划》），就今后一个时期深化体育改革、发展群众体育、倡导全民健身新时尚、推进健康中国建设作出部署。

《计划》指出，实施全民健身计划是国家的重要发展战略。要以增强人民体质、提高健康水平为根本目标，以满足人民群众日益增长的多元化体育健身需求为出发点和落脚点，坚持以人为本、改革创新、依法治体、确保基本、多元互促、注重实效的工作原则，通过立体构建、整合推进、动态实施，统筹建设全民健身公共服务体系和产业链、生态圈，提升全民健身现代治理能力，为全面建成小康社会贡献力量，为实现中华民族伟大复兴的中国梦奠定坚实基础。

《计划》明确，到2020年，群众体育健身意识普遍增强，参加体育锻炼的人数明显增加，每周参加1次及以上体育锻炼的人数达到7亿，经常参加体育锻炼的人数达到4.35亿。全民健身的教育、经济和社会等功能充分发挥，与各项社会事业互促发展的局面基本形成，体育消费总规模达到1.5万亿元，全民健身成为促进体育产业发展、拉动内需和形成新的经济增长点的动力源。

《计划》提出了 7 个方面的主要任务，包括弘扬体育文化，促进人的全面发展；开展全民健身活动，提供丰富多彩的活动供给；推进体育社会组织改革，激发全民健身活力；统筹建设全民健身场地设施，方便群众就近就便健身；发挥全民健身多元功能，形成服务大局、互促共进的发展格局；拓展国际大众体育交流，引领全民健身开放发展；强化全民健身发展重点，着力做好基本公共体育服务均等化和重点人群、项目发展等。《计划》还围绕目标任务的完成，从体制机制创新、加大资金投入、评价激励方式、科技创新引领、人才队伍培养等方面提出了保障措施。

《计划》要求，各地要加强对全民健身事业的组织领导，建立完善实施全民健身计划的组织领导协调机制，要把全民健身公共服务体系建设摆在重要位置，纳入当地国民经济和社会发展规划及基本公共服务发展规划，把相关重点工作纳入政府年度民生实事加以推进和考核。县级以上地方人民政府要制订本地《全民健身实施计划（2016－2020 年）》，做好任务分工和监督检查，并在 2020 年对计划实施情况进行全面评估。

（二）国内全民健身研究成果分析

1. 全民健身公共服务体系概念和框架的构建研究

1995 年颁布的《全民健身计划纲要》中明确提出经过 10 年的努力，把全民健身工作提高到一个新的水平，基本建成具有中国特色的“全民健身体系”。2000 年 12 月《2001－2010 年体育改革与发展纲要》中首次提出要构建起“面向大众的多元的体育服务系统”。2001 年 8 月，在《〈全民健身计划纲要〉二期工程（2001－2010 年）规划》中确立了经过十年努力基本建成“具有中国特色的全民健身体系和面向大众的体育服务体系”的目标。2002 年 7 月，在《关于进一步加强和改进新时期体育工作的意见》中提出要大力推进全民健身计划，构建“多元化体育服务体系”。2011 年 2 月在《全民健身计划（2011－1015 年）》中提出形成覆盖城乡比较健全的“全民健身公共服务体系”，但遗憾的是对于全民健身公共服务体系的概念和框架，政府等权威机构至今也未曾公布。但查阅 1995 年至今的文献，可以看出有大量的相关研究者致力于概念和框架的探究，国家各级各类科研基金也持续提供一定的资金支持。

对于全民健身公共服务体系概念的研究虽然随着年份的不同在名称表述上有所区别，但概念界定内容基本一致。到目前为止，对全民健身体系称谓的表述主要有这几种，全民健身服务体系，群众性多元化体育服务体系，体育公共服务体系，公共体育服务体系，全民健身公共服务体系。按照形式逻辑关于定义的规定，一个概念的定义形式应该为：被定义项＝种差＋属。基于该规定，分析公开发表的有关全民健身体系概念的研究，大部分研究者都把全民健身体系的属性界定为“服务系统”。对种差的界定，主要集中为“满足人民群众体育需求、保障人民群众体育权益”。对提供主体一致的看法为“政府主导、社会参与”。对全民健身体系概念名称的不同表述进行了综合分析，认为不同时期下发的文件对全民健身体系的描述变化频繁，存在一定的随意性，需及时澄清。

有关全民健身公共服务体系内容框架的研究主要包括：不同群体（老年人、农民、农民工、城市居民）、不同层次（国家、省域、城市、社区、家庭、农村、农牧区）、不同地域（我国东部、中部、西部不同地区）全民健身公共服务体系的构建。全民健身体系框架的研究较为一致，对全民健身公共服务体系的结构进行了理论构建和解释，子系统虽略有不同之处，但总体来说认为全民健身公共服务体系主要包括组织管理体系、舆论宣传体系、健身活动体系、监测评价体系、政策法规体系、物质保障体系、健身指导体系等。各子系统之间相互联系、相互制约共同形成一个有机整体。

2. 全民健身公共服务供给现状与对策研究

分析2007—2010年核心期刊有关全民健身计划实施现状的研究，国家及各省市的科研项目对全民健身计划实施状况的调查研究提供了大量的资金支持，关于全民健身公共服务供给的研究成果也相对丰富。

第一，城市全民健身公共服务供给现状。

我国东部有关全民健身计划实施的现状研究涉及对北京、上海、山东、江苏、广东、浙江、苏州、杭州、苏北等地区的调查研究，结果显示：（1）市民健身意识较强，政府对全民健身的宣传力度较大，但全民健身公共服务的政策法规操作性、实效性不强，对不执行政策法规的行为没有法律约束，难以保障市民的体育锻炼权利。（2）健身指导缺乏，信息服务不畅。（3）公共体育场馆免费开放率低，健身场所收费太高，现有的社区健身设施场地老化、拥挤、损坏率高，维修不足，不能满足市民多元化的健身需求。（4）在健身活动的组织形式上较为重视大型演示活动，日常健身活动组织不足，非营利体育组织体系不健全，缺乏长效机制。（5）定期体质监测尚未全面实现。相对来说，广东省、苏州市居民对全民健身服务的满意度较高。

有关中部地区全民健身计划实施的现状研究涉及河南、湖南、安徽等地区的调研，结果显示：相关部门宣传力度不大，体育活动开展不足，市民健身意识淡薄。政府体育投入主要用于竞技体育，热衷于修建大型场馆。学校、机关运动场所开放力度有限，社区健身器材、设施的损耗较大，很多常年失修，无人问津。社会体育指导员的数量严重不足，质量也有待提高。群众体育经费比重很低，有些市县几乎没有群众体育经费。相比而言，湖南省全民健身供给相对较好。

有关西部地区全民健身计划实施的现状研究涉及四川、云南、陕西、青海、新疆、贵州等地。结果显示：该地区政府宣传力度不足，市民主动参与健身活动意识不强，对健身认识不足。体育事业经费和基础设施建设投入严重不足，统一采购的健身器材难以适应不同地区的地理气候环境。日常健身活动缺乏有效组织，缺乏统一的全民健身评估体系，对健身指导者也缺乏激励措施，非政府组织缺乏独立运作能力。相对来说，陕西、四川市民满意度较高，理论上已建立了全民健身公共服务体系。

第二，农村、农牧区全民健身公共服务供给现状。

国内相关研究文献显示，我国农村普遍存在健身意识差，对健身缺乏正确认识，部分地区村民观念守旧，健身怕被人嘲笑。体育组织不健全或未设，健身场地少且距离太远不方便锻炼，严重缺乏健身指导。由于农民负担较重，大部分时间用于劳动致富奔小康。健身项目倾向于当地传统娱乐项目，对城市推广的健身项目不感兴趣。群众体育活动经费靠临时申请，主要用于“形象工程”，部分村处于没有场地、没有经费、没有活动的状态。我国农牧区由于居住分散、文化素质偏低、健身意识淡薄、政府对全民健身宣传不到位等因素的影响，农牧民对传统体育项目的开展较少。农牧民将有限的经济收入用来维持基本的生活，谈不上健身需要，恶劣的自然条件、生产方式和居住环境制约着农牧民参与体育锻炼。

第三，我国全民健身公共服务供给的对策研究。

为改变全民健身计划实施中遭遇的种种问题，不同研究者根据各地区实际情况提出了相应措施和建议，概括而言主要包括：（1）政府应改变职能，做好宏观导向的“掌舵者”，而非微观事物的“划桨者”，通过制定税收优惠和鼓励等政策调动社会力量兴办全民健身事业。（2）完善并落实全民健身公共服务体系，加强法律执行力度，将全民健身实施效果纳入政府政绩评估。（3）改变社会体育组织功能缺位现象，保持其独立性和自主性，政府对其不能只停留在注册和制度要求上，要加强培育和激励。（4）政府要加大全民健身宣传力度，增强全民健身意识，增加全民健身经费投入，健全全民健身管理组织，抓好日常全民健身活动，减少“形象工程”健身资源浪费，建立全民健身指导员长效服务机制。

除以上共性的对策建议外，裴立新（2007）等还认为构建省域全民健身公共服务体系有利于优化区域内公共体育资源配置效率和公平性；潘健、万义等（2009）认为将少数民族传统体育项目融入全民健身活动体系有利于全民健身公共服务体系的多元化。

3. 全民健身公共服务法治环境研究

自1995年《全民健身计划纲要》颁布以来，我国全民健身法治建设都在不断推进，尤其是2009年颁布的《全民健身条例》标志着我国全民健身立法和国家依法保护公民体育健身权利进入到一个新的发展阶段，张玉超等（2009）认为《全民健身条例》的颁布是体育事业落实科学发展观的最好体现，是使体育回归到“以人为本”发展理念的举措。虽然我国全民健身法治环境建设取得了一定成效，但在执行过程中仍然存在很多问题，主要表现为全民健身法治监管与能力不足，体育系统内部对工作的依法布局与摆位不当，管理与服务不能延伸至社会基层单位；全民健身立法与事业发展需求还有较大的差距，有法不依、执法不严的现象普遍，存在全民健身法治宣传不够、法治氛围尚不浓厚等问题。地方政策“红头文件多，法规少，没有制定操作性强的《全民健身计划纲要》实施细则，对体育法学研究不够透彻、监督主体与客体共存一体的局面是政策法规执行不力的根源。为改善这种局面学者们研究认为在理念和体制上，要通过体育法治为全民健身事业发展做出科学的制度安排；在运行和效果上，要有强劲监督和执法司法来保证并实现全民健身事业的发展；在舆论和氛围上，要树立现代法治理念，培育全民健身的法治文化；地方在制定相应的政策时要注重针对性和实效性。

4. 全民健身工程建设的相关研究

全民健身工程是指由“国家体育总局统一组织，将各级体育行政部门的体育彩票公益金作为启动资金，捐赠给城市社区和农村乡镇等受赠单位，由受赠单位兴建与管理，旨在开展全民健身活动的公益性体育场地设施”。全民健身工程主要有四种模式：“全民健身路径、全民健身活动中心、雪炭工程、全民健身活动基地”。现有的研究主要集中于全民健身路径、国家级青少年体育俱乐部、农民健身工程的研究。截至2008年，国家体育总局本级共投入体育彩票公益金5.9亿元，在全国建设了12批全民健身路径工程，全民健身路径9337个；投入近4亿元援建“雪炭工程”项目258个；投入1.54亿元命名资助106个全民健身活动中心；投入5400万元命名资助20个全民健身活动基地。全民健身投资的规模逐渐增大，资金来源模式不断创新；东、中、西部地区发展投资和配置模式呈现差异化趋势，总局投资的全民健身中心偏向于西部地区，东、中和西部地区的投资和配套模式具有显著性区别。东部地区总局投资和地方配套投资的比重已经发生了根本性的转折，地方配套投资总量远远超过总局投资，中部地区地方配套和总局投资的比重也开始发生重大变化，两者投资总量趋于接近，西部地区投资仍然以总局建设投资为主，地方配套投资所占比重很小；总体上看，国家对西部和农村的关注度越来越大。

第一，全民健身路径实施现状研究。

国内许多研究显示，我国全民健身路径建设存在重建设、轻管理，宣传指导不足，路径器材不能满足不同人群需求，布局和选址不科学，东西部、城市农村建设分布不平衡，缺乏统计资料不便研究等问题。部分城市居民认为其健身功能落后其娱乐性，居民对健身路径的认可度呈下降趋势。针对我国全民健身设施的现状研究提出应借鉴国外公共体育健身场地设施规划的先进经验，结合实际制定我国公共体育健身场地设施规划，完善我国公共体育健身场地设施体系，优化体育设施组织形式，量化场地设施标准指标，扩大体育设施开放度，提高体育设施利用率，使体育设施真正为广大群众健身服务。

第二，国家级青少年体育俱乐部运行现状研究。

截至2011年由国家体育彩票扶持建设的国家级青少年俱乐部已有11批，肖林鹏等人对前四批运行的状况进行了调查研究，认为目前青少年体育俱乐部缺乏独立性，依附依托单位开展组织管理，利益分配、产权使用等不清晰，存在将国有资产租借给青少年俱乐部盈利、把体育健身培训变相成为一个业余运动员选材培训的现象，体育行政主管部门对俱乐部的指导监督不够，俱乐部财务审计制度不健全。独立运营、自我发展能力还很弱，对扶持资金非常依赖，缺乏与税收部门沟通意识，不能充分享受税收优惠政策，创建融资渠道单一，对政府依赖性强，谋求社会资源的意识和能力不强，创收能力不足，没有形成专业化宣传网络，宣传效果不好等问题。

第三，农民健身工程实施现状研究。

2006年，国家体育总局宣布在全国范围内正式启动农民体育健身工程，以行政村为主要实施对象，以经济、实用的小型公共体育健身场地设施建设为重点，把场地建到农民身边，同时推动农村体育组织建设、体育活动站、活动点建设，广泛开展农村体育活动，构建农村体育服务体系，农村体育场地建设的基本标准是1块混凝土标准篮球场，配备1副标准篮球架和2张室外乒乓球台。截至2010年年底，全国共建设完成农民体育健身工程23万个，新增农村场地面积2.3亿平方米，农村人均新增场地0.7平方米，受益人口3.3亿，极大改善了我国农村体育场地设施严重匮乏的局面，为群众参与健身创造了条件。综合现有文献，可以看出各地的农民体育健身工程都在有计划、有步骤地实施，但受经济因素制约各地实施进度差异较大。影响我国农民健身工程实施的因素主要是农民参与体育锻炼意识淡薄，基层领导重视不足，健身用地使用难，资金不到位、来源窄，缺乏必要的健身指导，基层农村体育管理机制发展滞后，体育工作的宣传缺乏立体化和多样性，“一场二台”模式具有较大局限性，并且实际使用效率偏低。针对上述影响因素，应加大农村健身基础设施的投入力度，拓宽资金来源，培养健身指导员，健全基层健身管理机制，深入挖掘和开发群众喜闻乐见、便于参与的具有地方性、民族性的民俗民间体育传统项目，激发农民参与体育锻炼的热情，扩大农村体育人口，推进农村体育事业的发展。

5. 我国全民健身公共服务实践应用研究

当前，我国全民健身实践应用研究不多，已有研究主要涉及全民健身评价、公共体育场地对外开放模式、学校资源如何服务全民健身、构建体育服务网络以及不同健身项目在全民健身中的优势等研究，其中对全民健身体系评价的建议主要分为两类：一是通过各种类型的体质测试系统监测国民体质改善状况来评价全民健身工作的成效。二是制定全民健身工作开展的量化指标体系考量全民健身工作绩效，指标体系涉及体育人口比例、制度建设、经费投入、场地设施、体育项目、宣传情况、指导员培训、体育活动效果等。例如周德书等认为小康地区全民健身服务体系检测指标的构成要素为培训社会骨干情况，体育卫生安全检查、组织体育信息的交流、国民体质监测的制度、完善便民服务组织情况、居委会（村委会）的任务制定情况等。刘新光认为公共体育场地对外开放可以采用专业型、混合型和单一型三种管理模式。

（三）对全民健身研究成果的思考

随着经济的发展和学者们的不断关注和呼吁，政府对全民健身的投入不断加大。如体育彩票公益金全民健身专项投入，各项支持性的法规政策不断出台等都体现出学者们研究的成果。2009年颁布的《全民健身条例》中诸多条款也采纳了学者们的建议，如将全民健身工作所需费用列入本级财政预算，公办学校向公众开放体育设施，加强社会指导员建设等。再如颁布的《全民健身计划2016—2020年》，鼓励社会兴办全民健身事业、广泛开展全民健身志愿服务活动、扶持发展全民健身服务业、做好信息、科研、法治建设工作等。应该说，既有研究对全民健身事业的发展发挥了巨大推动作用，但研究过程中还存在一些不足。

1. 概念逻辑推理不严谨

概念的理解和界定是研究的逻辑起点，概念是反映事物本质属性、特征的思维方式，科学地使用概念是研究的基础。但现有对于全民健身公共服务体系概念的称谓可谓五花八门，对概念的逻辑推理过程也缺乏严谨的逻辑关系。如果从称谓来源上分析，导致该状态的主要原因之一是我国政府在不同时期签发的文件采用了不同表述方式。但不去深究概念的内在逻辑关系，而只是一味追随和揣测政府文件背后可能蕴含的意义，概念称谓不同，阐述内容却大同小异，概念的科学性值得怀疑。全民健身公共服务体系概念称谓不同而内容又极其相似，概念逻辑推理随意，极易造成思维的混乱和研究的不便。因此，清晰、严谨、统一的界定全民健身服务公共服务体系非常必要。

2. 研究方法单一

现有研究大部分都是立项式研究，有资金和条件支持。但大部分研究只采用问卷调查法、访谈法对大体情况做一基本了解后就得出几乎可以预见的结论，调查结果的真实性也令人质疑，例如同期对某地区全民健身活动调查研究，不同的人采用同样的方法却得出不同的结果。对于深入基层长期跟踪、实验的研究很少，其实全民健身活动犹如体育教学课堂一样应该注重日常性。昙花一现、轰轰烈烈的大型活动只能起到宣传造势的作用，繁华过后又烟消云散。发问卷也好，访谈也好，不能贪图便利，要以反映真实情况为目的。相信深入基层观察一段时日好过所谓信效度很高的问卷，而且如能利用时间和经费选点进行实验研究，相信切身体验的感受一定能提出可操作的建议。但目前的研究大部分仅开始于可以预见的现状调查之后就戛然而止，至于之后的理论运思阶段却难以深入，抓不住有价值的思想观点。科研项目往往在发表一两篇文章之后就偃旗息鼓，提出的若干对策建议是否实用，采纳程度如何，不再关心，研究失去了应有的意义和价值。

3. 研究内容重复性高

总体来看，研究内容大部分局限于全民健身组织管理、场地设施、指导人员、资金投入及来源等内容的现状调查上，研究结果具有雷同性。如全国、某省、农村等地区的全民健身开展现状的研究内容基本类似，研究结论非常相似只是问题存在的程度不同。提出的对策和建议千篇一律，缺乏创新。十几年来的文献反复提到“经费不足、场地匮乏、指导不足、管理监督不力等软硬件不足”的问题，其实随着我国经济的发展，投入环境不断好转，这些问题也得到了一定的改善，但现有的大部分研究依然纠结在这些问题上，研究思路数十年不改变，缺乏创新和深入。诸如正在实施的全民健身工程是否科学合理，不同地区的投入建设模式差异性研究等一些可以指导实践、引发思考的文章太少。与其大而空不如深入实地进行实验干预，反复实践思考之后提出可供借鉴和思考的案例，虽然朴实但更有价值，当然这也需要科研平台的认可和推广。

4. 应用性研究操作性差

全民健身公共服务惠及所有百姓，强调深入基层，关注实效。目前最需要的是应用研究，即如何使全民健身体系良性运作起来，每个子体系的动力机制、运作模式、方案、实施细则等具体的可操作的细节研究、对全民健身公共服务效果的评价细则、信息服务平台具体如何建设、怎样进行社会融资、志愿者队伍如何建设、税收优惠政策细则、激励机制、监督机制等这些亟待解决的问题。但现有的应用性研究较少，且主要集中在理论思辨、应用趋势等方面，缺乏可操作性。大多研究泛泛而谈，蜻蜓点水，指导实践作用不足。

5. 官方信息缺乏透明度

科学准确地评价全民健身公共服务绩效，必须获取充足、准确、有效的相关信息，但想要搜集确切的连续的全民健身活动经费投入量化指标，体育彩票用于全民健身的实际比例，全民健身路径、全民健身中心、雪炭工程、青少年俱乐部、农民健身工程的资金投入状况等可以反映全民健身活动经费投入的一系列量化数据，在国家和地方相关官方网站几乎无从查起。即使是最新的期刊文献，也只有笼统的部分统计。这些不透明的信息给研究者带来了极大的不便，有能力的研究者尚且能够凭借私人关系得到一些官方数据，但其真实性又有多少呢？从官方网站可以检索到国家，部分地方审计部门对体育彩票用途的审计报告，体彩公益金投入全民健身比例偏低、未安排使用和应拨未拨、挪用、未及时使用的情况时有发生，一方面呼吁增加全民健身公共服务投入，一方面现有的资金存在流失。公开、透明的政务势在必行，有助于科学研究，有助于群众监督，有助于全民健身公共服务体系的健康发展。

二、国外全民健身研究综述

国外全民健身研究理论与实践起源较早，只是称谓或者描述方式不同。分析国外研究，可以明显发现国外发达国家全民健身公共服务具有以下特征：

（一）社会主体共同参与全民健身公共服务

在国外发达国家全民健身公共服务供给中，地方政府与体育非营利组织共同制定政策，地方政府是公共体育设施的主要提供者，同时要求学校体育设施对外开放，主要目的在于实现当地社区居民参与体育和娱乐活动的最大化。市场主体主要分为两部分，一是以营利为目的多元化健身场所，二是企业为员工提供的健身设施，主要目的是为企业获得利润，而最重要的供给主体则是体育非营利组织。如欧洲体育的发展大都起源于最基层的社区俱乐部，俱乐部为每一个居民提供参与地方性运动的机会，以推动全民健身发展，与政治和商业无关。俱乐部的运行主要依靠志愿者，居民通常可以免费或低价参与俱乐部体育运动。对于志愿者来说，体育是他们用业余时间为社会贡献的一种方式，在欧洲，大约有54.5万个这样的俱乐部。例如，在葡萄牙，约有7万个免费的教练和4万名义务的俱乐部会员；在奥地利，39%的人口是俱乐部或协会的成员，俱乐部经常向私人部门和公共部门租用场地设施。

（二）财政投入侧重于大众健身运动

在西方公共体育服务的供给中存在共同的特点：政府以保障普通人的运动参与为基本出发点，对于面向大众的公共体育场所、公园、广场等免费开放，政府通过提供财政补贴等方式支持大众健身运动。并且，从各国政府对体育领域的资助就可能发现，越是覆盖面广、公益性强的设施、项目、俱乐部等，政府的投入也越多。

（三）体育非营利组织生产服务，政府进行补助

政府与体育非营利组织相互合作、相互协调与支持的结合性体育管理体制，是发达国家体育管理体制改革的基本取向，政府侧重宏观管理和政策制定，体育非营利组织承担具体工作。政府确定服务的标准，以合同的形式，通过竞标，将原先由政府提供的公共服务转让给私营公司、非营利组织等机构，建立非营利组织之间的竞争与约束机制，以改善公共体育服务质量。如1985年英国政府颁布“地方政府法案”，其中一项重要的规定就是要求地方政府贯彻“强制竞争投标法”，要求包括体育在内的公共服务产品必须以公开竞争投标的方式进行管理和经营。政府与体育非营利组织之间、不同层次的体育非营利组织之间不是依附、隶属关系，而是按照一定契约和一定规则的合作伙伴关系。体育非营利组织约40%的收入来源于公共部门，在丹麦，大约50%的体育非营利组织的支出来自于公共部门或直接的财政支持或间接的提供免费使用的场地设施的间接资助。

（四）利用体育彩票筹集公共体育服务资金

目前，体育彩票已是西方发达国家发展体育事业的重要经济手段和经费来源的主要渠道，在公共体育服务领域也不例外。美国、意大利、加拿大、法国、英国等西方国家已把发行体育彩票作为扶持公共体育服务最有力的支柱之一：如美国体育博彩业的年收入为40亿美元；法国近1/4的体育经费是通过发行体育彩票筹集的；意大利的体育彩票发行由奥委会直接管理，体育彩票年收入约28亿里拉（约22亿美元）；日本通过发行体育彩票大约每年为日本奥委会筹措10亿美元资金；英国竞技体育资金主要来源于“援助竞技体育基金”，其中大部分资金也是体育彩票所得；为了充分鼓励发行体育彩票筹集社会资金以支持体育事业发展，西方各国纷纷通过减免税收、改革彩票发行渠道、引入私人企业参与竞争、提高彩票的趣味性等，提高彩票发行量，为体育公共服务筹集更多的公益资金。

（五）制定优惠鼓励政策促进体育设施公私合营

单纯依靠政府投入难以满足迅速增长的体育需求，发达国家往往在建设资金补

贴、贷款、税收和土地征用等方面提供优惠措施，鼓励社团、企业和个人参与公共体育场馆建设。如意大利根据国会 1957 年法令，成立了专门以资助体育场馆、设施为主，进行体育投资的公共专业银行，称为“体育信贷所”。据统计，1957 年以来，体育信贷所已经为各种体育团体提供了 27 亿美元的低息贷款，修建和改建 1.2 万个体育设施。

总之，国外发达国家全民健身公共服务供给的理论与实践已经较为成熟，国内已有研究成果涉及全民健身服务体系的诸多层次和领域，对于丰富和完善我国全民健身服务体系的基本理论和指导实践发挥了重要作用。但分析已有研究成果能够清楚地发现，现有的应用性研究较少，且主要集中在理论思辨、应用趋势等方面，缺乏可操作性。全民健身公共服务基本理论已有较多研究，但推动全民健身公共服务体系健康、持续发展的动力研究却是缺乏，对全民健身公共服务体系动力机制各子机制之间的关系及其运行模式的研究还鲜有涉及，而适应中国特色的体系动力机制是全民健身公共服务体系良性运行的关键所在。由此，本研究将在已有研究成果的基础上，立足于理论探索与应用研究相结合，运用新公共管理等相关理论，对我国全民健身公共服务体系动力机制相关内容及其相互关系进行理论分析，并借助系统动力学原理，构建适合国情的全民健身公共服务体系动力机制。

第三节　研究方法、内容与框架

一、研究方法

（一）质性研究方法

西方法学专家 J. Lofland 和 L. Lofland 曾经指出有十个主题非常适合于运用质性研究，即“实务、事件、互动、角色、关系、组织、团体、居住地区、社会世界、生活形态或次文化”。台湾学者潘淑满认为：质性研究有别于实证主义的科学研究取向，主张社会世界是由不断变动的社会现象所构成，这些现象往往会因为不同时空、文化与社会背景而有不同意义。因此，质性研究者必须在自然的情景中，通过与被研究者密切的互动过程，通过一种或多种资料收集方法，对所研究的社会现象或行为，进行全面式的、深入式的理解。研究者对于研究过程所收集资料的诠释，不可以用数字或统计分析的方式，将资料简化成数字与数字之间的关系，或对研究者获得的结果做进一步推论。相反，研究者在整个研究过程中，必须融入被研究者的经验世界之中，深入体会被研究者的感受与知觉，并从被研究者的立场和观点出发，诠释这些经验与现象的意义。本研究重点探讨的是全民健身公共服务动力机制问题，是在探讨全民健身公共服务高效供给的动力要素及各要素之间的相互关系问题，并且群众参与健身的主动性和积极性是重要的影响因素，因此，本研究的主要部分非常适合于质性研究。

（二）系统分析法

系统分析方法是一种着眼于整体与部分、整体与功能层次、系统与环境等方面的相互联系和作用，以特定问题为重点，综合地、动态地对相关要素进行考虑和分析，最后得出综合分析意向的分析方法。全民健身公共服务动力机制涉及管理体制、融资、市场运作、政策等多种构成要素的协同关系，为此需采用系统分析法进行研究。

（三）比较分析法

本课题研究的虽然是中国全民健身公共服务供给问题，但仍需要从其他国家的政府改革中及中国地方政府建设的实践中汲取经验，同时，对于概念的界定及全民健身公共服务产品分类也必须从不同角度对它进行比较分析。

（四）规范研究与实证研究相结合的方法

本课题在研究的过程中，不可避免地会涉及一些规范性的命题，如全民健身公共服务供给的目标、绩效管理的指标取向、管理体制改革的方向以及融资模式的选择都涉及价值标准、价值判断问题，不能单纯依靠描述、刻画变量之间的关系得出，必须采取规范分析的研究方法。同时，规范研究又需要结合数据分析、案例分析等进行验证，为此，本研究将规范研究和实证研究相结合，在实证研究方面，采用文献资料法、个案分析法、访谈法、田野调查法等系列研究方法。

二、研究内容与研究框架

本研究基于两个维度研究我国全民健身公共服务体系动力机制：一是通过规范性的理论研究，描述了“全民健身公共服务及动力机制”的含义、分类与内容，梳理了公共服务三种供给机制（政府供给机制、市场供给机制、社会供给机制）的理论渊源，构建了我国全民健身公共服务的动力机制及各子机制的关系模型。二是通过实证研究，分析我国全民健身公共服务供给各动力机制的现状与问题，借鉴国内外公共服务供给、制度改革的经验和教训，构建出我国全民健身公共服务供给六个动力机制的构建思路、运作方式和保障机制。

第二章　体育健身的理论研究

人们参与健身活动时，不仅需要积极参与其中，还要掌握科学的健身锻炼的理论，这样才能更好地进行锻炼。如果不能掌握相应的科学理论，在运动锻炼时就会带有一定的盲目性，甚至会由于不科学的运动锻炼而损害身心的健康。因此，本章对全民健身运动的科学理论基础进行了分析，具体包括全民健身的生理学基础、心理学基础和运动学基础。

第一节　健身运动的生理学基础

一、人体基础生理学

（一）神经系统对人体的控制

作为人体的主要调节机构，神经系统由脑、脊髓以及由它们发出的很多神经组成。神经系统一般分为两类：中枢神经系统和周围神经系统。中枢神经系统包括脑和脊髓，周围神经系统则包括由两者所发出的神经。神经系统通过感受器接受人体内外的各种信息，经由大脑和脊髓进行整合，再通过周围神经到达各器官系统的效应器，从而实现对机体互动的控制和调节。人类大脑高度发达，大脑皮质中不仅存在感觉中枢、运动中枢，还具有分析语言的高级中枢，所以人类不仅能适应环境和认识世界，还能主动地改造世界。

神经组织由神经细胞和神经胶质细胞组成。神经细胞又称为神经元，其是神经系统的基本结构和功能单位。神经胶质细胞分布在中枢和周围神经系统，其没有传导神经冲动的功能，主要作用为支持神经元、修复和再生、免疫应答等。

高等动物随意运动的发动是由大脑皮质调控的。大脑皮质中参与发动随意运动的区域称为皮质运动区，包括主要运动皮质、辅助运动区和后顶叶皮质等部位。大脑皮质运动区结构的基本功能单位是“运动柱”，细胞呈纵向柱状排列。一个“运动柱”可以控制同一个关节的几块肌肉的活动，一块肌肉可接受几个“运动柱”的控制。

大脑皮质主要运动区包括中央前回和运动前区，通过接受来自关节、肌腱及骨骼肌深部的感觉冲动，感受身体在空间的姿势、位置以及身体各部分在运动中的状态，并根据这些器官的状态发出运动指令来控制和调整全身的运动，所以是控制人体运动最重要的区域。

（二）人体的呼吸作用

组成呼吸系统的主要是呼吸道和肺。喉、咽、鼻、气管和各级支气管呼吸道都属于呼吸道，上呼吸道（喉、咽、鼻）和下呼吸道（气管和各级支气管）是呼吸道的两个类别。气体交换的器官是肺，肺实质和肺间质是组成肺的两个部分。呼吸系统有如下几个主要功能：

1. 肺通气

肺和外界空气的气体相互交换就是所谓的肺通气。胸廓与肺在呼吸系统的活动的影响下会发生扩张和缩小的现象，从而引起肺通气。肺通气量要根据人体的代谢水平而定，二者要相互适应。单位时间内肺吸入或呼出的气量就是所谓的肺通气量。通常肺通气量的计算单位是分钟，所以每分钟肺通气量一般也被称为“每分通气量”。

2. 肺换气与组织换气

呼吸气体交换的两种主要方式是肺换气和组织换气。肺泡与肺泡毛细血管血液之间的气体交换即为肺换气。组织毛细血管血液与组织细胞之间的气体交换即为组织换气。二者的换气原理是相同的。

不同的气体分子连续从分压高处扩散到分压低处，使不同地方的气体分压都大致相等。不同地方的气体分压差是促使气体分子扩散的主要动力。气体交换的动力主要是人体不同部位的二氧化碳分压与氧分压之间的分压差。

（三）人体的血液循环

1. 血液的成分及功能

心血管系统是血液存在的主要系统，血液是一种流动液体的结缔组织，它由血浆和血细胞组成。各部分组织液相互沟通、组织液与外环境进行物质交换都是在血液贮存地进行的。血液最大的作用就是维持生命。

血量是人体内血液的总量，血量等于血浆量加血细胞量。通常情况下，成年人的血量大约为体重的7%～8%左右。蛋白质、水和低分子物质都会存在于血浆中。其中，存在于血浆中的低分子物质中含有不同种类的电解质和小分子有机化合物。组织液中电解质的浓度基本上可以用血液中电解质的浓度代表。

血浆蛋白有三大类，即球蛋白、白蛋白与纤维蛋白。血浆蛋白的分子很大，不能从毛细血管管壁透过。不同的血浆蛋白，其生理功能也各有差异。

2. 心血管系统的组成

血液在有机体循环系统（由心脏和血管组成）中，以一定的方向周而复始地流动的过程就是所谓的心血管系统，也被称作“血液循环系统”。心血管系统的主要功能是使体内的物质运输得以顺利完成，对人体代谢所需的氧气与能量物质进行运输，同时也对代谢产物进行运输，使机体新陈代谢的正常进行有所保障。血液的所有功能能

否实现，取决于血液循环能否正常进行。心脏和血管是组成心血管系统的两个部分。

（四）人体的感觉器官机能

人体的感觉器官是指感受器与附属装置共同构成的器官，包括眼睛、耳朵、鼻子等。感受器则是分布在人体体表或组织内部的一些专门感受刺激的结构或装置。感受器能够将人体内外环境变化的信息转换为相应的传入神经冲动。

1. 视觉

眼睛是视觉的外感受器官，其由眼球与眼睑、结膜、泪器、眼肌等附属装置构成，其通过感受光的刺激产生相应的神经冲动，通过视神经传入大脑皮层的视觉中枢之后产生视觉。眼睛具有折光机能，通过该机能能够使得光在视网膜上形成物像，视网膜进一步将这些物像的光能转化为神经冲动，再传入中枢神经系统和大脑皮质，从而产生视觉。视网膜的感光层还有视锥细胞和视杆细胞两种感光细胞，在光的作用下，这些细胞含有特殊的感光色素，在光的作用下，其内部会发生一系列化学反应，即为光化学反应。

2. 听觉

耳是听觉感受器官，同时它还是位觉和平衡感受器官。耳分为外耳、中耳和内耳三部分。内耳是听觉器官和位觉器官的主要部分。内耳中有耳蜗，其具有接受声波的听觉感受器；内耳中的前庭器官中有接受头部位置改变和加减速运动刺激的感受器。在耳中含有对机械刺激很敏感的毛细胞，其顶部有上百条排列整齐的听纤毛，听毛纤维弯曲时，毛细胞产生神经冲动。

3. 本体感觉

在人体的肌肉、肌腱和关节囊中分布有各种各样的感受器，称为本体感受器，其主要功能是感受肌肉的牵拉程度、关节的伸展程度等，其受到刺激产生躯体运动觉，称为本体感觉。本体感受器包括肌梭和腱梭。

（五）人体内分泌系统

由在机体其他部位分散存在的内分泌腺与内分泌组织组成的体内信息传递系统就是所谓的内分泌系统。甲状腺、性腺、肾上腺、垂体、松果体、甲状旁腺等都是内分泌腺，这些腺体在人体的一定部位分散开来，相互之间有着独立的结构，而且是可以被肉眼看见的。这些腺体是没有导管的。在一些器官中依附存在的内分泌细胞团与分散存在的分泌细胞都属于内分泌组织。例如，胰腺内的胰岛、胸腺内的网状上皮细胞、睾丸内的间质细胞和卵巢内的卵泡及黄体等。

从内分泌系统分泌出来的物质中，一部分是激素。激素最大的特征就是特异性，也就是说，一种激素只可以在一定的器官、细胞与组织中产生作用。血液循环促进激素在全身的散播。器官、组织与细胞受到激素的作用后，就可以被称为“靶器官”“靶细胞”“靶组织”。具有特异性特征的受体存在于靶细胞内，因此靶细胞要想产生效应，只可以通过结合某一激素而实现。

内分泌系统与神经系统有着共同的功能，即对人体的发育、成长、生理功能及新陈代谢进行合理的调节，以使人体内环境的平衡与稳定得到保障。激素通过内分泌而产生出来，其从很大程度上可以控制机体代谢的过程。激素这一化合物具有很高的生物学活性，即使浓度很小，也会对机体代谢产生一定的影响。激素能够对代谢过程起到控制的作用，所以人体在运动中就可以通过激素的控制作用而将自身的体能全部动员起来。激素的控制作用也有利于人体在运动后身体的恢复，并且有利于人体能量的发挥与机能的发展。

在人体中，不同激素在血液中的含量和浓度都是适量的，如果激素在人体中的含量太多或者太少，就会破坏机体的功能，甚至会危害身体的健康。

二、人体能量代谢及供能系统

（一）人体的能量代谢

人体所有的生命活动都需要吸收能量和释放能量。人体的能量来自食物，食物经过人体的消化和吸收之后，其所含的能量以化学能的形式贮存在体内的糖、脂肪以及蛋白质中，这些物质就叫能源物质。

能源物质所分解释放的能量不可以直接被细胞所利用，其中的一部分以热能的形式散发出来，以维持体温；而另一部分则转移到细胞中三磷酸腺苷（ATP）的分子结构中。ATP是储存于人体所有细胞当中的一种高能磷酸化合物，是机体各器官、组织和细胞能利用的直接能源。人体细胞中ATP的含量十分有限，它必须边分解边合成才能够保证生命活动所需能量供应的连续性。

ATP是人所有生理活动的直接能源，但是体内的ATP的贮量非常有限，在其消耗的同时必须重新进行合成，人体内重新合成ATP所需要的能量来自磷酸肌酸的分解、糖无氧酵解和三大能源物质的有氧氧化。与这三种途径相对应，人体中有磷酸原系统、糖酵解系统和有氧化系统三个基本的能量系统。

根据各种不同的需要，人体可以按照不同的比例分解能源物质，同时以不同的速度释放出能量。人体所消耗的总能量主要由三部分组成，即维持基本生理功能的能量消耗、食物的生热效应、运动的生热效应。

ATP的合成与分解是人体内能量转化和利用的重要环节。ATP分子中的高能磷酸键断裂时所释放出的能量能够转化为各种不同形式的能量，用于合成机体所需要的物质、以电能的形式传递兴奋、转化成肌肉收缩的机械能、以渗透能的形式在物质的吸收或分泌中发挥作用等。

（二）人体的三大供能系统

1. 磷酸原系统供能

人体中，通常把ATP、CP这种含有高能磷酸基团的物质称为磷酸原。ATP（三

磷酸腺苷)、CP（磷酸肌酸）都通过高能磷酸基团的转移或水解释放能量，将 ATP、CP 分解释放能量和再合成的过程，称为磷酸原或 ATP-CP 供能系统。

ATP 是人体内瞬时能量的供体，而不是能量的贮存形式。运动时，肌肉内 ATP 分解直接供能，这是人体内能量代谢的中心环节。ATP 水解的放能反应可以为各种需要能量的生命过程供能，完成各种生理功能，如肌肉收缩、生物电活动、物质合成及体温维持等。具体来说，磷酸原系统供能特点大致为：供能总量不大，持续时间很短。但是它供能快速，是细胞唯一直接利用的能量来源，其能量输出的功率最高。

2. 糖酵解系统供能

糖酵解系统可以为机体运动持续的时间在 10 秒以上且强度很大时供给能量。这时，以支持运动所需的 ATP 再合成的能量就主要靠糖原酵解来提供，而不能靠磷酸原系统供给。

肌糖原是糖酵解供能系统中的主要原料，强烈的运动训练中可分解供能并产生乳酸。作为一种强酸，乳酸在体内积聚过多会对内环境的酸碱平衡产生一定的破坏作用，使肌肉工作能力下降，造成肌肉暂时性疲劳。这样一来依靠糖原无氧酵解供能也只能使肌肉工作持续几十秒钟。无氧酵解供能时，不需要氧，但产生乳酸，因此，被称为乳酸能系统。在缺氧情况下仍能产生能量，以供体内急需，是其重要的生理意义。

运动中，当氧供应不足时，人体骨骼肌糖原或葡萄糖酵解，生成乳酸并释放出能量合成 ATP，从而使运动中消耗的 ATP 得到有效的补充，维持运动的继续进行。在无氧情况下，1 摩尔或 180 克糖原理论上可产生 2 摩尔或 180 克乳酸及 3 摩尔 ATP。这种糖经过一系列代谢反应生成乳酸，并释放能量的过程，就是所谓的糖酵解途径或糖酵解供能系统，此过程是在细胞质中进行的一连串复杂的酶促反应。

在极量强度运动中，随着 ATP、CP 迅速消耗，糖酵解供能过程在数秒内即可被激活，当运动持续 30 秒钟左右时其供能达最大速率，可维持 1～2 分钟，随后供能速率下降，其主要表现为运动强度下降。

3. 有氧氧化系统供能

当机体氧的供应充足时，运动所需的 ATP 便主要由糖、脂肪的有氧氧化来供能。有氧氧化能提供大量的能量，从而使肌肉较长的工作时间得到有效的维持，这种有氧氧化供能系统就是有氧氧化系统。有氧氧化系统主要是由糖、脂肪和蛋白质三种能源物质的有氧氧化组成。

（1）糖的有氧代谢：运动期间，当氧供应充足时，肌糖原或葡萄糖可被彻底氧化分解成 H_2O 和 CO_2，并释放大量能量的过程，称为糖的有氧代谢。

（2）蛋白质的有氧代谢：在长时间大强度运动中，人体内存在蛋白质降解和氨基酸参与供能的情况。但即使当食物中供糖不足或糖被大量消耗后，蛋白质供能也很少。蛋白质供能代谢不是人体运动所需能量的主要来源。

（3）脂肪的有氧代谢：作为细胞燃料，人体内贮存的脂肪参与供能只能通过有氧代谢这一途径，有氧运动可有效达到燃烧脂肪的目的。

就能量供应与人体运动之间的关系来说，有氧氧化系统是人进行长时间耐力活动的主要耐力系统。有氧代谢能力和人体心肺功能有着密切的关系，是个体耐力素质的重要基础之一。

（三）运动中三大供能系统活动的关系

在运动过程中，不同供能代谢途径提供能量的能力和速率各不相同，一般来讲，运动中各供能代谢系统的活动及其相互关系与运动负荷的强度和持续时间密切相关。

相应的研究表明，在 0～180 秒最大运动时，各供能代谢系统的基本活动表现如下：在 1～3 秒的全力运动中，由 ATP 提供能量；在完成 10 秒以内的全力运动时，磷酸原系统起主要供能作用；在 30～90 秒最大运动时，以糖酵解供能为主；在 2～3 分钟运动中，糖有氧氧化提供能量的比例增大；而超过 3 分钟以上的运动，基本上是有氧氧化供能。

总之，每个供能系统都有其独特的特点和供能能力，供能系统不同，所需要的能源物质也不同，运动中的输出功率和供能时间也会有明显的差异。

三、运动负荷的生理学本质

（一）运动负荷的本质

体育运动中的运动负荷是指运动者参与体育运动时所承受的生理负荷，也就是其生理方对于体育运动的刺激承受。由于受运动负荷刺激的影响，在运动中涉及的各个器官系统的机能状态都会受到不同程度的影响。人的身体机能在体育运动过程中的变化主要经历以下五个阶段：

1. 耐受阶段

在体育运动过程中，运动者的身体机能对运动负荷刺激具有一定的耐受能力，这种耐受能力的强弱及保持时间的长短会受到多种因素的影响。在这些影响当中，具有决定性作用的是运动负荷强度与运动个体的运动水平两方面的因素。人体在运动的耐受阶段能够表现出比较稳定的工作能力，可以很好地完成相应的体育运动。由于该阶段的主要特点与表现，因此在耐受阶段应当安排体育运动计划中的主要任务，从而使运动任务实现顺利完成。不同的个体对运动负荷的耐受程度存在很大的差别，很多因素都会对其产生影响，其中较为主要的因素包括运动负荷的量和强度、运动后机体机能的恢复程度等。

2. 疲劳阶段

当运动者的机体在承受了一定程度的运动负荷刺激之后，其机能以及工作效率都会出现降低的状况，这就是疲劳现象。在参与体育运动过程中，运动者的机体对于疲

劳程度以及耐受负荷的时间完全取决于运动过程中目的与任务的确立与安排。在参与体育运动过程中，运动者的运动能力只有达到一定程度的疲劳之后才能实现提高，才能够在恢复期获得预期的超量恢复效果。

3. 恢复阶段

每次运动结束之后，运动者机体开始补充与恢复运动过程中所消耗的各类能源物质，同时对运动过程中受到的损伤进行修复，对紊乱的内环境进行恢复，使机体各器官系统的机能能够恢复至运动前的相应水平，从而完成机体结构与机能的重建。在恢复的过程当中，影响恢复所需要的时间的最重要的因素就是机体的疲劳程度。因此，机体的疲劳程度越深，运动疲劳的恢复时间就越长；反之，消除疲劳的恢复时间就越短。

4. 超量恢复阶段

超量恢复指的是机体在体育运动过程中所消耗的能源物质以及下降的身体机能，在运动结束后的恢复过程中，运动者不仅可以恢复到运动之前的水平，同时会在这一水平的基础上有所增加。在机体可承受的范围内，运动负荷量与负荷强度越大，那么在体育运动过程中造成疲劳的程度也就越深，超量恢复在运动后的恢复过程中就会更加明显。

5. 消退阶段

运动者参与体育运动之后所造成的机体机能的提高与效果并非是长时间固定不变的，更不会一直保持下去。如果不及时在已获得的超量恢复的基础上延续新的刺激，那么已经产生的运动效果在经过一定时间的保持之后又会逐渐消退，机体的机能也将会又下降至原有的机体水平，甚至更加衰退，这就是人体对运动负荷刺激适应的消退。在体育运动中，这是所有运动者都会面临的问题，也是影响每个个体运动水平高低的重要原因之一。因此要使运用效果长久持续下去，运动者就必须在上一次的运动中的超量恢复的基础上寻找合适的时间安排下一次体育运动，只有这样才能较好地保持住原有的运动水平，并在此基础上逐渐通过超量恢复原理来提升自身的运动水平与身体健康水平。

（二）运动负荷适应及运动负荷阈

1. 运动负荷适应

机体的主要特征表现为应激性与适应性。人体在对刺激发生反应能力的基础上具备了更重要的适应能力，因此人体在对运动负荷刺激的适应上同样具备这种特征。长期系统地参与体育运动能够对人体各器官系统在形态、结构、生理机能等方面产生积极的适应性变化，这同时也表明了负荷适应性在体育运动中的重要性。

2. 运动负荷阈

机体的运动负荷阈指的是运动者在体育运动过程中适宜生理负荷的低限至高限的

范围。例如，运动者在参与体育运动的过程中，运动的强度、持续的时间以及练习的密度和数量是构成运动负荷阈的四个基本因素。这些因素之间既相互联系又相互影响，在其他因素基本不变的情况下，某一因素的变动将会影响这一次体育运动对机体的生理负荷量。

在参与体育运动过程中，运动者的机体承受的生理负荷是运动对机体的有效刺激，是引起各器官系统功能产生适应性变化的重要因素，但是刺激引起机体出现反应与适应的程度是由刺激强度的大小决定的。当运动负荷不足时，其对机体的刺激强度就会很小，因此将很难引起机体的适应性的变化，那么此次运动对促进身体健康发展的意义会很小，甚至没有起到任何作用；而当机体的运动负荷大到超过了人体所能承受的范围，或者机体疲劳没有得到充分的恢复时，也将会影响身体适应能力的提高，从而导致对运动者的身心健康、身体素质以及运动能力都产生消极的影响，如果严重还有可能出现过度训练或过度疲劳等病理性改变的情况，这种情况就是出现了不良适应。出现这种情况的原因是机体对不适宜的刺激也能够发生适应性改变，但其适应的结果往往与所预期的不同。因此，只有在机体允许的范围内的适当刺激才能够加快机体适应过程，同时让机体的形态、结构与生理机能产生对于体育运动所预期的良性适应。

四、人体的内环境与自我调节

（一）人体的内环境

1. 内环境

人体在皮肤的阻隔作用下，不直接与体外环境接触，一旦人体受伤，如因外力（如刀割等情况）导致皮肤开裂，使身体组织暴露于外界环境中，严重的会使身体脏器暴露于外部环境中。在这种情况下，极易发生感染等多种症状。

人体细胞含有大量体液，主要成分为水，约占成人体重的60%。在60%的比例中，40%存在于细胞内，称“细胞内液”；约20%分布于细胞外，包括血浆、组织液等，称“细胞外液”。细胞膜将细胞内液和细胞外液隔开。

细胞外液的存在为细胞的生存提供良好的环境，因此可以称其为细胞生活的液体环境，即机体内环境。而整个人体的生存环境则是外环境。

人体中的细胞主要是依托内环境的媒介与外环境进行物质交换的。

2. 稳态

细胞外液的化学成分和理化特性保持相对稳定的状态，即为稳态。细胞外液的化学成分和理化特性会随着细胞代谢水平的高低和外环境的影响而处于不断的变化之中。

通常情况下，为了保证机体内各器官、各系统的正常工作，机体就会在神经、体液调节下，以及在各器官、系统协同作用下使其变动幅度很小。

稳态是细胞进行正常的生命活动不可或缺的条件。一旦稳态遭到破坏，机体的某些功能就会出现紊乱，甚至引起疾病。

（二）人体的自我调节

人体之所以能产生与环境变化相应的反应，是由于人体存在一系列调节机制。主要的调节机制有以下三种：

1. 神经调节

神经调节，是指通过神经系统实现的调节机制。其特点为反应较为迅速、准确、短暂，并具有高度协调和整合功能，是人体功能调节中最主要的调节方式。神经调节主要依赖于机体对各种刺激的反射。

反射，具体是指人体通过神经系统对外界和内部的各种刺激做出应答性反应。例如，巨大的声响会使人瞬间做出躲避的动作；手被利器刺到会下意识的立刻缩回等。产生反射的神经结构称反射弧，反射弧包括五个组成部分：感受器、传入神经纤维、神经中枢、传出神经纤维、效应器。

2. 体液调节

体液调节具有速度慢、调节范围广、调节效果持久的特点，体液调节主要有以下两种：

（1）局部体液调节：机体某些组织细胞产生的化学物质或代谢产物（激素除外）在局部组织液内扩散，可以改变附近的组织细胞的功能。

（2）神经—体液调节：在中枢神经系统的控制下，直接或间接调节体内的多数内分泌腺。这时的体液调节是神经调节传出途径中的一个环节。

3. 自身调节

自身调节作用范围局限、幅度小、灵敏性较差，一般情况下，当机体内外环境发生变化时，组织细胞产生的适应性反应。这种反应不依赖于神经或体液调节。例如，心肌收缩力量在一定范围内与收缩前心肌纤维的长度成正比，即心肌纤维越长，收缩时产生的力量越大。

五、不同年龄人群的生理特征

（一）少年儿童的生理特点

少年儿童各器官系统与成年人相比有很大的差别。其骨骼的有机物质含量较多，软骨成分较多，具有较好的弹性，坚固性较差。其肌肉中水分多，脂肪、蛋白质、无机盐少，肌肉细嫩，收缩功能较弱，耐力差，容易产生疲劳。

少年儿童的胸廓较为狭小，弹性阻力过大，呼吸肌力量差，呼吸循环系统的机能不够完善，呼吸频率快，呼吸表浅，肺活量小。

青少年的心脏体积较小，心脏收缩力量较差，心率较快。少年儿童的血管壁有很好的弹性，血管口径比成人大，外周阻力小，所以少年儿童血压值偏低。

（二）中青年人的生理特点

青年人是身体发育的成熟稳定期，人体各器官组织的生长发育都已基本完成，各方面的身体素质也处于较高的水平。中年人的有些生理功能处于高峰期，但有些生理功能已经开始下降，老化征象开始显露。35岁时，最大吸氧量、肺活量、基础代谢率等八大生理功能及肌力等指标开始下降。表明人体趋于衰老过程。

（三）老年人的生理特征

老年人的感受器退化、中枢信息处理改变、平衡能力下降，运动中枢性工作能力减退，视力、听力、记忆力、对刺激的反应能力等都会下降，容易出现疲劳。肌纤维的体积和数量减少，关节灵活性降低，很多人出现骨质疏松，运动灵活性、协调性和动作速度降低。心血管和机能和呼吸系统机能也会逐渐下降。老人的适应能力低，免疫功能减退。老年人对感染的防御能力减退，随着免疫功能的减退，老年人的抵抗力明显低下，疾病增多。

（四）女性的生理特点

女性全身肌肉的重量不超过全身重量的35%，而男性能达到40%～45%。女性肌肉力量同男性相比，上肢力量大约只有同龄男性上肢力量的2/3，相反，腿部的力量却较大。女性的脂肪组织占全身重量的28%，男性只占19%。

在安静状态时，女性的呼吸次数比男性多，但呼吸的深度却较浅。女性的心脏容量和肺呼吸量都比男性小，肺活量平均为2000～2500毫升，而男性的肺活量要在3000～3500毫升。

在心血管系统和呼吸系统的活动方面，女性也有其独特的生理特点。一般来说，女性心脏的体积重量比男性小10%～15%。因此，每次收缩时输出的血量比男性少，但是心脏收缩的频率较快。

女性突出的生理特点之一就是月经的变化。在月经期间血液的成分往往有所改变，肺活量减低，肌肉力量下降。有些人由于月经期子宫及盆腔充血以及性腺分泌，出现腰酸、腹胀及腹部下坠等轻度不适，或出现全身无力、精神不好、心情烦躁等，这些都属于正常的生理反应，并不是病。

第二节　健身运动的心理学基础

一、运动的动机

（一）动机概述

动机是人从事某项活动的内部动力因素或是心理动因，它是人们从事某项互动的

内部原因。动机可以引起个体的活动，并指引其向相应的目标行进。同时，动机还起着强化或抑制人们相应活动的作用。心理学认为，可用“方向”和“强度”来观察和研究人的动机。“方向”即为人的目标选择，即要做的某事；“强度”即为做某件事的意愿和实际付出多大的努力，它是动机对人的激活程度的认知。

动机的产生一般包括两个必要条件，其一为内部因素，即为需要；其二为外部因素，即为诱因。当人们的某种需要得不到满足时，自身的平衡状态就会被打破，从而在心理和生理方面引起一定的不适应，为了缓解这种状态，人们会去寻找满足需要的对象，从而产生动机。诱因则是激发动机的各种外部因素，是外界对人们的各种刺激因素，如良好的环境、人们的称赞等。运动动机通常是两者相互作用的结果，内因是主要因素，外因则是通过内因起作用。

运动动机与运动者的活力、坚持等品质都具有密切的关系，其被赋予较高的价值。具有较高运动动机，则运动者能够严格要求自己，积极参加运动训练，约束自身的生活和饮食，不断提升自己。具体而言，运动动机的作用主要表现在以下几方面：

1. 始发功能

具有了相应的动机，人们才会付诸行动。例如，运动者想要获得教师、父母、同伴的称赞，就会刻苦进行训练；运动者想要使得自己获得更好地发展，就会努力在各方面不断提升自己。

2. 指向或选择功能

运动动机能够激发人们的行为，使得其活动向着某一目标前进，并选择出相应的方向。

3. 维持和调整功能

动机不但能激发人开始某项活动，在活动开始后，还能维持活动的进行。在进行运动时，如果运动动机较强，则运动者能够坚持很长时间，并且当遇到困难时，运动者也会想方设法来克服困难。如果缺乏运动动机，当遇到困难时，运动者很容易退缩。

（二）动机的分类

按不同的分类标准可分为不同的种类，一般可将动机分为生物性与社会性动机、直接与间接动机、外部与内部动机等类别。

1. 生物性动机和社会性动机

生物性动机：为了满足人的生理需要，如运动的愉悦感、宣泄的需要等，进行相应的活动的动机。这一动机对个人的心理和行为产生较大的影响，当动机得到实现，则能够获得较大的满足和愉悦；反之，则会产生情绪的不良反应。

社会性动机：社会性动机是指那些活动尊重、认同、友谊等社会化需要的动机，该种动机为后天习得，并且影响持久。

2. 直接动机和间接动机

直接动机：直接性动机内容相对具体，行为的直接动力较大，如有的人从事相应的运动是为了本身的兴趣，是对自我的挑战。这种动机与当前所从事的活动关系密切。

间接动机：间接动机与当前的活动联系相对较少，但是与运动产生的结果和社会意义相联系，因此，其影响持久。例如，有的人对从事的运动本身不感兴趣，而更在意战胜对手和克服困难。

3. 缺乏性动机和丰富性动机

缺乏性动机：是以排除缺乏和破坏、避免威胁、逃避危险等需要为特征的动机。它包括生存和安全的一般目的。

丰富性动机：为活动经验、满足，以及发现、成就和创造等为特征的动机。它包括满足和刺激的一般目的。与缺乏性动机相反，它往往趋向张力的增强而不是张力的缩减。

4. 外部动机和内部动机

外部动机：是外部诱因转化而来的动机，如获得肯定、赞扬或是获得奖金等，它的动力来源是外部动员的力量。

内部动机：源于主观内部原因的动机称为内部动机，如好奇、好胜心、自尊心，以及荣誉感、归属感、满足感等。

二、运动者的自信心

（一）自信心概述

自信即为个人相信自己，对自己所知的事情、所做的事情或已做的事情确信不疑。运动自信本质上是特定领域的自信，是运动者能够完成某一任务的信念。

自信心是良好的心理素质的重要组成部分，它决定着一个人的整体个性的全面发展。在比赛过程中，保持良好的自信心态，能够使运动者保持清晰的头脑，勇敢面对对手及相应的困难，能够顽强拼搏、超越自我。与自信状态相对的则是自卑状态，这种状态下，运动者将会不相信自己的能力，表现出畏首畏尾，不利于运动锻炼。运动者应该不断提高自我认识，对自身形成积极的评级，发掘自身与众不同的价值。同伴之间应该相互鼓励，对他人的能力和品质予以积极的肯定，促进自信心的良好发展。

调查研究发现，几乎有超过一半的运动员将自信视为与运动成绩具有正向关系的最重要的心理技能。“飞人”乔丹、“小飞侠”科比等巨星无一不是具有超强自信心的，其自信来源于对自身的严苛要求，以及比他人更加努力的刻苦训练，在赛场上其有自信带领球队击败任何一支球队。在众多心理因素中，自信是区分人们成功和不成功的最有效的心理因素，成功的人往往具有较高的自信。具有较强的自信心，则其焦

虑水平较低，在运动中会具有更多积极的想法。

运动自信与运动表现之间存在着稳定的正向关系，运动者具有超强的自信心，则其通常都会具有较好的运动表现。自信的运动者，其认知和情绪以及行为等方面表现得更积极，从而提升其运动表现。自信者还能调节焦虑对于运动表现的影响，自信能够增强运动者战胜困难的勇气。不同自信水平的运动者，对焦虑的解释也存在着差异。具有较高水平的运动者，其对于焦虑的解读更加积极，促使个体调整情绪，进而对运动成绩产生积极的影响。自信程度较低的运动者，当焦虑提高时，其将解读为不可控制，从而影响其运动表现。

（二）运动自信的来源

运动心理学家多将掌握及行为成就视为运动自信的最重要来源。研究发现，很多人会将良好的准备状态及先前的成就视为自信的最重要来源。

个体建立自信的过程是一个复杂的自我说服过程。如果由于外部因素而取胜，胜利的结果可能无法提高运动自信；如果比赛失败，运动者自认为在比赛中表现不错，则依然能够提升自信。这其中的关键在于运动者自我推理，运动者通过解释和评价自己行为的成功或失败，权衡与个人能力相关的因素及其他因素，如果能够从中获得掌握或精通的感受，则会提升自信。

另外，他人的称赞、自我谈话等都是自信的重要来源。榜样可提供成功的替代经验，提升观察者的运动自信。

（三）运动自信的培养及提升

1. 引发成功体验

如果运动者多次成功地完成某一技术动作，则就会对自己的能力充满自信。创设成功的情境是提升自信的重要策略。在运动训练时，可通过创设相应的情境，让运动者有机会获得成功的体验。另外，还应培养其在不利环境下积极自信的态度，可创设不利的情境，使其在不利情境下获得成功的体验。

2. 心理技能训练

（1）自我暗示。

如果在比赛中出现情绪起伏较大、情绪不稳定等情况，可采用自我暗示的方法，通过默念“我必须沉着、镇静”“我感觉很好”“这个动作我能完成好”等来稳定情绪。

（2）自我松弛法。

在比赛前，运动者可通过放松躯体肌肉来放松紧张心理。其方法主要有：排除杂念，意念集中，做深呼吸，自信地微笑，以及从头部开始放松全身肌肉。

（3）建立乐观的思维定势。

当运动者情绪紧张由消极的思维引起，并被自己察觉时，应采取积极的思维来阻断消极的思想意识。通过这种方式，能够使得自己快速从不良情绪中摆脱出来。

3. 能力重评

正确认识和评估自己与运动有关的能力，是提升运动自信的有效策略之一。能力重评能够帮助运动者聚焦于自己的优点，同时将注意从自己的弱点上转移。具体来说，运动者可以将自己的优点列表，帮助自己重新认识和评估自己在身体、技术及心理方面的优势；也可以基于训练及比赛，列出自己先前的成就，同时列出自己对将来获得成功的信心来源。

4. 自卑的调整

自卑也是经常会出现的心理问题之一。一般来说，在生活中受挫，他人对自己评价偏低是自卑心理产生的主要原因，其中前者是根本原因。自卑心理可以采用以下措施进行矫正：

(1) 对自己进行客观评价。每个人都有自己的长处与短处，不能因自己某些竞技能力方面有缺陷而怀疑自己的全部能力。因此，运动者不仅应该如实看到自己的不足，而且还要善于发现自己的长处。

(2) 与别人进行合理比较。运动者不应该总是用自己的不足与别人的长处相比，而应该与环境和心理条件相近的人进行比较，这样，他们才能清醒地认识自己的实际水平和自己在群体中的位置。

(3) 正确地分析原因。运动者如果因为主观目标脱离实际而导致失败，那么调整目标即可；如果因自己努力不够或方法不对，改进即可；如果确因能力不足而致失败，则另辟蹊径即可。总之，运动者应该接受现实，容忍自己的不足，并通过其他方面的努力，扬长避短。

(4) 进行适当合理的表现。运动者应该多做一些力所能及，把握较大的事情。哪怕这些事情很小，也不要放弃争取成功的机会，因为任何成功都能增强你自己的自信，从而走出自卑。

三、运动者的注意力

(一) 注意方式

注意是心理活动或意识对相应对象的选择、指向和集中。注意能够使人选择与当前任务一致的各种刺激，避开各种干扰刺激，从而保证人们对事物有更加清晰、正确的认识，有更正确的反应和更有序的控制。在体育运动中，不同的运动项目需要运动者不同的注意方式。

1. 注意方式的理论

一般将注意的结构分为两个维度，即为注意范围和注意方向。所谓注意范围，主要是指在瞬间能够清楚地把握对象的数量，具有广阔的注意则能够同时获得各种信

息。注意的方向则是指人关注的是外部环境还是自身的身心状况。注意的范围和注意的方向相结合，可将注意分为四种方式，具体见图 2-1。

2. 注意方式对运动的影响

注意方式分为四种，即为广阔—外部注意、狭窄—外部注意、广阔—内部注意、狭窄—内部注意，其具体分析如下。

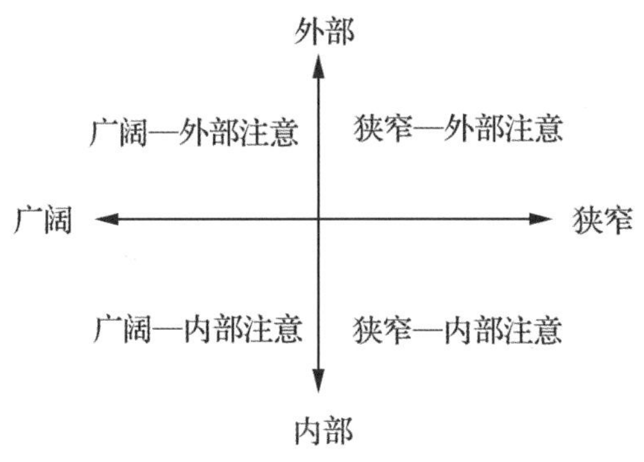

图 2-1 注意方式

(1) 广阔—外部注意。

广阔—外部注意是指注意范围广阔并指向外部环境的注意。在需要把握较为复杂的运动情境时，这一注意方式是最为合适的，运动者根据外界的情况做出相应的决定，如篮球、足球、排球等集体性运动项目。运动者具有良好的广阔—外部注意能力就能够较好地注意外部环境的变化，获得较多的外部信息，增强自身判断和预测能力。

(2) 狭窄—外部注意。

狭窄—外部注意即为注意范围狭窄并指向外部环境的注意。在运动比赛中，运动者做出反应的短暂时刻，需要这种注意。另外，在运动过程中，运动者需要对自己的力量和疲劳程度进行评估，并根据比赛的状况对自己的动作做出相应的调整，都需要运用这一注意方式。例如，足球守门员防守对方点球的短暂时刻所需要的注意。一般，台球、高尔夫球等注意力必须高度集中的项目的参与者这类注意较好。

(3) 广阔—内部注意。

广阔—内部注意指注意范围广阔并指向内部信息的注意。具备这一能力的人往往善于思考，并且能够迅速将各种信息纳入自己的知识储备之中，制定相应的比赛计划，并且能够在比赛中迅速进行调整，对对手的反应做出相应的预测。例如，棋类运动在对弈时，搜索记忆中的已知棋局时的注意，即为此类注意。

(4) 狭窄—内部注意。

狭窄—内部注意指注意范围狭窄并指向内部信息的注意。具备这一注意的运动者能够敏感地把握身体感觉，对技战术进行准确的诊断。例如，体操、跳水、体育舞蹈等运动中的运动感觉体验。

在运动比赛中，需要不同形式的注意方式，并且要将各种注意方式进行组合，从而形成最佳的运动表现。国外学者认为，每个人、每个集体运动项目都需要将注意范围和注意方向加以特殊组合，以产生最佳运动表现（见图 2-2）。在运动比赛中，情景复杂、变化快，就需要运动者更多的利用外部注意方式。

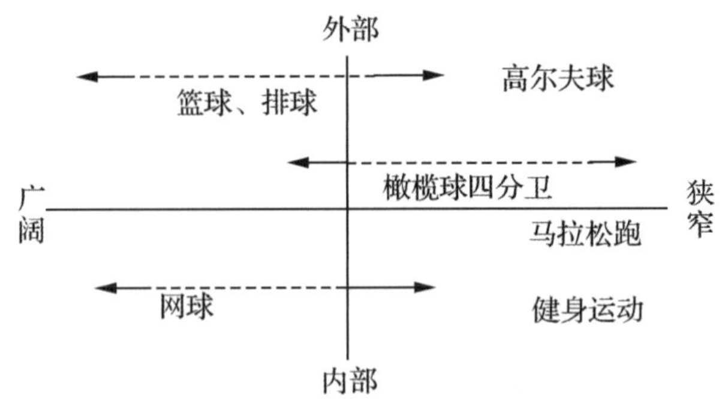

图 2-2　注意方式的组合

（二）注意对运动活动的影响

不同的人其注意能力具有一定的差异，这就造成了其注意的信息、注意的转移、注意的强度、注意的持续时间等方面的不同，从而产生不同的影响。

1. 特质注意和状态注意

特质注意是人格特质中的一部分，其是相对较为稳定、不易变化的，在不同的情境中这一注意的表现具有一致性。状态注意则是依赖于具体情境而不断变化的，这一注意是可以进行调节的。特质和状态的划分有助于解释为什么在个人的操作活动中会出现很大不同。

2. 注意能力的个体差异

在运动竞赛中，如果不能妥善解决注意方面的问题，就意味着运动者不能及时进行自我的调节以适应赛场的变化，则就会造成比赛的被动。

不同运动项目的运动者其注意特征不同，并且同一项目的运动者也具有不同的注意特征。通过长时间的系统训练，不同运动项目的运动者其注意方式会得到巩固和发展。

3. 唤醒与注意过程的关系

焦虑和唤醒水平的提高会在两方面对注意过程进行影响：其一，干扰注意方式转换的过程；其二，造成注意范围的缩小。

通过进行相应的心理学实验，要求被试者同时完成两个任务，一个视作主任务，另一个视作次任务，要求被试者将注意集中于主任务的操作。最终结果显示，当提高被试者的唤醒水平后，被试者对于次任务的外部注意范围缩小了。

随着唤醒水平的升高，人们对外界环境的信息范围的关注缩小，注意能力也随之

下降。人们在唤醒水平升高时，周围视觉的敏感性降低。对于很多运动项目而言，注意范围变得狭窄，将会遗漏很多重要的信息，如在篮球比赛中，如果注意范围狭窄，很容易出现传球的失误、被抢断，在进攻和防守时由于没有大局观而处于被动。需要注意的是，如果注意范围过于宽广，则会接收到较多的信息，很多无关信息也会被纳入，从而不利于进行判断。

四、团队凝聚力

（一）体育运动团队凝聚力的概念

团队是拥有共同的目标的人体组合，团队之间各人员具有一定的关系，相互产生一定的影响。团队具有共同的目标，这是所有的团队成员团结在一起的基础，也是使各成员产生一定的归属感和依赖感的重要原因。团队本身是一种实体，不因某个人的去留而存废。团队中由一定的规范和秩序来保证工作的正常运行，并以团队的利益为动作和行动的出发点。团队要想获得更好地发展，其团队必须具有强大的凝聚力，各成员必须密切配合，相互协作、各司其职，向着共同的目标而努力。

体育运动团体凝聚力又称为体育运动团队凝聚力，是指体育运动团体成员之间心理结合力的总体，它外在表现为共同追求同一目标或对象的动态过程。在体育运动中，队员和教练员构成了一个团队，他们在统一规范和目标的指引下，相互协同工作，进行一定的运动训练和比赛。

体育团队凝聚力的形成一方面受到团队成员吸引的作用，从而使资源聚集在一起；另一方面，团体本身的凝聚力将队员聚集在一起。这两方面的影响因素可概括为团队的团结力量和个人的心理感受。

团队成员的心理感受首先表现为其对团队的同感，成员对团队的行为方式和规范准则表示认同，才能与其他队员一起形成团队认识和评价，这是团队凝聚力形成的重要先决条件。团队成员的心理感受还表现在其对团队有一定的归属感，只有队员具有一定的归属感，才能更好地融入团队之中，真正的关心团队的利益得失、成功失败。另外，团队成员的心理感还表现为团队的力量感，各团队成员团结协作，从而表现出一定的自信心，在良好的配合中创造卓越的成绩。

在团体性运动项目，如足球、篮球、排球等项目中，团队凝聚力能够有效发挥各成员的作用，使其能力发挥最大化，使团队在竞技中取得更好的运动成绩。当团队取得良好的运动成绩之后，各成员对团队形成更进一步的归属感，甚至产生一定的团队自豪感和荣誉感，使团队的凝聚力进一步提升和发展。团队作用的发挥是各个成员一起努力的共同成果，成员个体在团队中发挥着重要的作用。团队成员间如个性、认知、动机及生活态度等较相似，易彼此亲近、交心了解、关系融洽。

团队具有良好的氛围，能够形成良好的协调和交往，则能够提高成员的心理上的接受和适应度，能够更好地促进团队朝着目标前进。需要指出的是，在整个社会大环境下，尽管团队会表现出一定的稳定性，但是这种稳定性受到社会环境因素的刺激，从而导致各成员发生心理上和认知上的变化。因此，团队中难免会有一些不和谐的因素阻碍着团队凝聚力的发展。这就需要团队不断进行自我的调整，缓解团队中的矛盾，满足团队成员的各项需求，促进团队的发展。

（二）体育运动团体凝聚力的主要影响因素

体育运动团体成员凝聚力的影响因素有多种，如目标的一致性、团队水平、领导风格、成员心理、外界压力等各方面都会对团队的凝聚力产生一定的影响。

1. 目标的整合

团队各成员之间只有形成一致的团队目标，实现团队目标和个人目标的整合，才能共同促进团队的发展。团队目标和个体目标的整合要以自愿为基础，这样才能真正形成合力。如果强制性地进行整合，则会起到相反的作用。

2. 领导方式和领导风格

团队的领导对于团队的凝聚力具有重要的作用，领导的风格、领导方式等都会影响到团队其他成员的积极性。

3. 成员的互补性

团队各成员之间各司其职，形成长短互补，使团队的效能发挥到最大，从而促进团队的发展。团队各成员之前形成优势互补，其表现为多方面的，如在智力、性格、年龄等方面实现互补，能够实现团队实力的增强。

4. 心理相容

心理相容是指团队的领导与领导之间、领导和成员之间、成员与成员之间能够相互信任，相互支持，促进团队的共同发展。

5. 内部竞争

团队的发展需要内部的竞争，依此来激励各成员不断提高自身，促进团队的发展。事实证明，合理的内部竞争会在很大程度上影响团体的凝聚力。但是，如果团队内部之间的竞争不当也会造成团队成员之间产生分歧和压力。

6. 团体稳定性

团体稳定性是指团体成员的变动程度。良好的团队具有一定的稳定性，既包括成员的稳定，也包括政策方针的稳定性。

五、运动者的其他心理因素

（一）运动与情绪

情感是心理过程的具体表现形式，是人对事物的态度和行为上的反应。与情感相比，情绪是相对较为短暂的，它是人对环境反应的一种特殊的态度，它有积极和消极

之分。情绪是一种暂时性的较剧烈的态度和体验，与人们是否获得满足有关。当人们获得某种满足时，会产生积极的情绪；反之则会产生消极的情绪。积极的情绪之下，人们表现出兴奋、愉悦和自信等状态，从而在运动健身中能够有更好的发挥；而消极的情绪表现为沮丧、失落、消沉等，这会在一定程度上影响运动者技能的发挥，甚至在运动中会引发不必要的伤病状况，因此，当出现消极的情绪时应积极进行调整。

影响情绪变化的因素有很多，情绪三因素理论将其归纳为环境因素、生理因素和认知因素，其中认知因素对情绪的变化起着至关重要的作用。

影响情绪的生理因素主要指在运动期间受环境或自身因素影响而产生的生理变化，导致植物性神经系统即交感神经和副交感神经的功能相对统一状态的改变，从而影响情绪。

人通过对外界的各种信息进行认知评价，从而产生特定的情绪。研究表明，这种评价是在大脑皮层中产生的，个体在不同的情景下会产生不同的认知评价。例如，在森林里看到一只老虎则会使人害怕，而在动物园的笼子里看到一只老虎则没有这种感觉。在第一次遇到困难时通过自身的各种努力而取得最后的胜利，则当他再次遇到相似的问题或处境时，则不会产生慌乱的情绪，并能够很好地处理。

环境因素一般为运动比赛的内在和外在的环境，这些因素在一定的程度上通过一项或者多项因素共同发挥作用，从而对运动者的情绪产生影响，对运动比赛产生一定影响。

（二）运动与记忆

通过相关的记忆试验可知：回忆误差会随测验间隔时间的增加而增加。运动反应的记忆也有一个遗忘过程，大致在 1 分钟左右完成。因此，有学者认为，随着动作技术练习次数的增加，遗忘的程度会呈下降趋势。如果训练以后对该技术进行心理演练，则能够使短时记忆转为长时记忆。

运动技能的掌握是不断通过运动实践活动的相应能力的学习过程，这一过程是复杂的，如果经过一段时间的学习后，该运动者还具有这种技能，则该项技能形成了一定的记忆；反之，则为遗忘。

需要指出的是，在运动技能的学习和掌握过程中，遗忘并不一定是消极的，它在运动技能的学习过程中起着重要的作用。在技能学习中，难免会学习一些错误的动作技术，这就需要遗忘的作用，通过练习正确的动作，达到改善的目的。运动技能提高的过程，是记忆积极因素和遗忘消极因素相互作用的过程。

（三）运动与性格

人的性格是在一个人生理素质的基础上，通过社会实践和体育运动逐步形成的，由于每个人所处的具体环境和教育条件的不同，他们所形成的性格具有不同的特征。性格一经形成就比较稳定，也正因为性格的稳定，性格才能突出反映一个人的心理面貌和风格。由于环境的变化，性格也可能发生改变，特别是处于形成过程中的性格具有较大的可塑性，也就为教育提供了良好的条件。健身运动对性格的影响是巨大的，尤其是对于青少年而言，在运动环境条件和运动教育中，公平公开的竞争、相互间的协调和尊重、集体的委托和依赖、严格的规则等，对人的性格形成和发展起着特殊的作用。

（四）运动与智力

智力是心理学的重要概念，国外学者将智力定义为分析性能力、创造性能力和实践性能力之间所达成的一种平衡。我国学者则一般将智力定义为完成智慧活动的能力，即为人们各种认识能力的综合，包括观察力、想像力、记忆力和注意力等，其中思维能力是智力的核心要素。一般智力水平的高低通过智商来评定，其有超高、正常和低常之分。国外有学者认为，智力由一般因素与特殊因素构成。一般因素指人在任何情境或从事任何活动都能表现出来的与思维和适应有关的能力；特殊因素则是在某种特殊情境或从事某类活动所表现出来的思维和适应有关的能力。

（五）运动与个性

运动者的个性特点对其训练具有显著的影响。个性一般指个体在社会实践中形成的、带有一定倾向的、稳定的心理特征的总和，这些特征构成了个体间不同的精神面貌。在运动锻炼中，运动参与者的神经类型和项目特点吻合，这样才能更好地参与体育运动。此外，不同项目对参与者的个性心理特征也有一定的影响。各种运动强度技巧不同，要求运动者具备的精神活动特点与个性特征也不尽相同。许多证据表明，不同运动水平的运动者其个性心理特征也是不同的。总体而言，经常参加运动锻炼的人，在个性特质方面有低焦虑、低神经质和偏外向的特点，在心境状态方面有低紧张、低气愤、低疲劳、低抑郁、低困惑和高活力的特点，这些特点是同积极的心理健康模式相一致的。

第三节　健身运动的运动学基础

一、运动技能及其形成

（一）运动技能的分类

在体育运动中，存在着多种运动技能，分类的依据不同，则其分类的方法也会不同。根据不同的分类方法，运动技能分为连续性技能、序列性技能和非连续性技能，封闭技能和开放技能等。其基本内容如下：

1. 连续技能、非连续技能和序列性技能

根据运动开始和结束的特定位置，可以将运动技能分为连续性、非连续性运动技能和序列性运动技能。

（1）连续性运动技能。

连续性运动技能没有明显的开始和结束，并且一般由重复性技能构成，如跑步、游泳、骑自行车等。其主要的特征是运动持续时间较长，动作具有一定的周期，而且动作是一个重复的过程。

（2）非连续性运动技能。

非连续性运动技能则有明确的开始和结束，一般由简单动作构成，如投掷标枪、跳远、投篮、拦截传球等。这类运动技能多由突然爆发的动作组成，持续时间相对较短，动作一般是非周期式的，各环节之间重复较少。

（3）序列性运动技能。

序列性运动技能是由多个非连续性运动技能按照一定顺序组合而成的系列技能。大多数技能都属于这一类，如三级跳远、跨栏和跳高等。这里的“序列”意味着动作是由多个动作组成的，各环节之间的节奏是获得成功的关键。这类技能的学习需要经过分解练习，从单个动作到整体动作，最后形成一定的动作体系。

2. 封闭性与开放性运动技能

根据在运动过程中运动技能对环境的依赖程度来划分，可将运动技能分为封闭性运动技能和开放性运动技能。

（1）封闭性运动技能。

封闭性运动技能主要依靠运动者的肌肉、肌腱、关节等感受器所介入的反馈来调节，它包括游泳、跑步、篮球的罚球、体操等。在进行该类技能的练习和获得时，环境特征和技能的程序基本是固定的，个体可以有充分的时间去完成技能，要求动作尽可能准确、稳定。学习这种动作技能的关键在于反复练习，直到达到标准的模式和自动化程度为止。

（2）开放性运动技能。

当一种运动技能的完成主要依赖于周围环境提供的信息，而正确感知周围环境成为运动调节的重要因素时，这种技能就叫开放性运动技能，如乒乓球、网球、篮球中的传球、足球的抢截球、拳击等。该方面运动技能的获得需要运动者具有正确的处理和认识外界的变化，以及高度的随机应变能力和预见能力。在运动过程中，运动者需要及时根据对手变化确定和实施动作方式，在集体项目中，还要参照同伴的情况进行决策和行动。

（二）运动技能形成的过程

人随意运动的生理机理是以大脑皮质活动为基础的肌肉活动。大脑皮质动觉细胞可与皮质所有其他中枢建立暂时性神经联系，学习和掌握运动技能，其生理本质就是建立运动条件反射的过程。运动技能的形成是一个相互联系、相互交错、和谐统一的过程，这一过程主要分为泛化过程、分化过程、巩固过程以及自动化过程四个阶段。

1. 泛化过程

在运动训练中，习练者进行训练所引起的刺激传入大脑皮层各有关中枢。因这时大脑的分析功能还不够精确，因而主要表现为动作僵硬、不协调，从而出现多余动作，能量消耗多而有效动作少，对于动作时机的掌握也不够准确。

2. 分化过程

随着习练者学习的不断深入，在掌握了一定的运动技能后，其大脑皮层运动区的兴奋、抑制过程在时空上的分化也日趋完善。在这样的条件下，运动训练泛化过程中的表现开始逐渐消失，并进一步形成运动动力定型。但由于欠缺一定的稳定性，因而在外界因素的干扰下，这种动力定型容易遭到破坏，习练者在训练中仍然会出现一定的错误动作。

3. 巩固过程

习练者通过反复的练习后，逐渐形成了一定的动力定型，这种动力定型也逐渐得到巩固，因而习练者的动作也更加精确、协调与省力，技术动作错误也很少出现，甚至某些环节也能够在脱离意识控制下完成，这就是所谓的初步形成自动化。一般来说，在动作的初步自动化条件中，运动者运动技能的形成不会受到大的干扰，其技术技能开始走向成熟。即便是在不利条件下，运动的形成也不至于遭到破坏。

4. 自动化过程

在经过以上几个过程之后，习练者掌握了相关的运动技能，运动的技巧运用水平上了一个新的台阶，这就是所谓的自动化过程。自动化是运动者技能形成的重要阶段，在这一阶段中，当运动者练习某一套动作时，可以在脱离基本意识的条件下自动完成整个动作。

二、人体运动的基本形式

在对人体的运动进行研究时，经常将其分为质点运动和刚体运动两方面。具体如图 2-3 所示。

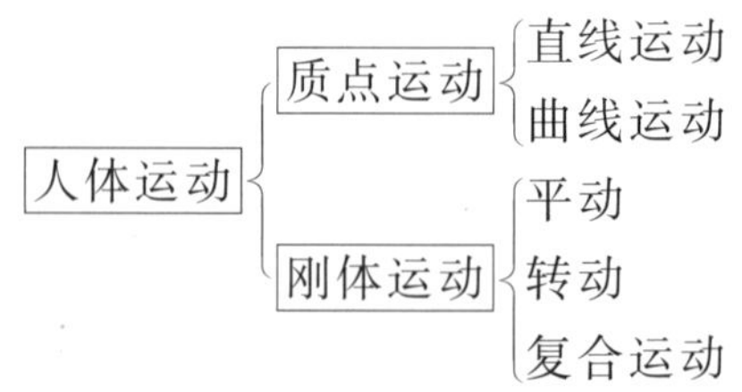

图 2-3 人体运动的基本形式

（一）直线运动和曲线运动

1. 直线运动

直线运动是人体或器械始终处在一条直线上的运动，即质点运动的轨迹是一条直线。在人体运动中，很少存在纯粹的直线运动，只有近似的直线运动。一般将直线运动分为匀速直线运动和匀变速直线运动。前者是指运动的质点始终处在一条直线上，并且在相等时间内通过的路程相等，如步行、慢跑等，人体的重心可视为匀速直线运动；后者主要是指人体在进行运动时，相等时间内速度变化量相等，其由时间速度坐标图表示，为一条斜线。

2. 曲线运动

将人或器械作为质点，则其运动的轨迹对选定的坐标系来说是一条曲线，这种运动被称为曲线运动。曲线运动时，速度的大小、方向、加速度发生变化时，需要强调其各物理量的矢量性。曲线运动较多，如足球的飞行轨迹、人体起跳腾空后在空中的轨迹等。

（二）平动、转动和复合运动

1. 平动

如果在运动过程中，刚体上任意两点的连线保持平行，而且长度不变，那么这种运动就叫做平动。例如，轮滑运动中姿势维持阶段。刚体平动时，可视为质点运动，其分为曲线平动和直线平动。

2. 转动

转动是物体绕着一个固定点或固定转轴做旋转运动，如髋关节和肩关节的旋内、旋外等。人体的各种简单的走、跑、跳等运动都是各环节绕关节轴转动而实现的，因此，人体各关节的转动是人体运动的基础。

3. 复合运动

复合运动是相对较为复杂的运动，其不是单纯的平动或转动，其包括身体重心的平动以及肢体其他部位绕重心的转动。

三、人体运动的力

力是物体间的相互作用，当力作用于物体时，会产生一定的效应。力可以使得物体发生加速度、形变等方面的变化。对作用于物体的力进行研究时，其三要素分别为力的大小、力的方向以及力的作用点。

作用于物体的力的大小不同，则会产生不同的效果。在很多运动项目中，人体力量的大小以及作用力器械上的力的大小对运动成绩具有决定性的影响，如跳高运动、跳远运动、举重等。

力是具有方向性的矢量，在对其进行研究时，可将力的方向用箭头表示，箭头所指的方向即为力的方向。大多数时候，物体运动是多力共同作用的结果，力的合成与分解应遵守平行四边形法则。

同样的力作用在不同作用点上，产生的效应也明显不同，如在踢足球时，力作用在球的不同位置，可能使球发生不同的旋转，甚至改变球的方向。

（一）人体运动的内力与外力

1. 内力

人体在进行运动时，整个人体可以视为一个力学系统，人体各部分之间的相互作用力被称为内力。人体的内力包括肌力、韧带张力、骨应力等。在这些内力中，肌力是人体的主动力，并且是可控制的。在内力的作用下，人体各个部位实现运动。

2. 外力

人体是一个力学系统，则外界作用于人体的力即为外力。人体在运动时，所受到的外力是多种多样的，包括重力、摩擦力、空气阻力、地面支撑力等。

（二）人体在运动中所受到的外力

1. 重力

重力即为地球对物体的引力。在地球上的物体都会受到重力的影响，其与物体的质量具有重要的关系。一般，如果物体的质量为 m，则物体所受的重力大小为 $G=mg$（g 为重力加速度），即物体受到的重力与物体的质量成正比。物体所受重力的方向与重力加速度的方向一致，垂直于水平面指向地心。物理学认为，重力是一个质量力，它均匀地分布作用在物体的质量上。

需要注意的是，重力与质量是两个不同的概念。所谓质量，是物体内所含物质的多少，是物体的本身属性，是惯性大小的量度，当物体移动时，其质量是不变的；重力则是地球对于物体的吸引力的大小，同一物体在不同的维度或高度上，其所受的重力会有略微差异。

2. 摩擦力

物体在进行运动时，其与接触的物体之间发生的阻碍相对运动和运动趋势的相互作用力即为摩擦力。物体所受到的摩擦力的方向与运动（趋势）的方向相反。一般可将摩擦力分为静摩擦力和滑动摩擦力。所谓静摩擦力，是指物体具有运动的趋势，而又保持相对静止时，在接触面上产生阻止其出现相对滑动的力。空气的摩擦力又被称为空气阻力，当物体高速运动时，空气阻力会对物体产生重要的影响。例如，足球在空中旋转飞行时，会受到空气阻力的影响而产生一定的弧线。

3. 弹性力

所谓弹性力，即为当物体发生形变时，要恢复原来的形状而作用于与他相接触的

物体上的力。弹性力发生在相互接触的物体之间，并且物体发生了形变。在撑竿跳运动中，弹性力得到了充分的展现。

需要注意的是，在人体中，肌肉、肌腱、筋膜都具有弹性，在肌肉收缩前被拉长，收缩时弹性力释放出来参与收缩过程。当肢体做屈伸或伸展运动时，其相反方向的组织包括皮肤、皮下组织、肌肉、筋膜、关节囊等均受到牵拉。

（三）牛顿力学定理

1. 牛顿第一运动定律

牛顿第一定律，又称惯性定律，是指任何物体在不受力作用时，或所受合力为零时，其将保持静止状态或匀速直线运动状态，物体的这种保持其原来状态不变的性质即为惯性。惯性是物体保持其原有状态不变的属性，其大小与物体的指令及其运动状态有关。在进行体育运动时，应巧妙利用惯性。

在体育运动时，应特别注意动作的连贯性，尽可能避免频繁地改变运动速度，以减少不必要的负荷。物体从静止到运动时，需要施加一定的力，人体速度改变时，需要肌肉用力。频繁的改变速度，则会造成人体的疲劳。因此运动中保持用力的连贯性和动作的连续性是很重要的。在长距离运动时，应保持适宜的匀速运动，如竞走运动和马拉松运动等，在运动时保持适宜的匀速能够节省能量，具有良好的运动效果。

2. 牛顿第二运动定律

牛顿第二定律即为加速定律：当一个物体受到的合外力不为零时，物体运动的加速度与作用力成正比，与其质量成反比，加速度的方向与作用力的方向一致。当质量为 m 的物体受到作用力 F 时，其运动状态发生变化，产生加速度 a，加速度的大小与力的大小成正比，与质量成反比。用公式表示为：

$$\sum F = ma$$

人体在进行运动时，如果力的作用方向与运动方向一致，则物体的加速度为正，作用力为物体的动力；如果运动的方向与力的方向相反，则该作用力阻碍物体运动，物体处于逐渐减速运动阶段。

在进行体育运动时，为了使得人体或器械运动时获得较大的加速度，必须施以其一定的力。由于作用于人体或器械的力有很多种，会产生力的叠加状态，人体或器械所受的合力大小取决于各种力的大小、方向和作用点。

在将牛顿第二定律应用于人体运动中时，应强调运动中任意时刻。力与加速度必须是同一时刻的瞬时量，如果物体受恒力作用沿直线运动，第二定律的瞬时性的重要意义就不突出了；反之，如果受的是变力作用，那么瞬时性就很重要。

3. 牛顿第三运动定律

牛顿第三定律即为作用力与反作用力定律，在物体运动时，两物体相互作用，作用力与反作用力大小相等、方向相反，并且作用在同一条直线上。

牛顿第三定律具有以下几方面的内涵：

(1) 作用力与反作用力分别作用于两个不同的物体上，并且这两个力的大小相同，但是产生的效果具有一定的差异性。例如，人在踢足球时，足球会向前飞起，而人保持不动。

(2) 有作用力则必然会有反作用力，这两者是相互依存的，同时存在，同时消失，两者是瞬时关系。

(3) 力包括弹性力、摩擦力、重力等，作用力与反作用力必是同种性质的力。

(4) 作用力与反作用力大小相等，但是方向却相反，在同一条直线上，不受相互作用的两物体的运动状态的影响。

在人进行走跑等运动时，人体会前进，这取决于地面反作用力大小对人的作用，其最终又取决于人体下肢肌肉的收缩产生的作用力。因此，提高人体运动效果的前提是应提高肌肉收缩速度和力量。另外，为了提高运动的效率，通过缓冲技术能够在一定程度上减小支撑反作用力的阻力效应，提高动作的效率。

第三章　休闲体育与健身的关系研究

第一节　体育与全民健身

全民健身的概念，不少学者实际上是从对象和方法上来给全民健身下定义的，如《全民健身计划纲要》中明确指出全民健身计划的实施对象是全体国民，具体如原体委伍绍祖主任说的所谓“全民”是指包含十几亿具有中国国籍的国民，地无分南北东西，人无分老幼男女，甚至包括旅居国外的侨民。所谓健身，就是增强和维护人的身体的健康。赵顺来认为全民健身是指全体人民为了增强体质，采用不同的手段、方法，达到健身的目的，等等。诸如此类的定义，反映了全民健身的全民性，但健身却由于方法和手段良多，如体育健身、营养健身、按摩健身，等等，都可以达到强身健体的目的，所以全民健身的定义显得比较宽泛。用此定义，开展全民健身势必让人无法了解全民健身以何为健身的主要手段，更体现不了全民健身的重点所在。实现全民健身的重要手段，据“计划”讲是“身体锻炼”。在增强国民体质的多种因素之中，身体锻炼是最为积极有效、简便易行的重要手段。上海辞典出版社出版的《体育词典》中，有“体育锻炼”辞目，解说是“实现体育目的、任务的基本途径之一。是运用各种体育手段，并结合自然力（日光、空气、水）来锻炼身体，以增进健康、增强体质为目的的从事体育活动的过程。”周西宽同志在《体育学》中使用的是“运动锻炼”，说“运动锻炼就是通过运动手段并结合其他因素增强体质的过程。”王则珊认为“身体锻炼亦称体育锻炼，是指运用各种身体练习和方法，并结合自然力和卫生因素以发展身体、增进健康、增强体质、调节精神、丰富文化生活为目的的身体活动。”正基于此，所以很多学者就比较认同全民健身这个定义里的健身就是体育健身，当前，各地市开展全民健身活动是通过发展群众体育来开展的，因为体育的本质是健身一直以来为人们所接受，人们一般也认为全民健身就是全民通过体育健身来增强体质、保持健康。所以全民健身也就是全体人民的体育健身。这是体育社会化的结果，也是现代社会发展体育运动的结果，更是人们开始深入认识体育的健身价值、充分利用体育的健身功能的结果。分析全民健身，给全民健身一个比较合理的概念，就需要从体育这个字眼来分析和切入。

一、体育与健身

什么是体育？人们对体育的认识经历了一个漫长的过程，在这一过程中形成了对体育的不同的认识，特别是体育一词引自国外的翻译，其意义的把握更是仁者见仁、智者见智。在我国体育理论界，有两种典型的表述可见一斑：“体育是根据社会需要，以运动作为重要手段，通过对人的培养来达到社会目的的一种实践活动。”“体育是一种复杂的社会文化现象。它以身体与智力活动为基本手段，根据人体生长发育、技能形成和机能提高等规律，达到促进全面发育、提高身体素质与全面教育水平、增强体质与提高运动能力，改善生活方式与提高生活质量的一种有意识、有目的、有组织的社会活动。”

高宜认为：对于体育概念可以从两个层次进行理解，即将体育分成广义的和狭义的体育。广义的体育包括了所有不论是竞技的还是健身养生的体育运动；狭义的体育则是指人们所进行的健身养生活动。我们通常所说的“体育”，就是指狭义的体育，也就是真正的体育。

而对于体育的本质与功能，综合大部分学者的看法，体育的本质属性是健身，体育以人和运动互为目的的手段，凡不能达到健身的，或有害健康的运动，就不能称之为体育运动。体育以人的身心运动为主要形式，凡破坏身心协调统一的活动都应加以避免。体育实际上就是健身教育，健身的道理要明确，健身的规律要探索，健身的意识要弘扬，健身性原则更要贯彻于体育过程的始终。只要遵循健身性原则，以全民健身计划为宏伟目标，统一我们的思想，体育概念、本质、目的、手段诸方面的一系列纷争就会迎刃而解。只有健身才是体育的主流，才体现了体育的本质属性，派生而来的其他属性，是非体育的本质属性。

增强体质只能通过体育即健身的教育这一途径才能实现。葛青认为：体育的本质功能和核心内容是健身。体育在本质上是实践的。人类体育的产生与发展，都是以人类的体育实践为基础的。只有通过实践，人才能创造体育。同时也只有在创造体育的实践中，人才能成为真正的、体育的人。实践作为人类特有的活动方式，决定了体育乃是人类独有的一种生活方式。

那么，什么是健身呢？可以认为健身就是建设人的身体，或健全人的身体，或增强人的体质。由此，健身是人类的一种社会实践，是人的身体自我完善和发展的过程。由于体育是以“身体运动”为基本特点，以“强身健体”为最本质的功能，这样，人们就把体育与健身紧紧地联系在一起。有学者认为，强身健体是每个现代人的愿望和追求，而获取它的主要途径，就是参加以健身锻炼为基础的体育活动。在体育活动过程中掌握健身的手段，培养健身的能力，并取得健身的实效。

因此，体育健身就可以理解为，是运用体育的身体练习为手段，以增强体质、促进身心健康为目的，达到身体的完善和发展的一种社会实践活动。

我国体育经历了一个动态发展的过程，但是，无论如何变化，其发展体质的目标没有变，发展体育运动，增强人民体质的方针不会变，变的只是体育内容。体育也不再局限在学校体育的范畴里，作为以健身为活动目的的群众体育，同样是我国国民体质增强的必不可少的重要内容。总之，体育的本质是健身，健身的目的是为了增强人的体质。

二、全民健身的体育层次含义

全民健身事业是一项体育事业。健身作为人们的一种追求，其实现途径是多方面的。体育、营养、医疗等都有健身的功效。笼统地说健身，就难于区别是体育健身、营养健身还是医疗健身。全民健身事业中的“健身”，显然是指体育健身。故而，全民健身事业实际就是全民体育事业，或者说是群众体育事业。而且，体育作为一种社会现象，必然随着时代的发展而发展。在其发展过程中，随着时代的发展，科学的进步，人们对体育的认识会越来越深刻。这时，体育就循着它自己的本来意义，向着科学性、群众性、健身性、道德性和法规性的方向发展，实现体育本体功能的复归。《全民健身纲要》的制定体现了体育发展的自身规律。“全民健身一语道破了体育的内涵本质，点出了体育的本业。”

所以，全民健身的体育层次含义是指全体国民在政府主导下，通过体育这种方式，学习健身方法、掌握健身技能，达到锻炼身体，增强体质，增进健康的目的，最终形成全民性的体育生活方式。全民健身不仅是以增强国民体质为目的，更是以发展群众体育为目的。所以全民健身的本质是全民的体育健身。全民健身是我国群众体育发展的一种有效方式。从体育层次讲，全民健身属于体育的范畴，是保证人们体育权利的有效活动方式。虽然韩丹认为要把全民健身锻炼的对象，主要限定为学生、知识分子、党、政、军工作人员以及离退老人等脑力劳动者或脱离体力劳动的人们。认为片面强调身体锻炼，以之作为唯一的健身锻炼手段，是不妥的。秋实等也认为，促进人类健康并非体育这一种人类活动。但是，他们并没有低估或抹杀体育活动在全民健身计划中的重要地位和作用。因为“我国的全民健身计划是一个由国家领导、社会支持、全民参与，有目标、有任务、有措施的体育健身计划，是与实现社会主义现代化目标相配套的社会系统工程和面向世纪的发展战略规划”，所以，全民健身计划的实施必然地牵扯到社会的各个方面，从社会主体的个人而言，更加突出以体育活动为龙头的重要地位和作用。而庄灵、于晓红认为搞好学校体育是全民健身计划实施的重点，群众体育是全民健身计划实施的难点。

三、休闲体育与全民健身的区别

虽然休闲体育和全民健身有很多的联系和相同。但是，它们之间还是有一定区别的，主要的区别就是体现在休闲上。休闲体育包括钓鱼、麻将和扑克等活动项目，这些项目是以娱乐、休闲、养性和健智为主要功能的。而健身运动就没有这些项目；休闲体育是以中老年人为主的，健身体育是以青少年、儿童为主的，这也是两者的区别之一；休闲体育的管理方式比较松散，健身运动的管理方式比较正规，尤其是全民健身计划的实施，对健身运动有极大的促进作用。从功能上看，全民健身是以锻炼身体为主要目的，休闲体育既有锻炼身体的功能又有休闲养心的功能，这也是两者的差别之一。

第二节　休闲体育的社会观及对个人生活的影响

休闲愉快的生活是人类生存的不懈追求，社会发展的终极目标更是改善和提高人们的生活质量。知识经济和信息化时代的到来，使人们拥有更多闲暇时间的同时，也伴随着激烈的竞争压力和多种“文明病”的爆发。如果说20世纪生产力的发展对人类所做的贡献是将人类从繁忙的体力劳动中解放出来的话，那么，21世纪知识经济和数字化时代的到来，就要求人们获得更多物质财富和闲暇时间的同时，学会如何休闲，这说明物质生活的改善和提高，更需要丰富多彩的精神生活去体验。而休闲体育在改善人们生活质量、满足健康需求、补充余暇生活等方面具有重要的作用。它的兴起就成了社会发展的必然。

一、休闲体育的社会观

（一）休闲体育的经济发展观

据西方发达国家的经验，发展休闲产业对国民经济具有重要的意义。在英国，休闲体育对国民生产总值的贡献率为1.7%，俄罗斯为1.9%，美国为1.3%。经济发展到一定阶段以后，社会生活的重心自然要转移到服务、知识、信息等第三产业领域。因此，我们在享受休闲体育消费和服务的同时，要充分挖掘休闲体育的经济价值。

首先，发展休闲体育产业可以增加有效供给的范围，促进消费，启动消费市场，从而促进经济的增长。从需求角度分析，拉动经济增长的因素有三大块：消费、投资和净出口，而消费是拉动经济增长的主导因素。要使经济持续稳步地增长，必须使消费需求保持增长。任海教授在《中国体育报》上撰文指出，以健身娱乐为主要内容的余暇产业在美国各州的产值排行榜中均跻身前三名，全国年产值达3000多亿美元。我国是发展中国家，有必要也有可能以内需为主要发展，而启动“休闲”这个大市场对扩大内需，刺激消费有着非常重要的意义。“假日经济”的繁荣、休闲娱乐业的发展，推动了休闲体育器材、场地、消费品等体育产业的稳步发展。休闲消费已经成为新的经济增长点。

其次，发展休闲产业可以增加就业机会。在我国人口众多、就业压力很大的情况下，发展休闲产业是增加就业机会的有效途径之一。当前，我国还处于社会和经济的重要转型期，社会承受着前所未有的劳动就业压力。在这种形势下，广开就业门路、加速工人再就业成为人们生存、社会稳定、促进经济发展的首要任务。据加拿大学者S. Smith理论模型的阐释，在发达国家旅游业每年增加3万美元收入，将增加1个直接就业机会和2.5个间接就业机会。另据世界旅游组织的专家测算，旅游资源丰富的发展中国家，每增加3万美元的旅游收入，将为社会增加2个直接就业机会和5个间接就业机会。人们参与休闲活动增多的同时，也创造了新的工作岗位。我国“十五”期间，新增旅游直接就业机会250万个，新增间接就业人数1250个。因此，休闲业

所表现出的就业效率大，就业门槛低，发展前景好等优势，对于解决我国目前转型期结构性失业的现实问题具有重要意义。

（二）休闲体育的多元文化观

目前，将体育作为休闲娱乐的手段，已成为现代文明生活方式的一种时尚和标准，并将在人类社会文化生活中发挥越来越大的作用。政府提出了全面建设小康社会的新的建设标准，不管在经济领域，还是在人们的物质生活领域，或是在人口素质领域，小康综合实现程度达到100%。但在人们的精神生活方面，小康综合实现程度只有86.7%。

休闲体育在其形成和发展过程中，首先是以强身健体的基础功能融入人们生活。随着休闲体育这种不拘形式、不限强度、自由自在的运动进入人们的生活，体育的文化功能以一种奇妙的特异性和宏大的包容性成为人们生命和生活的重要组成部分。人们在活动中得到了交流，提高了机体功能，不断呈现给人们健与美，休闲体育将人们心中的爱和恨、悲与喜、期望与失望、激情与冷漠、兴奋与低沉等极端情绪纳为一体，并在喷薄而出的宣泄中将欢乐、哀愁、痛苦，甚至于灾难洒向人间。人们从玩耍和游戏中找到了体现人与人、人与自然、人与空间、人与时间关系的和谐，在休闲活动中释放了人类争强好胜的天性，找到了“社会人的”交流桥梁，满足了强身健体的目的。正是有了这样一种交流方式，我们生存的星球因为有了健康的休闲而充满活力与生机，我们生活的社会因为有了健康的休闲而洋溢着情感与欢笑，我们的家庭因为有了健康的休闲而充满着幸福与健康，我们自身因为有了身体体验的机会而获得了超越自我的享受自然的快乐。这种多元文化观的形成，是社会发展所必需的，也是人们完满精神生活的不断追求。

（三）休闲体育的体育教育观

所谓休闲教育是指人类为了把握余暇、培养休闲能力而创造的一种社会实践活动。有一位英国教育家曾经说过：一种不能教会孩子支配余暇时间的教育是一种不成功的教育。同样，一个不能引导人们善度余暇的社会也称不上是一个完善的社会。古希腊哲学家也曾经说过：罪恶是来自不良教育以及不健全的身体，体育运动对青少年道德品质的培养、法制观念的建立、性格意志的成熟都有密切关系。因此，今天积极引导人们用科学、文明、健康的方式度过闲暇时间是一项重要的任务。而休闲教育就是一项行之有效、而又相当紧迫的任务。现任美国国家休闲科学研究院的约翰·凯利认为：休闲应被理解为“成为人”的过程，是一个完成个人与社会发展任务的主要的存在空间，是人的一生中一个持久的、重要的发展舞台。

然而，在我们这个发展瞬息万变的社会里，在我们这个有太多选择的世界里，在人们越来越多的空闲时间里，每一种娱乐方式都在竞相钻入我们的生活，有时真是让人防不胜防，“成为人”的过程显得那么不容易。值得引以为戒的是日本、美国、苏联等国家都不曾在过渡期做好理论上和方法上的准备，以至于工时缩短后，接踵而来的便是类似于酗酒、赌博、睡懒觉等令人烦恼的余暇性的社会问题。因此，开展休闲教育具有重要的意义。

“百年大计，教育为本。”如何正确引导青少年一代健康地生活，帮助他们建立正确的人生观，教育成了义不容辞的责任。健康向上的休闲体育活动不仅有利于身心健康，也有利于人的整个精神面貌和身体素质的提高，更有利于良好社会风气的形成和社会的不断进步。不良的休闲行为，不仅影响到自身的成长，还有可能助长了反社会行为的滋生。因此，休闲教育应以提高全民族的思想道德素质和科学文化素质为目标，提倡健康文明的生活方式，不断提高国民的精神文化生活质量。

（四）休闲体育的生活质量观

一个健康的身体对于个人的重要性不言而喻，而整个人类的健康对于一个社会来说，那绝不是能用重要性来形容的，那应当是首要任务。因为，人类在自然轮回、日月变迁和自身的生老病死之间，是那样的脆弱，“SARS”和“禽流感”席卷全球就是最好的例证。

Glasser 认为，休闲提供的不是一条愤世嫉俗的现代意义上的逃避之路，而是一条回归之路，即返回到健康、平衡的天性上来，返回到一种崇高而和谐的状态上来。在这种状态中，每个人都会真正地成为自我并因此而变得“更好”和更幸福。柏拉图也曾经说过，人有三个心愿：一是健康；二是通过诚实的劳动获得富裕的生活；三是看上去优雅美丽。其中最重要的就是健康。

所以，伴随着生命周期的推进，从不谙世事到中年盛时，最后到耄耋老年，我们会经历不同的生命活动周期，并处于不同社会地位，又承担不同的社会责任。而不同的年龄阶段，我们也会产生不同的思想认识，因为心理的成熟与年龄的增长相伴随；而人们的心理成熟程度、认知能力和道德判断能力的增长都会在一定程度上影响到他们所参与的休闲活动，因此，随着新的健康观念的形成，人们的生活质量观也将会不断完善。

（五）休闲体育的人口老龄观

人口老龄化问题已经成为国际社会共同关注的话题。由于出生率的下降和人口的平均寿命的普遍延长，社会中的老年人比例越来越高。在德国、英国、比利时、法国平均每 6～7 人中就有一位 65 岁以上的老年人。在日本，40 岁以上的中年人占总人口的 1/3。

按照联合国 60 岁以上者为老年人的标准，和 60 岁以上者占国家总人口 10％或 65 岁以上者占国家总人口的 7％即进入老龄社会的规定，我国已经进入了老龄化社会。1996 年我国 60 岁以上的人口达总人口的 10.5％；而 2002 年的统计数据显示：我国 65 岁以上的人口总数已经达到 9377 万人，占总人口的 7.3％。预计到 2020 年，我国 60 岁以上的老年人将占总人口的 16％。从 21 世纪初开始，我国将从一个“年轻型社会”经过短暂的“中间型社会”，而彻底进入“老年型社会”。

面对如此庞大的老龄人口，不能不说是一种沉重的社会问题。而老年人的健康状况每况愈下，体弱多病，对医药治疗等方面有着更高的要求。同时，由于人口出生率的不断下降，家庭及家庭成员的不断减少，会使以前由子女照顾老人的责任，将在很大程度上转移给社会。而要解决这一社会问题，加强身体锻炼，增强国民体质，无疑是一项积极有效的措施。它将有助于减少老龄人口疾病的发生，降低医药治疗方面的负担，从而有助于减轻社会福利乃至整个社会的压力。许多发达国家，如美国、日本和新加坡把加强休闲体育健身作为缓解人口老龄化社会的重大举措已经验正了它的可行性。

（六）休闲体育的社会文明观

物质文明的不断发展，使人类过着惬意的休闲生活，同时休闲也会推动社会的不断进步。但并非休闲生活都会对社会起积极的影响，有时也起到消极的作用。因此，了解社会上存在的不健康的休闲生活，引导人们把休闲朝着有利社会进步的方向发展，将会推动社会的精神文明建设。从目前我国实际情况来看，在休闲生活和休闲消费领域存在着以下不健康现象。

一种是轻文化消费，重物质消费的现象。这种情况主要表现在物质消费互相攀比，穿要穿名牌，吃要吃高档，一掷千金。但在文化消费上，则小气得多。例如，舍得买一千多块钱的“耐克”鞋，不舍得花一块钱买份体育报；另一种是俗文化消费多于雅文化消费。有人一讲到休闲就想到吃喝玩乐，忙于“请吃”和“吃请”，忙于“方城之战”，忙于“歌舞录像”，忙于“烧香拜佛”，忙于“占卜算命”。类似这些“灰色休闲”，缺乏高雅的文化含量。与之形成鲜明对比的是，高雅文化被束之高阁，艺术名著无人问津。这种现象难免造成“营养不良”，殃及社会的精神文明。

所以，人们对如何休闲缺乏理性的认识。如果把以上物质花费在体育场上、健身馆里，有多少人会不用进入医院；如果把以上所提到的时间用在健身减肥、读书看报上，又有多少人不用进入监狱呢？休闲是为了更好的工作，努力工作又可获得更多的休闲，健康向上的休闲将会促进人格的不断完善，也只有人格的不断完善，社会才能更快、更健康的发展。因此，休闲体育对于充实国民文化生活，提高国民文化水准，改善生活品位，使国民的生活质量得到有效的提高和升华等方面具有重要作用。而休闲体育为人们的休闲生活提供丰富的消遣、娱乐和“开心”的产品、设施和服务，对许多不利的社会情绪具有化解和治疗作用，从而在促进社会稳定、维持社会秩序中发挥“安全阀”的作用。

二、休闲体育对个人生活的影响

席勒曾说：“只有当人充分是人的时候，他才游戏；只有当人游戏的时候，他才完全是人。”所以，休闲是个体生命自我完善的发动机，是社会和谐进步的推进器。积极的休闲不只是人们重要的生活方式，也是人类社会走向更加文明的最好见证。

（一）休闲体育与生活方式

随着科学技术的不断进步，特别是高科技的发展，家用电器的普及，人们拥有越来越多的闲暇时间。工作时间的减少，家务劳动的解放，就意味着自我教育及休闲娱乐等方面时间的增加，由此不断改变着我们的生活方式。然而，科学技术永远是一把双刃剑，在不断提高我们生活水平的同时，人体的机能却在不断退化；环境在不断受到破坏，工作压力不断加大，竞争日益激烈。如何适应目前这种生活状况，是我们必须考虑的问题。据美国流行病学所做的医学调查表明，生活方式是影响人们健康的首要原因。在美国70年代的死因构成中，来自卫生制度方面的占10%，来自生理因素和环境因素的各占20%，而来自生活方式方面的原因则高达50%。闲暇时间参与休闲活动应当也必将成为调节人们生活的重要辅助手段。经常参加体育活动，不只是身体机能得到加强，健康状况得到改善，同时生活的压力也可以得到有效的转移、体力得到恢复。并能培养人们快乐、坚强、自信、积极向上等良好的生活态度。因此，休闲体育对于生活方式有重要的参与作用。

（二）休闲体育与人力资源和人力资本

所谓人力资本，就是体现在劳动者身上的，以劳动者数量和质量标识的非物质资本。从数量上来看，人力资本相当于一个国家或在一定时期内的劳动人数；从质量上看，人力资本是以劳动者的素质或技术水准来衡量的。而人力资本所形成的知识和健康等要素，是无法与人自身相分离的。从这一点上说，提升人力资本将会对经济发展、社会进步具有重要意义。美国著名经济学家舒尔茨在论证人力资本投资时，把“延长公民的寿命和增进他们的体质”的保健措施列为人力资本投资的首位。他认为这些保健措施“不仅提供了劳动力的数量，也能提高人力资源的质量”。

而对人力资本的投资主要是教育和保健两个方面。保健投资包括影响人力资源的寿命、体力、精力和耐久力等方面的费用。因此，休闲健身可以看作是人力资源投资。这种投资转化为健康资本存量，主要表现为健康、无疾病状态或寿命的延长，而良好的健康状态本身就创造了价值，成为重要的人力资本要素。从另一方面说，在未来的社会中，人不仅要具有很强的为社会工作的能力和创造能力，还必须有享受生活的能力。只会创造，不会享受，不是一个完整的人。创造美好的未来，不仅为了他人，为了社会，也是为了自己；享受生活，善待生命已经成为现代人的新的价值观。因此，休闲体育对提升人力资源具有促进作用。

（三）休闲体育与人的个性

社会现代化应该以很大的注意力来考虑人的现代化。人是现代化事业的主体，一切现代化活动的主宰者；如果人的素质不高，便不能胜任改革的重任，也不能完成现代化事业。但在市场经济条件下仍决定了劳动者首先是为了生存，无论体力劳动，还是脑力劳动，都具有此性质。因而易产生被迫感和压抑感。另外，由于社会分工和劳动职业的机械性、终身性也会使劳动者具有个性片面的特点。但是，当人们投入到休

闲活动中去的时候，充分与大自然接触、个性得到张扬，同时，又由于同伴的互动、自由支配的身体活动，可以使人们感受到或体验到发自内心的愉悦和舒畅，使人们从紧张、机械的工作环境中脱离出来，使压抑的个性得到有效的补偿、宣泄和恢复，使人与人之间的隔阂、疏远得到消除，从而获得真正意义上的个性发展。因此，休闲体育对人的个性具有重要的补偿作用。

（四）休闲体育与人的体验

休闲体育的丰富性，决定了它对个性体验的丰富性。从无须什么器材设备、技术、战术到高规格的场地设施、专用器材设备、专门技术；从个人独立活动到多人一块参与；从健身、娱乐、放松到康复、消遣、恢复体力等，它在丰富多彩的现代社会中，呈现给人们的是多样的功能和丰富的生活方式。我们相信，玩保龄球和打太极拳是不一样的，蹦极和打桌球也是不一样的，登山和下棋又是不一样的。在休闲活动中可以充分展现自我。当我们到郊外远足，畅游湖海，当我们张开双臂沐浴温暖的阳光，呼吸清新的空气，享受大自然所赋予我们的种种恩赐的时候，我们那时才觉得生活的美好，生命的意义。当我们选择某一种体育活动作为自己休闲时间的填充时，当我们亲自参与到某一种活动中时，那种闭塞的人际关系得到改善，人与人之间的情感得到了交流，健全的体格和健康的人格得到了升华；任何一种渴求合作的愿望都体现了对社会价值的承认，休闲体育向人们展示的丰富多彩的内容，已经远远地超过了一味追求物质利益的生活方式。因此，休闲体育对人的体验有重要的丰富作用。

（五）休闲体育与人的美感

休闲体育不仅能促进人身体的健美发展，也促进人身心的健康发展，它实质上是以美塑美。休闲体育本身就包含着美的因素，是一种健与美相结合的造型艺术，运用对称、和谐、统一、节奏和造型等形式美的法则，做到造型优美、技巧娴熟、柔中有刚、动作舒展再加上服装美和音乐美的巧妙运用，给人以美感；同时讲究健美营养、锻炼健美素质，可以振奋精神、怡情养性，增强热爱生活的信心和力量。因此，在休闲体育中讲究体育美学，不仅使人们的筋骨、肌肉得到锻炼，有益身心健康，还可提高运动艺术的审美价值。

人们对休闲体育娱乐功能有不同理解，有人理解为单纯的娱乐，是工作之余体力和心理上的放松；但有人的理解上升到另一个层次：寓教于乐。也就是说，休闲体育的娱乐功能应该具有教育功能，通过休闲娱乐使人的感性把握能力与理性能力得到滋养与陶冶，使人形成正确的生活审美态度。这是人类对美的追求，是人们积极生活态度和精神状态的反映，也是社会主义精神文明的一个标志。

（六）休闲体育与人的健康

所谓“亚健康”是一种自感不爽，检查无病的，介于疾病与健康之间的一种身心状态。据世界卫生组织一项全球性调查，全世界真正健康的人仅占5%，诊断有病的人也只有20%，而75%的人处于亚健康的状态。中国的情况也大致如此，15%的人处于健康状态，15%的人处于不健康状态，70%的人属于亚健康状态，而亚健康人中又以知识分子和企业管理者的比例最高，约达七成左右。这是因为，伴随着社会生产力的发展，人类逐渐由运动状态的体力劳动者向安静的伏案状态的脑力劳动者方向转化，致使整个人口中出现了以脑力劳动为典型的“肌肉饥饿”“运动不足”等现实情况，大大改变了人类正常的生物适应能力，从而产生了以心血管、脑血管疾病为主的“文明病”。这充分说明，健康问题已经是困扰人类生存和发展的最大问题，它直接导致了人们生活质量的下降。

讲究“以人为本”的今天，时值信息时代，人们更迫切地意识到“健康第一”的真谛。在闲暇时间里，人们喜欢走进大自然、走进体育场、步入体育馆。蓝天、白云、草地、湖泊间跳跃的高尔夫球、扣人心弦的足球、惊险刺激的蹦极、舒缓优美的太极、热烈欢腾的秧歌、悠闲从容的散步。头顶蓝天，脚踏绿地，徜徉于河流，穿行于林间，还有攀岩、滑雪、冲浪、滑冰、热气球、健美操、自行车，等等，美不胜收的休闲体育项目，给我们展示了一幅幅优美的画面，也加强了人们对休闲体育本质的认识。因此，休闲体育作为一种新的体育生活方式，必将会受到人们的青睐，也必将使人们在身心愉悦的同时，体力与精力也会得到恢复，亚健康状态得到缓解或转移。

三、社会发展是休闲体育繁荣的根本条件

（一）经济发展是休闲体育繁荣的前提条件

休闲是伴随着人类文明发展的一项活动，它是经济发展、社会进步的必然产物。休闲体育的现代形式是工业化社会发达的产物。这来源于大工业社会的巨大生产力，为人们获得更多的休闲时间提供了物质生活保障；大工业带来的现代科学管理手段，为工时制度变革奠定了技术基础；大工业带来的现代生活设施为人类休闲生活在一定范围内超越大自然的周期和节律提供了可靠的技术手段。也就是说，大工业带来的空前繁荣和社会休闲生活，是与经济发展分不开的。特别是随着知识经济和信息时代的来临，我们已经走进一个以知识创造和信息化为基础的经济社会，社会的生产方式和人们的生活方式将发生重大的变化。休闲体育繁荣也就成了历史发展的必然。

根据有关资料统计，到 2010 年，我国家庭恩格尔系数将由现在的 47.7%降到 45.0%以下，虽说比起发达国家 25%～30%还有很多差距，但大量研究表明，当恩格尔系数达到 50%以下时，娱乐消费课程将稳定地持续性增长。因此，我们也可以预见，随着居民收入的进一步增长，参与休闲体育的积极性会加强，休闲消费水平会提高。根据马斯洛的需求层次理论，当人的低层次的需求满足后，必然会产生高层次的需求。也就是说，人们解决了基本的吃、住、穿的问题后，有了向高层次精神消费的需求。按照国际经济标准，当人均月收入到 500～800 美元时，休闲消费便进入急剧扩张期。现在我国城市人均月收入已经超过 500 美元，达到了 800 美元，而经济比较发达的东南沿海地区，人均收入已经达到了 1000 美元。休闲消费已经成为我国城市居民的一种新时尚。同时，城镇居民的收入增长快于物价上涨，实际收入水平不断提

高，生活节余逐年增多，即人们的手里越来越有“钱”。这为人们参与休闲体育在物质消费上有了保证。

（二）休闲时间增多是休闲体育的可能条件

休闲时间是指不受其他条件限制，完全可以根据自己的意愿去利用、享受或消磨的时间，即“可自由支配的时间”。成思危认为，大约一万年前，当人类进入农耕时代，只有10%的时间用于休闲；当工匠和手工业者出现时，则可剩下17%的时间用于休闲；到了蒸汽机时代，由于生产力水平的提高，人类将休闲时间增加到23%；而到了20世纪90年代，电子化的动力机器提高了每一件工作的速度，譬如从烧饭到交通……因而使得人们能将生活中的41%的时间用于追求娱乐休闲。据此推断，21世纪人们将拥有更多的休闲时间，国外学者预测，到2020年前后，随着知识经济和新技术的迅猛发展，人类将有50%的时间用于休闲。这充分说明，社会的发展已经为人们从事体育休闲提供了时间上的发展平台。

我国从1995年5月开始实施每周5天工作制，1999年9月又开始实行3个“长假日”，全年法定节假日达到了144天。这为人们旅游、放松娱乐等休闲活动提供了时间保证。王雅林等人通过对上海、哈尔滨、天津三座城市居民的日常时间分配的调查发现：居民的休闲时间已经超过了工作时间。居民平均每一天的工作时间为261.43分钟，休闲时间为336.99分钟，平均每天休闲时间比工作时间多75.56分钟，成年人口（18～65岁）平均每周休闲时间比工作时间多9个小时。闲暇时间的增多为人们从事休闲体育提供了不可缺少的发展平台。人们向往已久的休闲时代已经来临！

（三）人的需要是休闲体育繁荣的主观条件

席勒曾说：“只有当人充分是人的时候，他才游戏；只有当人游戏的时候，他才完全是人。”因此，在这个充满竞争的社会中，人的本性正被异化，人需要在休闲时间里找回人的本性，休闲体育所给予人们的正是人们所需要的，休闲体育成为人们生活的一部分也就成了必然的选择。

如果说传统农业社会的生产与劳动方式主要是体力劳动，从事脑力劳动的只是少数精英或贵族阶层的话，那么，现代社会就是以脑力劳动为主的社会，是知识经济为主导的社会。至少在城市中，越来越多的人在从事着脑力劳动，体力劳动则逐渐被生产机器所取代，脑力劳动的增加与体力劳动的减少加快了人体机能的下降，并伴随着“亚健康”状态的出现。而随着人类寿命的增长，老年人也需要一种填补空闲时间、缓解老年疾病的活动；青少年的学业负担加重、就业压力加大也需要一种体育活动方式进行调解，这些都促成了休闲体育的繁荣。另一方面，从人不断完善自身的需要而言，如身体保健、审美、个性张扬等方面也需要休闲体育的积极参与。因此，人的主观需要是休闲体育繁荣的根本条件。

（四）学科完善是休闲体育发展的必然条件

“玩是人类基本需要之一，要玩的有文化，要有玩的文化，要研究玩的文化，要掌握玩的文化，要发展玩的文化。”说出了休闲体育教育的必要性和紧迫性。问题是休闲体育能否重返教育殿堂呢？卢元镇的“学校教育和社会教育都应担负起消遣教育的任务”，道出了完善体育教育学科、发展休闲体育教育的必然性。

休闲体育教育在国外已经成为现代教育的重要组成部分，他们也经历了我国现在的社会发展道路，出现了类似的社会经历。我国正在进行的基础教育改革，应该积极学习发达国家的先进经验，建立符合我国国情的休闲体育教育体系，不断完善学科建设，用休闲体育理论知识帮助面向走进休闲时代的青年一代树立正确的休闲观、价值观和人生观，这是社会发展的必然选择，也是人类生存的必然需求。

第三节 休闲体育与全民健身的相互关系

一、休闲体育为全民健身活动提供更大的发展空间

休闲体育是以陶冶情操、愉悦身心，完善自我为主要目的的体育活动。休闲体育强调的是回归自然，放松身心，体验休闲的乐趣。休闲体育的内容丰富多彩，从传统体育项目如球类、田径，新兴体育项目如露宿、蹦极、越野到人们日常生活的散步、登山、慢跑、远足等都是传统休闲体育的内容。休闲体育的特点是对运动技术、技能和场地要求不高，老少皆宜，适宜各种人群参与自由放松，强调活动的放松性和乐趣。基于此，休闲体育正受到越来越多的人喜爱。

二、全民健身对素质教育的促进作用

健身运动是利国利民，功在千秋、利在当代的宏伟工程。全民健身也是促进中华民族的伟大复兴、促进社会发展和全面实现小康社会的重要基础。健身运动的主要功能是提高民族的身体素质，同时也能够促进民族的其他素质的提高，像文化素质、心理素质、适应社会能力、合作精神和改善人的精神面貌，提高工作效率等。

健身是推进素质教育的重要途径，实施素质教育的途径有很多，实施素质教育的领域广泛。从体育教育的角度看，除学校体育、社区体育和体育俱乐部等渠道外，还有一条重要的渠道，就是全民健身计划。全民健身计划是由政府组织调控的，有计划、有管理和有指导的政府行为。那么，全民健身计划有政府的宏观管理，有人民群众的热情参与，有社区体育指导员的指导，健身运动已经走向合理、健康有序的轨道。尤其是全民健身计划二期工程的实施，健身运动将会持久地发展下去。这对于全民的素质教育有着极大的促进作用，也是实施素质教育的一条重要途径。

三、全民健身与体育教育的协调发展

全民健身和休闲体育有很多共同点，又有不同点。全民健身和休闲体育彼此联系密切，互相促进，共同发展。随着时间的推移，人的年龄不断变化，休闲体育与全民

健身会互相转化，人们将不断追求适合年龄变化的休闲体育文化，这也符合人的身心发展规律。他们的出现和发展趋势是社会发展的产物，更是人类精神文明的需要。因此，我们有必要对休闲体育与全民健身的关系进行深入的研究和探讨。

（一）休闲体育是全民健身的基础

休闲体育有一个重要的必备条件，那就是必须有足够的时间进行休闲体育活动。休闲体育活动的时间是比较充足的，这是休闲体育一个显著的特点。这也是休闲体育和全民健身的一个重要区别。那么，人们利用休闲的时间去进行体育锻炼，可以增加人们对体育的兴趣和爱好。兴趣和爱好是从事休闲体育活动的基础，能够提高人们锻炼的质量和效果。这也同时提高了人们对活动项目技术的掌握和提高，又反过来增加了人们对休闲体育活动的参与度。

（二）休闲体育与全民健身的联系

休闲体育与全民健身的联系非常广泛。表现在很多方面。在体育人口方面，休闲体育与全民健身参与的群体是相同的，无论是儿童、青少年、中年和老年，无论是男女、城乡和各种职业的人都可以参与休闲体育和全民健身的活动。在活动项目方面，休闲体育和全民健身有很多项目是相通的或相近的，像球类运动、武术、跑步和各种健身操等。在组织和管理形式上，也有相同的地方，休闲体育是一种群众组织的方式，全民健身既有政府的管理方式，也有群众组织的管理方式。因此，在群众组织的管理方式上是相同的。在活动的场地上，人们基本上都是利用公园、社区和学校的体育场地进行休闲体育活动。在体育消费方面，休闲体育和全民健身都能够促进人们的体育消费，人们或多或少要花钱买健康。休闲体育与全民健身还有一个最大的共同之处就是面向全社会的群体，这个群体包括社会各阶层的人，这是一种大众教育和普及教育。这是人们对健康认识的提高，是社会发展和进步的表现。

（三）休闲体育与全民健身的区别

虽然休闲体育和全民健身有很多的联系和相同之处。但是，它们之间还是有一定区别的，主要的区别就是体现在休闲上。休闲体育包括钓鱼、麻将和扑克等活动项目，这些项目是以娱乐、休闲、养性和健智为主要功能的。而健身运动就没有这些项目；休闲体育是以中老年人为主的，健身体育是以青少年、儿童为主的，这也是两者的区别之一；休闲体育的管理方式比较松散，健身运动的管理方式比较正规，尤其是全民健身计划的实施，对健身运动有极大的促进作用。从功能上看，全民健身是以锻炼身体为主要目的，休闲体育既有锻炼身体的功能又有休闲养心的功能，这也是两者的差别之一。

（四）休闲体育与全民健身的发展趋势

无论是休闲体育还是全民健身都与社会的发展和进步紧密相连，都要适应社会的变化，这是不以人的意志为转移的，是休闲体育和健身运动自身发展变化规律所决定的。休闲体育与健身运动具有旺盛的生命力，原因是它们自身的功能是人和社会的需要。知识经济时代休闲体育和健身体育将出现很大的变化，在休闲体育和健身体育的时间和空间上观念上、将进一步拓展，根据社会发展的规律和人的需求看，经济发展的水平越高，人的精神需求就越高，这也就决定了休闲体育和健身体育的发展趋势。

全民健身是政府和社会追求的重要目标。休闲体育发展的历史源远流长，随着人民生活水平的不断提高，人的精神需求就越高，因此，休闲体育就成为人们文化生活的重要组成部分。休闲体育是全民健身的重要内容，二者在运动的项目上、满足大众的需要上、表现的形式上和管理方式上都有众多的相同或相似之处。二者互相促进，共同提高。同时，休闲体育与全民健身又有区别。主要表现在功能上、运动项目上、适用的年龄上和管理方式上的不同。但是，休闲体育是为全民健身服务的，休闲体育和全民健身必须协调发展。

四、休闲体育是全民健身的基础

（一）休闲体育的趣味性是最积极的健身方式

休闲体育相对于竞技体育最大的不同之处在于，休闲体育以愉悦身心、增强体质为目的，人们在参与休闲体育之时不仅能够增强体质，而且能使处于高度紧张的神经得以放松，使人保持良好的精神状态。竞技体育是以获取优异的名次为根本目的，通过不断强化竞赛能力而力争上游。故而，人们会更倾向于具有趣味性的休闲体育，它让人们从内心深处真切体会到体育活动给他们带来的趣味性，使得他们真正了解和体会到体育锻炼的意义之处。因此，在当今的生活实践中，鼓励人们积极参加休闲体育，将有利于更好地促进全民健身的开展。

（二）休闲体育能够吸引更多大众参与全民健身

当今社会物质文明和科学技术的高速发展，将为职业体育和休闲体育提供场地、器材、设备，逐步完善人们对体育活动的要求。由于休闲体育对体育场地、器材、设施的需求不是很高，人们可以做到出门就能够参与到体育活动中，既能达到增强体质的目的也可以愉悦身心。随着休闲体育项目的多元化、内容的丰富化、方式的多样化，它必将成为人们最喜爱的体育活动也将吸引成千上万的青少年以及中老年人参与到全民健身的行列中来，从而实现国务院颁布实施《全民健身计划》的真正目的。

（三）休闲体育的本质特征有利于全民健身的开展

当今生活节奏越来越快，人们的生活压力也变得越来越大。在工作之余，都想要寻求能够放松身心的方法手段，而休闲体育的活动模式深受大家的喜爱，活动内容丰富，方式多样，参与简易的特点正好满足人们参与健身的需要。休闲体育以轻松活泼的锻炼方式，能够有效地缓解紧张情绪，释放压力。休闲体育以愉悦身心的参与方式，使人们在体育活动中建立信心、完善自我。总的来说，休闲体育不仅让人们真切地体会到强身健体的益处，更重要的是让人们体会到生活的意义与人生的价值，思想

上转变人们的体育价值观念，使全民健身得到进一步的开拓。

休闲体育和全民健身计划的实施密切相关，二者是互相作用、互相促进的关系。休闲体育的特征就是趣味性强，参与人数众多，活动氛围愉悦，能够增强体质、愉悦身心。休闲体育与全民健身相互结合是必不可少的重要途径。休闲体育是全民健身计划的重要基础，只有把基础打牢，全民健身计划才能够更有效、更切实、更科学的开展。

五、休闲体育与全民健身的架构

休闲体育与全民健身的前提都是要求人们能够利用余暇时间参与到体育活动中来。《全民健身计划》是由国务院根据人民生活水平和精神需求越来越高而提出的，因此，休闲体育就成为全民健身的重要组成部分也是它的基础。休闲体育是构建全民健身计划的重要内容，二者互相作用、互相促进。同时，休闲体育与全民健身又有区别。主要表现在活动要求、运动项目、适用的年龄和管理方式的不同，如全民健身要求：每周参加体育锻炼活动不少于3次、每次不少于30分钟、锻炼强度中等以上，而休闲体育对参与并没有具体要求，参与者可以根据自己的情况而定。但是，休闲体育可以为全民健身服务，休闲体育和全民健身可以相互协调发展、共同进步。

第四节 休闲体育资源约束健身全民化进程

本书中的健身全民化是指非体育人口转变为体育人口的过程。不仅表现为体育人口数量的增多，也表现为体育人口素质的提高和体育人口结构的优化；不仅表现为区域内群众体育活动的增加、体育产业结构的转换和升级，也表现为体育生活方式、健身价值观念、体育文化等向体育人口发生率较低地区的渗透、影响、扩散和传播等。

一、休闲体育资源约束力的概念

（一）“爬坡模型”

“爬坡模型”休闲体育资源不仅包括休闲体育设施、场地及相关服务等社会型资源，也包括生态旅游风景区等自然型资源，更包括城市开放空间（广场、城市绿地、公园）等混合型资源。它联系着自然生态环境和社会经济环境，并与社会经济系统及自然环境系统的其他要素之间存在着复杂的相互作用。借用物理学中的概念，并参考系统论的内外营力观点，建立健身全民化系统的“爬坡模型”。健身全民化系统在发展的过程中主要受四个力的作用，即自身重力、支持力、驱动力以及摩擦力，且随着健身全民化水平的不断增高，其受力大小也处于动态变化当中。其中，自身重力代表健身全民化系统本身的发展规模；驱动力主要是指居民的健身需求拉力以及外界系统对其供给推力的总和。而休闲体育资源是休闲体育资源系统给予发展中的健身全民化系统的摩擦力，其大小由健身全民化系统的发展规模（重力）以及休闲体育资源与健身全民化系统之间的协调程度（摩擦因数）两方面决定，其方向与健身全民化系统的发展方向相反，在休闲体育资源系统与健身全民化系统之间起着重要的负反馈作用。

（二）休闲体育资源约束力的概念

从“爬坡模型”可以看出，在特定的时空范围内，由于休闲体育资源供求矛盾的存在，会造成休闲体育资源系统与健身全民化系统无法协调发展，休闲体育资源便成为阻碍健身全民化进程的摩擦力，并对健身全民化的发展规模和发展速度产生一种约束作用，最终导致区域体育人口发生率无法达到的预期目标，本书将这种约束作用称为休闲体育资源约束力。

二、休闲体育资源约束健身全民化进程的影响因素及影响机理

（一）休闲体育资源约束健身全民化的影响因素

1. 休闲体育资源总量

从理论上来说，在其他条件相同的情况下，休闲体育资源总量越大的地区，休闲体育资源对健身全民化进程的约束作用越小。而在部分休闲体育资源总量较大的地区，由于居民健身参与率偏高，休闲体育资源的需求和供给之间的矛盾较大，休闲体育资源约束力也较强。可见，在探讨休闲体育资源对健身全民化的约束作用时，应将休闲体育资源总量与体育人口发生率有机地联系起来，并将其作为调控休闲体育资源约束力的总量控制指标。

2. 休闲体育资源质量

低质量的休闲体育资源间接减少了资源总量，“质量型资源短缺”大大恶化了“数量型资源短缺”，而“数量型资源短缺”又会使有限的资源被过度使用，健身器材磨损率增加，增加了“质量型资源短缺”，最终不仅造成现有的健身器材不能被利用，而且废弃的健身器材又成为健身全民化发展的负担。

3. 休闲体育资源的时空分布

休闲体育资源的时空分布对休闲体育资源约束力的影响实质上是通过影响特定时期和特定区域内休闲体育资源的供给和需求而起作用的。如果休闲体育资源的配置适合居民的时代需求，并且空间分布结构合理，就会在一定程度上缓解休闲体育资源的供需矛盾，减小休闲体育资源约束力，加快健身全民化的发展速度。

4. 休闲体育资源开发利用程度

地区休闲体育资源开发利用程度低，说明区域休闲体育资源尚未被充分利用，资源供给增长潜力较大，此时休闲体育资源对健身全民化的约束作用不显著；反之，休闲体育资源开发利用程度高，说明区域内休闲体育资源已经被充分利用，资源供给增长潜力较小，此时有必要高度重视休闲体育资源约束力对健身全民化的影响，及时对

其进行合理调控。

5. 休闲体育资源开发成本

在休闲体育资源开发条件好的地区，其开发成本低，资源供给难度也较低；而在休闲体育资源开发条件差的地区，其开发成本高，资源供给难度也相对较高。随着休闲体育资源开发程度的加大以及容易开发的休闲体育资源逐渐被充分利用，休闲体育资源开发成本节节攀升，继续增加的休闲体育资源供给的边缘效益会逐渐趋近于零，休闲体育资源约束力急剧增加，严重影响健身全民化的速度，此时需要采取增加资金投入等措施减少约束力。

6. 休闲体育资源的管理制度

休闲体育资源管理是指对休闲体育资源配置和人类开发利用休闲体育资源的行为实行决策、计划、组织、协调、控制及维护的全过程。当休闲体育资源管理制度较为完善时，可以有效地协调休闲体育资源系统和健身全民化系统之间的矛盾，从而减轻休闲体育资源对健身全民化进程的约束作用，促进健身全民化的发展。

（二）休闲体育资源约束健身全民化的影响机理

本书将影响休闲体育资源系统和健身全民化系统的主导因素归为总量维、质量维、结构维、功能（效率）维四个方面，并将其相互影响机理概括为以下循环。相同或同层次的影响因子之间产生直接或间接的作用反馈，最终通过调整休闲体育资源的供给和需求来影响休闲体育资源系统与健身全民化系统之间的摩擦因数，引起休闲体育资源约束力的变化。而休闲体育资源约束力的变化，一方面直接受健身全民化系统的发展规模和发展水平的影响；另一方面又会将这种影响反馈到健身全民化系统，从而影响健身全民化系统的发展速度、规模和水平，进而在社会经济系统（自然环境系统）—休闲体育资源系统—健身全民化系统之间形成新的作用和反馈机制，并导致休闲体育资源约束力变化，如此循环往复。

三、休闲体育资源约束力的变化规律

（一）休闲体育资源约束力的变化规律

1. Logistic 理论增长模型

在人口学和资源学中，人口增长以及资源开发利用水平的提高，一般均遵循增长模型。单一的 Logistic 增长模型就是增长阈值（承载力）约束下的指数增长，最终形成一条被拉伸的“S”形曲线。因此，从理论上讲，在社会经济状况和自然环境质量相对稳定的情况下，健身全民化系统呈“S”形增长，而可利用休闲体育资源则呈反“S”形下降，并且下降的速度与健身全民化水平增长速度是对称的。如果用这两条曲线变化率的算术乘积的绝对值来表示它们之间的摩擦因数，即假定健身全民化系统总是以可持续发展为目标，总会想方设法协调休闲体育资源系统与健身全民化系统之间的矛盾。当休闲体育资源系统与健身全民化系统变化较为剧烈时，由于没有足够的时间调整休闲体育资源的供给和需求，休闲体育资源系统与健身全民化系统之间的矛盾就会增加；反之，当休闲体育资源系统与健身全民化系统都比较稳定时，健身全民化系统很容易通过调整其自适应性来协调休闲体育资源的供给和需求，休闲体育资源系统与健身全民化系统之间的矛盾就会缓解。因此，休闲体育资源系统与健身全民化系统之间的摩擦因数随休闲体育资源系统与健身全民化系统的发展应呈倒 U 形曲线分布。

2. 休闲体育资源约束力在健身全民化不同发展阶段的变化规律

根据倒 U 形曲线分布规律和 S 型模型变化规律，可以得到休闲体育资源约束力在健身全民化不同发展阶段的变化规律，如图 3-1 所示。

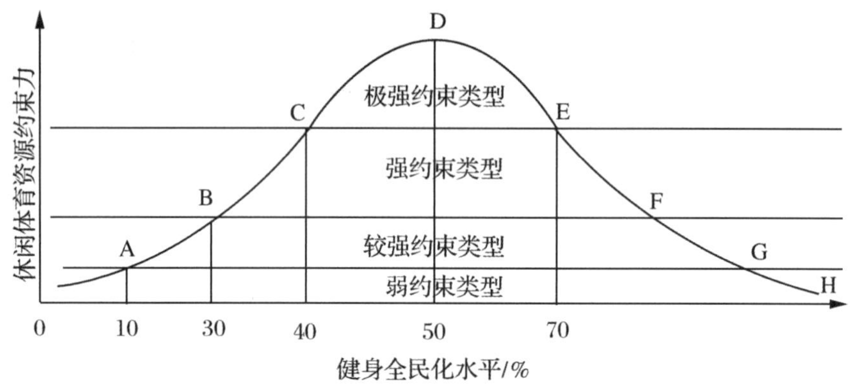

图 3-1　休闲体育资源约束力在健身全民化不同发展阶段的变化规律

具体表现在下表中，休闲体育资源约束力在健身全民化各发展阶段的变化规律。

阶段	健身全民化发展阶段	健身全民化水平	需求	摩擦因数	约束力	约束类型
O—A	初级阶段	小于 10%	较小	极小	极弱	弱约束
A—B	发展速度逐渐加快	10%～30%	逐渐增加	增大	变大	较强约束
B—C	加快发展	30%～40%	显著增加	迅速增大	显著变大	较强约束
C—D	发展速度逐渐增至最大值	40%～50%	急剧增加	增至最大值	增至最大值	极强约束
D—E	逐渐趋缓	50%～70%	较大	逐渐减小	较强	极强约束
E—H	成熟化阶段	70%以上	变化稳定	渐趋于零	减小	弱约束

（二）休闲体育资源约束力变化规律的现实解释

休闲体育资源约束力的变化规律是在假定健身全民化系统以可持续发展为目标，在确保休闲体育资源系统与健身全民化系统协调发展的前提下，追求由健身全民化带来的社会效益的最大化。但是，在现实生活中，由于人的固有偏好、习惯，以及对经济利益或眼前局部利益的追求，会导致休闲体育资源约束力并非严格遵循理想状态下的休闲体育资源约束力变化规律，而是总体上呈倒 U 形，在不同阶段呈 S 形或反

S形。

在每个S形上升阶段，都会出现“缓慢上升—加速上升—上升趋缓”的过程，这是因为每一轮健身全民化的快速发展过程都对应着新的休闲体育资源利用方式与健身全民化发展模式；而健身全民化的进步快速发展，又会加大休闲体育资源约束力，限制了健身全民化的快速发展，迫使区域增加休闲体育资源数量，提高其质量，寻求新的休闲体育资源开发利用模式与健身全民化发展过程。

在每个反S形下降阶段，都会出现“缓慢下降—加速下降—下降趋缓”的过程，这是因为随着休闲体育系统与健身全民化约束力相互磨合与相互适应，休闲体育约束力资源逐渐下降；休闲体育资源约束力的减小又使得健身全民化上升速度相应变快，这从某种程度上又加大了休闲体育资源约束力，休闲体育资源约束力下降趋缓。而在新一轮的休闲体育资源开发模式与健身全民化发展模式的变革下，又形成新一轮的反S形下降曲线。

需要说明的是倒U形在现实生活中可能存在更不规则的变化，其变化规律和机制需要在具体实证研究中进一步分析论证。

第五节 健身全民化与休闲体育资源的交互耦合

一、健身全民化与休闲体育资源的交互耦合关系

（一）交互胁迫论

休闲体育是在空闲时间里进行的，以一定的身体活动形式为手段而产生最佳心理体验的一种有意义的现代生活方式，人们不受限于活动的严格规定，积极追求内在的体验，使个人在精神和身体上都得到休息、放松和享受。从资源学的角度来看，休闲体育顺利实施所要依托的资源都可以成为休闲体育资源。休闲体育资源不仅包括休闲体育设施、场地及相关服务等社会型资源，也包括生态旅游风景区等自然型资源，更包括城市开放空间（广场、城市绿地、公园）等混合型资源。它是人类进行休闲体育活动的基础条件，也是城市休闲体育发展的重要背景，可以说，休闲体育资源是健身全民化的生命线。因此，区域休闲体育资源的缺乏，必将对健身全民化进程产生严重的制约作用。与此同时，由于健身全民化的不断推进，区域体育人口数量急剧增加，在对休闲体育资源利用和消耗的过程中，不可避免地要对本来就相对缺乏的休闲体育资源造成破坏（健身器材的磨损、体育旅游地区生态环境的破坏、健身场所和开放空间的过度拥挤），被破坏的休闲体育资源会进一步限制区域体育人口发生率的提高和健身全民化的推进。由此可见，健身全民化加剧了区域休闲体育资源短缺的窘境，稀缺的休闲体育资源进一步限制着健身全民化的进程，在健身全民化与休闲体育资源之间存在着复杂的交互胁迫关系，称之为交互胁迫论。

（二）交互促动论

随着健身全民化进程的不断推进，健康价值观念和体育生活方式逐渐深入人心，促使人们自发地合理配置并高效利用休闲体育资源，改善了休闲体育资源短缺的窘境。同时，良好的休闲体育利用背景，将有利于健身全民化的推进。可见，随着健身全民化的推进，区域体育人口与休闲体育资源利用将向着和谐共处、良性循环的方向发展，即健身全民化与休闲体育资源之间是一种相互促进的关系，称之为交互促动论。

（三）耦合共生论的观点

事实上，随着健身全民化的推进，在区域休闲体育人口发展与休闲体育资源之间，既有交互胁迫的过程，也有相互促进的环节，它们之间是一种在交互胁迫中相互促进的关系，称之为耦合共生论。一方面，健身全民化通过体育人口数量聚集过程、体育人口空间扩张过程、体育人口结构优化过程以及体育人口素质提升过程，对休闲体育资源产生各种胁迫和影响；另一方面，休闲体育资源数量要素、休闲体育资源质量要素、休闲体育资源时空分布要素、休闲体育资源开发要素、休闲体育资源管理要素完成对健身全民化的各个环节产生反馈或反作用的过程。

二、健身全民化与休闲体育资源交互耦合的演化阶段

在人口学和资源学中，人口增长以及资源开发利用水平的提高，一般均遵循Logistic增长模型。单一的Logistic增长模型就是增长阈值（承载力）约束下的指数增长，最终形成一条被拉伸的“S”形曲线。因此，从理论上讲，在社会经济状况和自然环境质量相对稳定的情况下，健身全民化系统呈“S”形增长，而可利用休闲体育资源则呈反“S”形下降，并且下降的速度与健身全民化水平增长速度是对称的。根据上面的耦合共生论的观点，当休闲体育资源系统与健身全民化系统变化较为剧烈时，由于没有足够的时间调整休闲体育资源的供给和需求，休闲体育资源系统与健身全民化系统之间的矛盾就会加剧；反之，当休闲体育资源系统与健身全民化系统都比较稳定时，健身全民化系统很容易通过调整其自适应性来协调休闲体育资源的供给和需求，休闲体育资源系统与健身全民化系统之间的矛盾就会缓解。因此，休闲体育资源系统与健身全民化系统之间的耦合关系随休闲体育资源系统与健身全民化系统的发展应呈类似于“U”形的曲线分布。

本书将其划分为不同的演化阶段，其特点如下：

（一）低水平协调阶段

一般处于健身全民化发展的初期，以区域不同地点的体育人口聚集为主，在空间上表现为部分点状区域体育人口发生率的显著增加。由于健身全民化发展相对缓慢，尚未达到资源累积效应的触发点（拐点）。因此，休闲体育资源对健身全民化的约束作用（休闲体育资源约束力）较弱，健身全民化对休闲体育资源的胁迫作用也较小。

（二）拮抗阶段

一般处于健身全民化发展的初期和快速发展阶段的初期和中期。健身全民化以小区域的体育人口聚集和大区域的体育人口扩张为主，健身全民化对休闲体育资源的胁迫作用变化剧烈，休闲体育资源约束力急剧增加，使得健身全民化与休闲体育资源约束力的矛盾日趋尖锐。随着健身全民化的发展，健身全民化与休闲体育资源之间存在着复杂的协同或拮抗作用，资源累积效应响应呈现急剧加快的趋势。

（三）磨合阶段

一般处于健身全民化加速发展的末期。健身全民化以大区域的体育人口扩张为主，在空间上表现为体育人口发生率低的区域被体育人口发生率高的区域所同化。由于健身全民化快速发展，休闲体育资源约束力逼近阈值，体育人口的休闲体育资源需求无法满足，健身全民化被迫调整减缓。健身全民化与休闲体育资源的矛盾由尖锐到缓和再到尖锐，不断交替。健身全民化与休闲体育资源之间的耦合关系不断磨合，资源累积效应呈现出波动响应的趋势。

（四）改善阶段

一般处于健身全民化的成熟发展初级阶段。人类对休闲体育资源短缺的意识增强，对休闲体育设施的投入增加，相关服务人员也逐渐增多；此外，随着区域休闲体育发展理念的变化、体育人口结构的优化和需求的调整以及人们健身能力的提高，休闲体育资源约束力逐渐减少，矛盾逐步趋缓，资源累积效应呈平稳下降的趋势。

（五）高水平协调阶段

一般处于健身全民化成熟发展的中后期。经过一段时间的发展，健身全民化与休闲体育资源之间的矛盾基本消除，二者协调共生发展，资源累积效应呈现出延缓平稳的趋势。

三、健身全民化与休闲体育资源交互耦合的演化类型

不同区域的休闲体育资源不同，健身全民化的发展道路也不尽相同。社会因素、心理因素以及政策因素都会对健身全民化和休闲体育资源产生影响。因此，健身全民化与休闲体育资源交互耦合是一种大尺度、长时期的一般规律，它反映出健身全民化与休闲体育资源交互作用的一般规律和总体演化趋势。本书以复杂系统论和协同理论为基础，总结概括出 9 种健身全民化与休闲体育资源交互耦合演化类型。

（一）低级协调型

这一类型的区域休闲体育资源条件相对较好，健身全民化发展缓慢；健身全民化对休闲体育资源的影响不同。同时休闲体育资源对健身全民化的约束作用也较弱。由于休闲体育资源约束力不大，休闲体育资源约束力变化的拐点并不明显。

（二）资源主导型

这一类型的区域休闲体育资源条件相对较好，健身全民化较为缓慢；健身全民化对休闲体育资源的胁迫作用较弱，休闲体育资源的约束作用一直较小，远离休闲体育资源阈值；休闲体育资源约束力变化的拐点出现较晚。

（三）同步协调型

这一类型的区域休闲体育资源条件相对较好，健身全民化速度较快；在休闲体育约束力逐渐逼近最大阈值的过程中，人类的调控使得健身全民化放缓，矛盾得以缓和，因此休闲体育资源约束力变化的拐点出现较早。

（四）健身全民化滞后型

这一类型的区域休闲体育资源条件一般，健身全民化也极为缓慢；健身全民化对休闲体育资源的胁迫作用不强，休闲体育资源增加的速度也相应缓慢；并且随着体育设施的投入以及休闲体育业的发展，休闲体育资源约束力又趋于缓和。

（五）逐步磨合型

此类型中区域休闲体育资源条件一般，健身全民化也较为缓慢，随着健身全民化的发展，休闲体育资源消耗加剧，约束力同比不断增加，逐步达到阈值；由于休闲体育资源约束力的不断加大，健身全民化发展速度被迫调整减缓。

（六）健身全民化超前型

此类型的区域休闲体育资源条件一般，健身全民化速度较快；由于休闲体育资源阈值不高，休闲体育资源很快接近阈值水平。

（七）休闲体育资源稀缺型

这一类型的区域休闲体育资源条件较差，健身全民化对休闲体育资源的胁迫以及休闲体育资源对健身全民化的约束作用均较强；随着健身全民化与休闲体育资源之间的不断磨合，休闲体育资源约束作用减弱；拐点出现较早。

（八）低级磨合型

这一类型的区域休闲体育资源条件较差，健身全民化较为缓慢；随着健身全民化的发展，休闲体育资源约束力不断增大，逐渐逼近休闲体育资源阈值。由于休闲体育资源约束力不断增大，健身全民化与社会经济被迫做出调整。随着休闲体育设施、投入的增加，休闲体育资源条件得以改善，其约束力逐渐减小。因此，健身全民化与休闲体育资源约束力均处于不断波动的过程中。

（九）不可持续型

这一类型的区域休闲体育资源条件较差，健身全民化极快，休闲体育资源约束力急剧增加，矛盾不可调和。由于这种情况超出社会发展规律，因此只存在理论上的可

能，现实生活中一般不会发生。

四、健身全民化与休闲体育资源交互耦合的策略

联系到实际情况可知，我国的大部分地区处于低级协调型和健身全民化滞后型。据《中国群众体育调查与研究》提供的数据，我国城乡居民参加体育活动平均每人3.45项。在体育资金的投入和运动场地设施的建设方面，距离广大群众休闲锻炼实际需求与发达国家标准相比还存在不小差距。通过以上分析，提出如下减缓健身全民化与休闲体育资源之间交互胁迫，促使其向和谐耦合阶段发展的策略，旨在为我国健身全民化的发展提供相应对策。

(1) 建立健身全民化评价体系与休闲体育资源阈值辨识系统，为解决健身全民化与休闲体育资源之间的矛盾提供理论依据和现实支持。加强健身全民化理论的相关研究，进行区域体育人口普查和休闲体育资源调查，能够帮助识别健身全民化与休闲体育资源耦合的演化阶段与演化类型，为正确制定相关政策提供可靠的依据。

(2) 增加群众体育投入可以延缓健身全民化与休闲体育资源交互胁迫的步伐。群众体育投入增加首先是指休闲体育建设的硬件增加，包括群众体育设施、健身场地、广场公园等开放空间等；其次是指群众体育发展软环境的改善，主要指相关服务人员和教育人员的增加。1997年以来，为解决城市体育配套设施不足的问题，国家体育总局及地方体育局实施“全民健身工程”、建设“全民健身活动中心”，深受居民称赞，有力地促进了我国健身全民化的发展。

(3) 产业结构优化是缓解健身全民化与休闲体育资源矛盾的重要内生力量。这里的结构优化主要包括与休闲体育有关的产业结构、就业结构、制度结构；休闲体育资源开发结构、管理结构、利用结构；体育人口结构等，均向着合理化与高级化两个方向发展。

(4) 政策理念是缓和健身全民化与休闲体育资源交互胁迫的最有效途径。坚持可持续发展、科学发展观和统筹区域协调发展的理念，能够指导健身全民化按照科学、合理的途径推进，走出一条休闲体育资源可持续发展的道路。大学城体育资源共享，社区与校园体育一体化建设，加大全民健身相关服务人才的培养，都是具有针对性的有益尝试。

第六节 休闲体育对健身运动的影响及对策

在中国传统文化中，历来对休闲娱乐存在着社会偏见。然而，随着时代的发展，人们余暇时间的增多，休闲体育越来越受到体育健身群体的喜好，休闲体育以其注重人文关怀，活动内容丰富多彩，具有时尚、流行、从众、创新的特点，让人们在参加休闲体育过程中实现回归自然的愿望，同时达到了强身健体的效果，让参与者真切地感受体育锻炼的魅力和乐趣，使越来越多的人加入到全民健身的行列。因此，在健身运动蓬勃发展的新形势下，探讨休闲体育对全民健身的积极影响，对促进健身运动的开展具有十分重要的理论和现实意义。

一、休闲体育对全民健身发展的积极影响

（一）休闲体育是我国实现全民健身计划的重要途径之一

《全民健身计划纲要》是一个由国家宏观领导，社会各方面支持，全民共同参与的有目标、有任务、有措施的体育健身计划，它是与实现社会主义现代化目标配套的社会系统，是跨世纪体育发展的战略规划。全民健身活动要持之以恒，必须使参加者体会到活动的乐趣。而休闲体育趣味性强，活动气氛轻松，最易获得乐趣，同时也为积极引导大众休闲生活朝着健康的方向发展，创造有利条件。因此，在实现《全民健身计划纲要》的具体目标时，休闲与健身相结合的休闲体育活动是一条重要的、必不可少的途径。

（二）休闲体育是一种积极有趣的体育锻炼健身方式

休闲体育不仅能增强人的健康，而且能使人高度紧张的神经得以放松，可以调节人们的某些不健康的情绪和心理，从而使人保持良好的心理状态。由于运动的激励，还可以加强人的自尊心、自信心和自豪感，增添生活情趣。让人们从内心深处真切体会到体育锻炼的趣味性，真正了解和体味体育锻炼的意义及体育强身健体、娱乐身心的功能。因此，在具体的生活实践中，积极参加休闲体育锻炼活动将有力地促进全民健身的开展。

（三）休闲体育能够推进全民健身的普及

物质文明和高科技的发展，将为职业娱乐体育和大众娱乐体育提供必备的场地、器材、设备，同时，能给人不断带来崭新的观念。大众娱乐体育水平的提高会促进娱乐体育竞技水平的提高，为职业队输送更多的人才。同样，职业娱乐体育活动的高技艺会对大众娱乐体育提出更高的要求。随着社会的发展，势必会有更多的人由观看别人比赛转入到自己亲身体验运动乐趣的活动中来，而休闲体育作为一种高质量、高品位、高层次的体育娱乐活动也将吸引成千上万的青少年及中老年朋友投入到全民健身的行列中来。

（四）休闲体育的发展适合全民健身的要求

现代生活快节奏越来越快，人们的生活压力也变得越来越大。人们在工作之余，要寻找放松身心的手段，而休闲体育以其注重人文关怀，活动内容丰富多彩，具有时尚、流行、从众、创新的特点正好适应了大众娱乐与全民健身的需要，休闲体育中的轻松活泼的锻炼方式有效地缓解了现代生活快节奏给人带来的紧张情绪，休闲体育中融洽热烈的人际关系有力地克服了现代社会中的冷酷、孤独；休闲体育中人们对游戏活动的忘情执著是对人生各种焦虑、沉郁心境的一种超脱，有着陶冶情操，体验人生

真谛的积极作用。应该说，休闲体育不仅让人们体会到强身健体的益处，更重要的是让人们体会到生活的意义与人生的价值，从而从根本上转变人们的体育观念，使体育功能得到进一步的开拓。

二、休闲体育促进全民健身发展的对策

（一）围绕《全民健身计划纲要》的实施，积极培育休闲体育项目促进健身运动的发展

由于休闲体育强调内容的趣味性，最容易博得群众喜欢。要逐步引导人们参加休闲体育健身项目，积极投身到大自然中去，开展诸如慢跑、远足、自行车旅游、野营、度假、打太极拳、门球等适合广大群众参加的休闲体育健身活动。在全民中形成“人人参与健身，健身要讲科学”的良好意识。

（二）因地制宜，采用灵活多样的方式

应尽量利用已有的设施和技术人员，有目的、有计划、有组织地开展一些趣味性较强，符合本地特点的休闲体育项目及人们认可度较高的休闲体育项目，让人们健心、健美的同时达到健身的目的。同时还应注意加强对这类活动的宣传，吸引更多的人参与进来，并把这些休闲体育项目和群众体育活动紧密结合起来。如，把一些休闲体育项目和人们经常进行的篮球、排球、足球、乒乓球等项目结合起来，创造出符合本地实际，具有地方特色的全民健身项目，进一步促进健身运动的开展。

（三）推广那些在当代仍有着强大生命力和巨大的市场潜力的传统休闲体育项目

这些项目历史悠久，在民间有深厚的群众基础，富有文化内涵，具有较好的教育价值与艺术价值以及健身价值。既能让广大群众在体育锻炼中达到健身的目的，又能很好地教育群众，使他们形成良好的道德品质。如在一些地方有荡秋千、赛马、赛龙舟等传统项目，还有一些地方有斗羊、斗鸡等项目，我们都可以把这些项目加以改造，利用其文化艺术魅力吸引更多的群众参加进来，推动全民健康运动的发展。

（四）积极开发休闲体育中的健身、健心、健美功能，将越来越多的人吸引进来

文明社会的人类需要娱乐，以身体活动为主要媒介的休闲体育活动较其他娱乐方式更受人们青睐，它具有“双重功效”，既健身又能健心，参加休闲体育活动不仅能增强人的健康，而且能使参与者高度紧张的神经得以放松，可以调节人们的某些不健康的情绪和心理，达到身心的和谐统一，实现真正意义上的健康。韵律操、健身操、健美操、休闲舞蹈、保龄球等项目既能健身，又能健心，还能健美，具有较好的“三健”功能，应加以积极地开发与改造。

（五）积极开展老年人与妇女休闲体育活动，壮大全民健身的队伍

在亿万老年人中，特别是离退休人口中蕴藏着潜在的巨大体育人口。实际上，老年休闲健身体育近年来在世界范围内兴起，不仅仅是一种单纯的体育现象，而且还是

一个社会运动。它不仅使老年人强心健体、延年益寿，而且还在改变着社会上人们对老年人消极的社会观念，大大促进了健身运动的发展。妇女在休闲体育活动中异军突起，充分显示了我国经济的发展与妇女地位的改善。为了适应社会竞争的需要，当前广大妇女积极参加健身活动，而休闲体育活动为妇女在生理上、心理上提供了必要的准备，使广大妇女成为全民健身的主要生力军之一。

第四章　体育健身指导体系建设

第一节　全民健身指导体系建设

目前，全民健身活动出现的一个主要问题，是大部分人的健身选择较为盲目，没有选择适合自己的健身方式，健身效果不够理想，主要原因之一是群众缺乏科学的健身指导。全民健身指导体系是一个包含健康咨询、健身指导、体质监测等子系统在内的公共服务系统，重点解决全民健身中“练什么”“练多少”“怎么练”的问题，即通过对科学健身方法、手段的宣传教育，对不同健身群体进行健身方式的指导，使人们了解和掌握科学锻炼的知识和方法，选择适合自己的健身方式，激发群众参与体育活动的积极性，提高体育健身锻炼的科学性、规范性和针对性，创造科学、有效、多样的健身活动方式，从而达到理想的健身效果，推动我国全民健身事业的健康发展。

一、全民健身指导体系的构成

全民健身指导体系是由以专业社会体育指导员为健身指导实施主体，以健身辅导站、健康咨询中心、体质监测站为基地，以健身指导、健康咨询、体质监测等为主要内容和手段而组成的实施全民健身指导的体系，如图 4-1 所示。

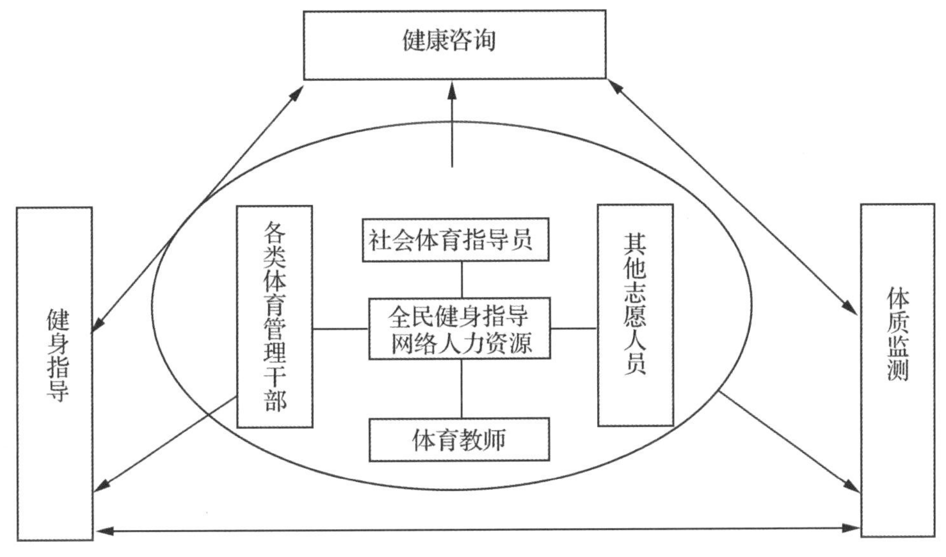

图 4-1　全民健身指导体系

1. 全民健身指导体系的人力资源

全民健身指导体系的人力资源主要包括社会体育指导员、各类体育管理干部、体育教师和其他参与全民健身指导的志愿人员等。

（1）社会体育指导员。社会体育指导员的职业定义为：在群众性体育活动中从事运动技能传授、健身指导和组织管理工作的人员，其执业资格须经专门化的评审，由国家认定，分为国家级、一级、二级、三级4个技术等级。

由国家劳动与社会保障部正式颁布并在全国范围内施行的《社会体育指导员国家职业标准》规定，社会体育指导员所从事的工作主要包括：指导社会体育活动者学习、掌握体育健身的知识、技能和方法；组织人们进行健身、娱乐、康复等活动；协助开展体质测定、监测、评价等活动；承担经营、管理及服务工作。社会体育指导员是一支发展体育事业、增进群众身体健康、建设社会主义精神文明的重要力量，是群众体育活动的倡导者、宣传者、组织者、技能传播者，是我国体育事业和体育产业中的一个重要人才类型，在体育社会化以及推动一个地区的群众性体育发展的过程中起着十分重要的作用。增加社会体育指导员的数量、提高社会体育指导员的业务素养、丰富社会体育指导员的指导手段与技巧，是推动全民健身发展、提高人民群众身体健康素质的关键。其主要作用是：

① 组织和带领社会成员参与健身活动。由于多种原因，目前仍然有很多人体育意识淡薄，经常参与体育锻炼的人数还不够多，社会体育指导员肩负着宣传、发动全体国民参与体育健身锻炼的使命。为此，社会体育指导员需要创造性地运用多种方式方法，如举办讲座、教学活动、参观交流等，调动广大社会成员体育健身的积极性，增强他们体育锻炼的意识，带动他们开展各种健身活动。

② 指导社会成员科学健身，有效提高锻炼效果。目前很多群众尽管健身热情高涨，但由于缺少必要的锻炼知识和科学指导，他们锻炼的科学化水平较低，锻炼效果不佳，甚至不时发生伤害事故。要有效解决现存问题，需要发挥社会体育指导员的积极作用，为人民群众提供科学健身的指导服务，例如宣传科学健身知识、具体的体育健身指导、医务监督、制订体育锻炼计划等，提高人们健身锻炼效果，促进锻炼的科学化。

③ 提供健身锻炼方面的信息。社会体育指导员不仅要能解答人民群众在体育健身中碰到的问题，还应为他们及时提供健身锻炼方面的信息，比如健身锻炼的场地分布、器材介绍及购买、健身教练的介绍、各种经营性健身场馆的收费及设施情况等。在必要时，社会体育指导员还应当进行一定的商业体育设施指导和管理工作。

（2）其他体育管理人员。全民健身指导体系的其他人力资源主要包括各类体育管理干部、体育教师和其他参与全民健身指导的志愿人员等。

2. 健身辅导站

健身辅导站是在国家宏观调控下，政府与社会、个人共同兴办，人民群众广泛参

与的社会体育活动中心，具有固定的教练、练习地点和练习时间等特点，是满足不同人民群众的多样化、多层次体育消费需求的重要途径。其主要作用是：

（1）宣传健身理念，培育和营造“人人健身”的体育氛围。健身辅导站应有计划、有目的地开展一些大规模宣传活动一如“全民健身宣传周”“全民健身宣传月”等，利用多种传播媒介，采取多种宣传形式，扩大宣传效果。例如，可设置“社区体育墙报”，广泛地动员和引导社区居民积极参加健身锻炼和社区体育活动，也可以设置醒目的宣传牌、宣传栏，编辑发放《健身指南》等宣传资料，经常性地开展体育健身咨询活动。

（2）提供必要场所，组织和指导群众科学健身。健身辅导站应在基层全民健身活动中充分发挥骨干作用，引导社区、村屯居民广泛开展体育活动，以推动基层全民健身为目标，通过组织讲座、比赛、表演等，大力开展基层全民健身活动，提高人民群众健身活动参与率，科学指导健身活动，推进科学健身活动的开展。

3. 健康咨询中心

健康咨询中心是以提升人民健康、改善生活质量为目的的专业机构，为人民群众提供运动及科学健身的专业知识，从基础生理、心理、营养等全方位介入，指导健身者进行身体舒压、肌肉伸展、肌力强化、心智训练、放松训练，同时提供营养学知识，设计营养处方。其主要作用是：

（1）了解健身者身体素质、疲劳恢复能力、心血管等功能的量化数据，让其知道自己适宜做哪些运动项目，自己的最佳运动强度是多少，自己的锻炼效果怎么样，自己在运动中存在的缺陷，了解运动中的注意事项等。

（2）提供健康咨询服务。健康咨询中心为人民群众提供运动营养咨询、运动技术咨询、健身方法手段咨询、减肥方法咨询、体育康复咨询等，具有及时性和即时性，随时接受健身者的咨询和为其体育锻炼提供指导。

（3）为健身人群建立健康档案，并针对具体情况制订运动处方。日常健身活动应根据不同情况制订相应健身活动内容，并根据提高自身素质的需要对健身活动方式方法做出相应调整，从而达到良好的健身效果。健康咨询中心可以给每个健身者做一份体育健康咨询卡，对健身者现有身体状况进行测量、分析、研究、评估，并将相应数据存入计算机，建立个人健康档案，在以后的体育健康咨询中，从量化数据对比中使健身者得出自己的锻炼效果，看出自身体质得到改善，达到增强体育锻炼的信心，培养体育锻炼的习惯，并制订与其体质和健身需要相应的运动处方。

4. 体质监测站

对体质监测站的相关研究将在下一节“全民健身体质监测体系建设”中展开。

二、目前我国全民健身指导体系的现状

1. 社会体育指导员现状

社会体育指导员作为社会体育的指导者、传播者，其作用的发挥对社会体育的进一步社会化、科学化、产业化和法制化产生重大的影响。因此，了解社会体育指导员队伍的状况，建构发展社会体育指导员的机制，提高社会体育指导员队伍的素质，就成为人们关注的问题（基本情况如表 4-1 所示）。我国社会体育指导员现状不容乐观，具体表现在：

（1）数量严重不足。截至 2018 年，在册社会体育指导员人数已经达到 250 多万（不包括公益性的社会体育指导员，因其多是自发性的，具体情况无法统计），但是距离《“健康中国 2030”规划纲要》的要求还有一定的差距。

（2）技术等级结构不合理。社会体育指导员的等级结构应为金字塔形，但 2018 年全国的国家级社会体育指导员比例较小，三级社会体育指导员比例较大。造成这种状况的重要原因是培训费用，在湖南一些地区，社会体育指导员（健美操）中级培训班的培训费是 480 元，鉴定费是 260 元，而在山东，社会体育指导员（网球）的初级培训费是 520 元、中级 580 元，鉴定费初级是 180 元、中级 320 元，由于培训费用需要个人承担，也就制约了社会体育指导员参加更高级别培训的数量。显然，我国社会体育指导员等级结构还应进一步完善，使其趋于合理的金字塔形。

（3）调查表明，从学历、年龄、业务素质等来看，职业性的社会体育指导员和公益性的社会体育指导员有较大差别。

表 4-1　社会体育指导员基本情况

	学历			年龄				受过专业培训	体育院校毕业
	大专以上	高中	初中以下	60 岁以上	45 ～59 岁	19～44 岁	18 岁以下		
职业性的社会体育指导员	81%	11%	8%	5%	33%	62%	0%	100%	78%
公益性的社会体育指导员	32%	40%	28%	82%	10%	0%	0%	28%	5%

职业性的社会体育指导员一般具有大专以上学历，都受过相关专业培训，以教练的角色对健身者进行技术方面的指导；公益性的社会体育指导员，大部分是退休人员，文化程度偏低，不能根据锻炼者的具体情况提供科学合理的健身指导。目前我国还没有建立一支职业化的社会体育指导员队伍，指导次数和指导时间不固定，全民健

身活动缺乏科学性、系统性和组织性；缺乏明确的岗位责任和有效的激励机制，不利于调动个体内在的积极性；组织管理不顺，衔接不畅，适应市场经济的措施滞后，宣传鼓动不力，缺乏有力的监管手段。

（4）社会体育指导员数量及质量与当地社会、经济、文化以及体育事业发展情况成显著相关。我们将调查数据同时进行卡方检验，检验结果卡方值 $x^2=28.0688$，自由度 $df=4$（$P<0.01$），说明社会体育指导员的数量、质量与城市的经济发达程度存在显著性差异，即经济状况越好的城市，如北京、上海、广州等地区，社会体育指导员数量越多，社会体育指导员的学历、业务能力等综合素质越好；相反，在一些经济欠发达地区，社会体育指导员不但数量少，综合素质也不尽如人意。

2. 其他体育管理人员现状

体育管理人员的主要职责是依据国家或上级部门的体育政策法规，对群众体育工作实行决策、领导、组织和协调。我国目前专职从事体育健身管理和指导的管理人员不仅数量不足，而且管理水平、管理能力也有待提高。我国大多数社区居民委员会没有专职社区事业干部，更没有专职的社区体育管理者，而在社区行政干部中，体育专业人员很少。现有人员缺乏必要的体育理论知识和经验，更缺乏社区体育活动的整体策划能力，基本上处于想到就做、想不到就算了的随意状态。

3. 健身辅导站现状

调查发现，健身辅导站的建设比较薄弱，不少地区是以居委会、村委会的办公地点，或健身房、读书室、棋牌室，充当健身辅导站。在调查的 22 个城市中，在北京、天津、上海等大城市，一些条件好的社区建有独立的健身辅导站，但整体数量并不多，至于其他城市则更少。而在我们调查的健身辅导站中，极个别的辅导站拥有常设的健身辅导员，负责宣传健身理念，更多的则是健身人员之间自发地相互交流健身方法或健身心得。

4. 健康咨询中心现状

调查表明，我国目前在严格意义上为体育健身提供服务的健康咨询中心的数量并不多，主要有以下几种形式：依附于医疗机构；依附于高校；依附于健身辅导站；依附于政府体育管理部门（或体育协会组织等）；具有独立法人资格的健康咨询中心。总体上看，我国目前的健康咨询中心不论是在数量上还是在内容上，都还无法为全民健身的充分开展提供必要保障。我们调查的 18 个健康咨询中心，均设立在城市社区内，极少数有专用的办公房屋，基本上是与其他机构合用房屋，设置在社区卫生服务站中。全部健康咨询中心均配备有血压计，有的备有免费资料供社区居民取阅。每个咨询中心都有健康促进志愿者担任咨询员，每周提供 3～5 次服务，服务内容大多是提供测量血压服务和简单的健康咨询服务。存在的主要问题是：居民对健康咨询中心的知晓率较低；场所、经费匮乏，没有专用房屋，资料设备配置不足；咨询员以在职人员为主，业务水平较低，没有医务人员，资质缺失，大部分咨询中心只能提供测量血压、发放资料等简单服务，居民的接受程度低；开放时间不合理，服务时间有限，服务利用率低下。

三、全民健身指导体系的建设

1. 建立完备的媒体信息传播系统，进行系统的宣传活动

为了推动全民健身事业的深入开展，我们首先需要利用电视、广播、网络、报纸、杂志、公益广告等多种媒体，广泛宣传体育法规、政策、健身方法方式，加深全体国民对体育政策法规的理解，传播体育文化知识、科学锻炼方法、体育价值观，传授正确科学的健身方式。各级体育管理部门应会同宣传部门，充分发挥报纸、电视、广播等宣传舆论工具的作用，有目的、有选择地为人民群众提供体育锻炼和体育消费的相关信息。电视台、电台还可以开设专门的体育卫生专栏，聘请体育专家讲授体育健身的科学方法和相关知识，解答人们在体育健身中遇到的各种难题。报纸也可定期开设群众体育健身专栏，宣传科学健身的知识、方法和作用，对各类体育协会的活动也要进行及时报道。还可以利用公益广告的形式，生动活泼地宣传《全民健身计划纲要》《体育法》和《全民健身条例》，营造全民健身的氛围。尤其是要充分利用网络快速、方便的特性进行宣传，提高体育健身服务体系整体功能和服务水平，统筹各类信息资源，有机整合现有资源和信息传播途径，服务于健身活动开展的新需要。

在新时代，我们需要大力创新宣传方式，注重宣传实效。体育主管部门要加强与新闻界的广泛合作，通过建设科学健身科普画廊、开放面向群众的专题讲座等形式，做好普法宣传；通过全民健身重大活动，做好重点宣传；通过推广健身知识和方法，做好普及宣传；通过总结全民健身的经验，做好典型宣传；通过现代媒体手段，做好网络宣传；通过发挥体育彩票公益金的公益作用，做好社会宣传；通过集中宣传，引导和动员群众积极参与全民健身，引导社区、乡镇、学校开展全民健身竞赛表演活动，形成“我运动、我健身、我快乐”的社会氛围。为了加强宣传的力度，各地政府和体育行政管理部门，还可以组织多种体育比赛，如各类国际比赛、洲际比赛、全国比赛、省内比赛、各地市比赛，等等，充分利用体育赛事自身的宣传作用，营造全民健身的氛围。

2. 全民健身指导体系中人力资源的培养与开发

(1) 社会体育指导员的培养途径。

① 有计划地发展壮大社会体育指导员队伍，尽快建立一支作风好、素质高、能力强的职业社会体育指导员队伍。更新和引进健身活动新项目，以满足人们求新、求变、求异的需求，在发展过程中以质量求生存。要为社会体育指导员创造优良的社会环境，使全社会都尊重社会体育指导员的劳动，肯定他们的社会地位，激发他们的工作积极性。重视业余、兼职社会体育指导员的作用，提倡和鼓励志愿的无偿或低偿服务。

② 完善社会体育指导员的培训制度，优化培训内容。1994 年 6 月我国开始实行《社会体育指导员等级制度》，2001 年又正式颁布实施了《社会体育指导员国家职业标准》，使社会体育指导员作为一种崭新的职业服务于现代社会。我们需要做的是，培训目标必须与社会对社会体育指导员的需求密切结合，明确区分不同类别、不同级别、不同项目的社会体育指导员在社会体育指导中的具体作用，完善培训制度，建立监督机制，进行定期培训和进修。在培训内容上，应运用创新的手段，突出知识的时代性和应用性，反映体育学科的新知识和信息，增设实践课内容，充分体现学员的自主地位，将学习的自主权交给学员，突出能力培养，并建立统一的水平考试制度。

③ 完善社会体育指导员的继续培训制度。现行的社会体育指导员培训，随着培训学习的结束、资格证书的取得，学习也就同时结束，难免存在与日新月异发展的群众体育脱节的情况。因此必须尽快确立社会体育指导员继续培训的新观念，建立适应时代发展要求的社会体育指导员培训制度，使已经取得“资格”的社会体育指导员能够跟上时代发展的需求，保证社会体育的正常发展。

④ 建立培训基地，构建社会体育指导员管理网络体系。建立社会体育指导员培训基地，聘请专家教授定期提供理论与技能指导。建立完善的信息管理网络系统，注册、登记已获资格证书的社会体育指导员的基本信息，为他们提供业务指导、就业信息，推荐就业岗位；建立服务对象信息档案，为密切社会体育指导员与服务对象的关系提供网络服务平台。

⑤ 科学划分社会体育指导员的类别，建立相应管理机制。目前我国社会体育指导员主要有青少年体育指导员、职工体育指导员、老年人体育指导员、休闲娱乐体育指导员、医疗康复体育指导员、竞技体育指导员等，不同类别的社会体育指导员在培训经费上应当区别对待，休闲娱乐指导员、医疗康复指导员、竞技体育指导员在培训后，可以把指导员作为一种职业进行有偿服务，他们的培训经费应当自费解决；其他类别指导员一般只能进行义务服务，国家应当尽可能地承担他们的培训费用，并疏通他们向社会提供指导的渠道。为了更好地发挥社会体育指导员的个人特点优势，更有针对性地进行实际指导工作，还可以进行更细的分类，如球类体育指导员，健身健美类指导员等。

⑥ 加强社会体育指导员的资格认定及监督体制。我国社会体育指导员的管理是由各级体育行政部门负责的，要完善相关政策法规，采取行政手段理顺组织管理体系，改革社会体育指导员资格认定制度，规定培训课程内容、时数及考核标准，对培训与管理的过程进行监督，严格技术等级的实施办法、审批手续，实行合格一个批一个，规范资格证书颁发程序；制定社会体育指导员评聘制度、实行工作量计算办法。

⑦ 发挥全国各体育学院的龙头作用，发挥 8 个国家级社会体育指导员培训基地和各省、市、区培训基地、站、点在社会体育指导员培训方面的主渠道作用。积极利用高校资源培养社会体育指导员，组织高校体育专业学生特别是社会体育专业的学生积极参与社会体育指导员的申请与考核，以培养更多专业性强而且适合不同健身目的

人群的管理指导的一体化人才。

（2）其他体育管理人员的培养途径。

①制定体育管理人员培训制度，让管理人员学习新的管理知识和先进的管理经验，提高工作效率、知识水平和技能水平，使体育管理不断走向正规，使我国的全民健身事业不断发展壮大。

②充分发挥辖区内行政单位的体育干部、业余体校教练员、体育教师、特别是体育院系的学生以及热心于体育健身活动的离退休人员的作用，吸收他们参与到全民健身活动的组织与技术指导工作中去。

3. 高校社会体育专业健身指导人才的培养

（1）更新教育理念，开放办学形式。高校社会体育专业教育要强调学生的主动性和创造性，培养学生独立思考、善于探索、勇于创新的精神，做到从高校中来，到社会中去，广泛联系运动训练队、体育俱乐部、社区体育活动中心、体育培训班、各健身活动场所，采取多种形式与社会联系和合作，最大限度地将理论应用于实践，再在实践中总结理论经验，使学生在实践活动中实现自我塑造、自我完善和自我发展。

（2）优化课程体系，更新教学内容，灵活教学方法。合理知识结构的形成来源于科学的课程体系，因此，应不断地优化课程结构体系：增加实用性的课程，例如体能健康测试与评价、运动处方的制定、营养学、运动过程的监控、运动后疲劳的恢复、运动损伤的应急处理等；增大实践课程的比例，增加学生指导社会体育活动的基本技能，激发创新热情；协调好必修课程与选修课程的比例；强调课程内容的前沿性，让学生了解本学科最前沿领域的内容。在教学过程中可灵活采用提问、答疑、实验、小组讨论、案例分析等启发式的教学方法，拓宽学生的思路。

（3）构建科学教学评价体系。依据相关的评价理论，建立横向维度（基础性要素指标：教师行为一学生行为）和纵向维度（过程性要素指标：教学目标一教学方法一教学过程一教学效果一教学反思）的评价体系，评价教学效果、课堂教学的整个过程和教学方法、教学手段、教学技术等派生性要素。

（4）树立终身学习的教育观念。作为健身指导人才来说，不断学习、不断创新才能跟上时代发展的步伐。据有关研究表明，大学期间只能获得所需知识和技能的10%，其余的90%都要在工作期间通过不断学习获得，因此，必须树立终身学习的观念。高校教学最重要的是培养学生的学习习惯，使学生掌握正确的学习方法，提高学生的实践能力，使他们在走上社会后能更好地应对各种挑战。

4. 开发健身指导系统软件

随着全民健身工程的开展与推广，健身理念已深入人心，相关的科学研究工作已全方位、多层次开展，并已取得较为丰富的成果。将已有研究成果应用于健身指导实践，转化为直接社会效益，是实现科学健身的重要措施与关键环节。国家体育总局2001年制定的《全民健身计划纲要》第二期工程科技行动计划提出：“科学健身基本

理论与方法的研究及其应用的重点是国民运动健身科学指导系统研究与应用，以及现代计算机技术和多媒体技术在全民健身科技服务体系中应用。”

我们亟须大力开展将健身指导理论研究相对成熟的部分与计算机技术相结合的健身指导系统相关软件的开发，通过健身指导软件的开发和应用，将科学健身指导方法普及于全民健身指导实践中。目前与健身指导相关的软件有体质评价、运动处方以及营养膳食软件三类，成人体质测试智能评价系统软件、运动处方专家系统软件、中国疾病预防控制中心营养与食品安全所开发的营养指导软件“营养计算器 V16”等，已经在各国民体质监测点、体育院校以及健身会所广泛应用于全民健身的指导。这些软件在健身指导中发挥了一定作用，实践也证明了健身指导软件开发的可行性和必要性。我国研制开发的体质评价软件、运动处方软件以及营养指导软件只是涉及健身指导系统中的三个部分，而健身指导过程中运动监控和健身效果评价的部分尚未涉及，而缺少这两部分，健身指导软件系统的实质功能及其用于健身指导的科学性就会受到影响。因此，我们还要结合体质监测与评价的实践经验，遵循科学性和应用普及性原则，将体质评价理论与计算机技术充分结合，逐渐向系统化、智能化和信息化发展，达到在全民健身指导服务应用上的简单、易用和科学等目的。

5. 建设与开发全民健身指导网站，构建社会体育指导网络系统

全民健身类网站具有健身信息报道、健身知识传递、健身方法指导、健身手段介绍、健身活动宣传等多种功能，可以快捷方便地把全民健身相关政策、信息传达给广大的网民，在全民健身活动的普及和宣传中处于非常重要的地位。我们认为，网站的栏目功能设置要遵循为全民健身活动进行科学指导、推动健身运动、引领健康的健身娱乐方式、为构建和谐社会作出应有贡献的原则，建立网站数据库、各种图形数据库、专家咨询互动平台，同质量高的网站交换友情链接，进行布局设计与美工，优化页面代码，建立站点镜像，提高网站的 IP 浏览量，使用户足不出户就能得到大量的体育信息和图像资料，满足自身健身的需要。网站主要内容：收集锻炼者提出的有关健身方面的问题并做出解答，对其锻炼过程提供一定的指导；为用户提供大量的健身及锻炼方面的信息，比如：健身锻炼的场地分布、器材介绍及购买、健身教练的介绍、各种经营性健身场馆的收费及设施情况等；为广大用户提供多种多样的健身锻炼项目的音像文字材料，方便用户学习健身锻炼的方法和手段；沟通网络用户之间的关系，使之能在网络上找到自己相应的锻炼健身伙伴，从而达到沟通交流、互通有无、共同促进的目的。

6. 健身辅导站的建设

（1）充分发挥各专业协会和辅导站的职能作用。每年由各专业协会和辅导站负责人列出全年辅导培训计划，所需经费列入财政预算，积极为辅导站工作提供资金保障，另外对辅导站开展工作过程中的交通、通讯补贴也应尽力解决。

（2）建立科学的管理制度。为了建设好健身辅导站，使健身体育辅导工作经常

化、规范化，应该建立健身辅导站工作制度和活动安排表，在健身时间、健身活动内容等方面做好安排，以满足大众多元化的健身需要。

（3）分配社会体育指导员到各个健身辅导站点。将经过培训的社会体育指导员分到各个站点，包括已经拿到社会体育指导员资格证书的社会体育指导员和体育志愿服务人员，他们将共同为健身人群提供服务。

（4）建立健身辅导站奖惩机制。以发展和保持体育人口以及为健身人群提供的健身服务的数量和质量为评判标准，以参加健身的人群为评判者，政府有关部门为实施奖惩行为者，对健身辅导站进行评价。

（5）政府引导。为建立以市场化运作为主要模式的专业健身辅导站提供一定的政策支持，构建多层次专业健身辅导体系，通过市场行为发挥专业健身辅导站应有的功能，为相关群体提供健身辅导服务。

7. 健康咨询中心的建设

（1）由政府相关部门通过行政手段和政策引导，组建公益性的健康咨询中心；支持社会组建数量众多的常规性的体育健康咨询中心，提供有偿体育健康咨询服务，形成以公益性健康咨询中心为龙头、众多社会体育健康咨询中心为主体的体育健康咨询中心体系。

（2）组织体育健康咨询中心的专家组咨询员。公益性健康咨询中心可以通过行政手段组织相关工作人员，社会体育健康咨询中心则可以通过市场手段聘请相关工作人员。专家组应由有一定临床经验的医生、有一定体育健康咨询经验的体育工作者、具有一定机能评定知识的专业人员、心理医生和社会体育工作者等人员构成，根据对象的性别、年龄、文化程度、个性特点和身体状况，开展个性化的面对面的健康教育，有效提高居民的健康知识水平和预防保健能力，满足居民对健康教育的需求。咨询员的待遇问题应得到有效的落实，以提高咨询员的工作积极性。

（3）配备相应设备。健康咨询中心需要如下一些设备：身高测量仪、体重器、血压器、听诊器、秒表、皮褶厚度测量仪、心电图机、肺通气功能测量仪、功率自行车、跑步机、骨密度仪、握力器等实验室仪器，还要有检查室、床等基础设施以及做特别实验检查的特别仪器，如检查心血管功能等的实验仪器。

（4）在制订运动处方以前，应先询问健身者病史及健康状况，了解运动史、参加健身或康复运动的目的、社会环境条件等一般情况；要对健身者进行体格检查，包括身高、坐高、体重、胸围、皮脂厚度（皮褶厚度）、肺活量、肺部听诊、脉搏、血压、心脏听诊、心电图、视力等；进行实验室检查，包括心肺功能、心血机能、运动恢复能力、心脏工作范围、人体工作能力及耐力水平、呼吸系统的功能、自主神经的功能、运动神经系统的功能；进行运动试验和体力测验；最后是制订、修改和微调运动处方。运动处方的制订应当具有较高的科学性及对健身活动的指导性，这对保证人民群众选择科学的健身方式具有重要意义。

8. 建立绩效评价体系

绩效评价是指组织依照预先确定的标准和一定的评价程序，运用科学的评价方法，按照评价的内容和标准，对评价对象的工作能力、工作业绩进行定期和不定期的考核和评价。绩效评价体系由一系列与绩效评价相关的评价制度、评价指标体系、评价方法、评价标准以及评价机构构成。全民健身指导体系绩效评价主要是针对全民健身指导的目标、过程、结果等评价，通过科学合理的绩效评价，可以及时发现实际工作中存在的不足和问题，不断完善全民健身指导体系。如果没有对全民健身指导体系的绩效评价，整个全民健身指导体系的运行就会陷入混乱。因此，我们应当针对全民健身指导体系中人力资源、健康咨询中心、健身指导站、体质监测站等子系统，分别构建相关绩效评价体系。例如，我们可以为社会体育指导员、各类体育管理干部、体育教师和其他参与全民健身指导的志愿人员，分别设计动机、意志、情绪、人格、态度等心理量表，进行心理测试，发现其在全民健身指导体系中真实的心理状态。在此基础上，一方面可以通过绩效评价，鼓励员工继续发挥和提高自己的工作能力，提高自己的知识和技能，并通过绩效评价来实现优胜劣汰；另一方面，也可以通过绩效评价来帮助员工个人、团队和整个组织的能力发展。

对于已经实现市场化运作的健康咨询中心、健身指导站、体质监测站等子系统，我们可以通过经济效益评价指标、社会效益评价指标，评价其工作业绩。评价经济效益的指标既可以是财务性的，也可以是非财务性的。财务指标包括赢利能力、偿债能力、资产管理能力、成长能力和主营业务鲜明状况等；非财务指标则主要从创新能力、研发费用率、新产品销售率、新产品开发率、市场占有率、顾客满意度等方面来反映经营业绩。社会效益评价指标则主要是从经济责任、法律责任、道德责任和其他责任四个方面进行评价。

虽然我国大众的健身意识不断增强，从事健身活动的人群逐步增多，但人们的健身方式还存在不科学的情形，而社会体育指导员的数量也远不能满足群众健身的需求，且健身指导水平不高。利用全民健身指导体系进行健身是最具实效的一种方法，它包含社会体育指导员队伍建设、健康咨询、健身指导、体质监测等子系统，可针对不同要求的健身群体分别进行健身方式指导，并给予适合于不同健身群体的建议，使其快捷方便地选择适合自己的健身方式，从而达到更理想的健身效果。

第二节　全民健身体质监测体系建设

国民体质是国家综合国力的基本内容和国民素质的组成部分，是社会发展水平和小康生活质量的重要标准。《体育法》明确规定："国家推行全民健身计划，实施体育锻炼标准，进行体质监测。"国民体质监测是全民健身体系的重要内容，是检验全民健身计划的实施效果、提高群众体育管理工作科学化的必要手段。通过国民体质监测，可以客观准确地了解不同地域、不同年龄、不同人群的体质水平和特点，使测试者了解自身的体质水平状况，更好地选择有效的健身方法，提高体育锻炼的效果。构建与小康社会相适应的全民健身体质监测体系，大力推进国民体质监测服务社会化，为人民群众提供安全舒适的监测环境、科学合理的健身指导、方便快捷的监测服务，有效发挥体育对人体健康的积极影响，改善国民体质状况，并为国家制订体育政策法规提供依据，对全面建设小康社会、构建和谐社会具有极为重要的意义。我们认为，全民健身体质监测体系的建设应服务于物质文明、精神文明、政治文明建设，以马克思主义关于人与社会协调发展的理论作为指导思想，以普遍增强国民体质为目标，以保障广大人民群众享有基本的健康监测服务为基本任务，努力构建一个高水平的、全面的、惠及全体国民的全民健身体质监测体系。

一、全民健身体质监测体系及其工作任务

1. 全民健身体质监测体系

国民体质监测是指国家和地区为了系统掌握国民体质状况，以抽样调查的方式，按照国家颁布的国民体质监测指标，在全国或某一地区内定期对监测对象统一进行测试和对监测数据进行分析、研究。它通过对个体与群体进行纵向的追踪，对不同群体间的差异状况、不同地区的差异状况给予比较性评价，对全民整体的体质现状给予反馈性评价。各级政府部门通过体质监测，可系统掌握本地区劳动者的体质状况、健康水平、体育人口以及发展趋势，制定保障劳动者身心健康的相应政策和法规，为本地区经济和社会发展服务。锻炼者也可以根据科学的测量结果，了解锻炼效果，及时调整运动处方。体质监测体系的有效评价还能够为不断完善基层各监测站的仪器，不断改进和完善监测系统，研究与开发更为简捷、有效和全面的体质测试手段方法提供依据，为国民科学健身提供保障。总之，国民体质监测是评估国民健康水平和体育工作的重要依据，是党和政府把体育工作的政治目标落实在可以进行科学操作和评价的指标上，把国民体质作为国有资源进行科学管理的一项宏伟工程，是全民健身服务实践体系的基础环节。

在世界范围内，早在五十年代，美国就推行了以田径项目为主的“体力及格测验标准”，同时颁布了“总统健身委员会”的体育条例，有效地改善了本国国民体质，特别是青少年和部队士兵的体质水平。总统健身委员会于 1986 年又颁布了新的测验内容，并公布国家体力标准和相应的锻炼方法，以鼓励国民参加锻炼，增强体质。2000 年又制定了“2000 年健康人的十年体育规划”。日本从 1900 年起每年对青少年儿童进行体格指标测试，至今已有 100 多年历史。随着日本经济的起飞，测试对象逐渐由少儿扩大到成人和老人。20 世纪 50 年代末，日本制定了“体力诊断指标”和“国民体力标准”，1961 年颁布了《体育振兴法》，20 世纪末又制定了《迈向 21 世纪体育振兴策略》，每年将检测的数据按地域、人群、行业、年龄分类，以文部省名义向全国公布，以供国民对自身体格、机能、素质进行评定，促进了生产力的发展，增强了整体国力和国民的体质与健康水平。

2000年，我国首次进行了大规模的国民体质监测，目的是对监测对象进行体质测试，建立我国国民体质监测系统和数据库，统计与分析监测数据，公布监测结果，以掌握我国国民体质状况和发展趋势，为长期动态观测我国国民体质状况奠定基础，为推动全民健康计划的实施提供科学依据，为国家经济建设和社会发展服务。监测对象是：年满3至69周岁的中国国民，分为幼儿（3～6岁）、儿童青少年（学生7～19岁）、成年人（男20～59岁、女20～54岁）、老年人（男60～69岁、女55～69岁）4个人群，按分层随机整群抽样原则确定监测样本。监测内容包括体质测定和问卷调查两部分。各省、市、自治区总样本量为7100人，全国总量20多万人。2001年3月底完成了全国国民体质监测报告。

2005年，我国又进行了第二次国民体质监测。同上次相比，这次国民体质监测工作具备了更多有利条件：积累了大量的工作经验；监测范围比上次扩大，使得所采集数据的质量有所保证；监测器材在性能、质量、售后服务等方面有所改进；培养锻炼出一批具有监测工作经验的专业技术人员队伍。全国31个省、市、自治区都在检测范围之内，每个省、市、自治区的样本量为7200人。有的省市为了自己监测数据的完备，还增加了样本量。

2010年，我国进行了第三次国民体质监测。这次监测旨在充实并完善国民体质监测系统和数据库，了解和掌握国民体质现状及变化规律，进行体质测定、体质评价、健身指导，并及时为受检群众开出个性化的体育健身处方，为全民健身计划的顺利实施和居民身体素质的增强提供科学依据。此次监测的范围更广，对象更全，人数更多。

国家体育总局、教育部、科技部等十个部门于2014年在全国31个省（区、市）进行了第四次国民体质监测工作，北京市体育局会同市教委等多个部门也同时完成了对北京市国民体质的调查和监测，并于2015年11月25日发布了本次体质监测的结果。调研结果显示，北京市体质总体达标率为89.2%，位列全国前茅，市民体质总体水平有所增长，身体形态水平好转，说白了就是个子高了，身体变好看了，尤其是宝宝们的身体更好了。但与此同时，成、老年人超重肥胖率也在增长，男人有点儿虚，中小学生身体素质继续呈下降趋势，小胖子、近视眼越来越多，这是本次监测结果所显示的一些隐忧。就省市间的比较来说，北京人总体体质位列全国前茅，但在体质达标率和体质综合指数两项数据上都没能进入全国前五名。

第五次国民体质监测于2019年开始实施，数据采集时段为2019年的6月到11月。

构建全民健身体质监测体系的主要作用有：

（1）促进我国群众体育向着科学化方向迈进。构建全民健身体质监测体系，通过对我国国民体质状况进行动态观察和比较，将解决以科学方法客观评价群众体育运动效果的问题，推动我国全民健身工程向着科学化方向迈进。

（2）有利于加强人民群众体育锻炼的科学指导。体质监测体系通过体质测试，及时了解和掌握大众的体质状况，针对大众体质存在的问题制定科学的运动处方，为人们提供健身及健康生活方式的指导，使体育锻炼更具有针对性和科学性，进一步改善和提高国民的身体素质和健康水平。

（3）为国家体质监测工作提供基础数据。通过体质监测，建立体质监测信息系统，能够充实和完善国民健康档案，为群众提供健康信息服务，为政府部门科学决策提供信息咨询。

2. 全民健身体质监测体系的工作任务

（1）体质测量。评价体质强弱的综合指标有以下几个方面：身体形态发育水平、生理生化功能水平、身体素质和运动能力水平、心理发展状态、适应能力等。因此，体质监测站测量应包括形态指标、机能指标、素质指标三部分。形态指标主要包括身高、体重等身体形态；机能指标主要包括安静心率、血压、肺活量；身体素质包括力量、速度、耐力、灵敏、协调、柔韧。不同的测试内容针对体质的不同方面进行检验，比如“反应时测试”测试反应能力、“闭眼单脚站立测试”测试平衡度、“台阶指数测试”测试心脏功能等。

（2）根据监测结果，制订相应的运动处方。根据不同年龄段的监测结果，监测站将开出是否需要运动、需要什么样的运动、运动量多大为宜等运动处方。根据这些运动处方，锻炼者可以选择进行更为合理的锻炼，从而达到全面健康的目的。

（3）建立健康档案。除提供健身指导外，监测站还为大众建立健康档案，比较详尽地记录他们的体质状况。他们可以通过一段时间的档案比较，查看自己的体质是否增强，身体是否健康。

二、我国目前全民健身体质监测体系的现状

1. 体质监测站数量少，分布不均衡

目前，我国的体质监测站数量少，配套的人员、设备缺乏，分布不均衡。大部分体质监测站主要集中在城市中的社区、学校以及医院。在我们调查的108个体质监测站中，只有12个分布在乡镇，其中，9个在经济基础很好的乡镇，3个处于城中村，对于占全国70%人口的农村地区来说，体质监测站是相当匮乏的。在城市的分布上，以经济发达的大中型城市为主；在经济欠发达地区，体质监测站主要分布在省会城市和经济情况较好的城市。将调查数据同时进行卡方检验，检验结果卡方值 $x^2=27.998$，自由度 $df=4$（$P<0.01$），说明拥有体质监测站数与城市的经济发达程度存在显著性差异。总的来说，目前我国的体质监测站还不能满足广大群众的体质监测需要。

2. 体质监测站利用率低

全民健身体质监测站的主要作用是通过对国民体质进行监测，使人们对自己的身体状况有清晰了解，并根据自己的体质状况进行相应健身锻炼。然而，我们实地调查

了108个体质监测站，发现在经济发达或较发达地区，体质监测活动开展较好，仪器设备保持一定的更新频率，像北京、上海等大城市，常年有体质活动监测车进行流动服务，以辅助体质监测站的监测工作，广州、厦门等城市体质监测站的监测活动频率也比较高。但在经济欠发达地区，大部分体质活动监测站没有发挥应有作用。虽然当地政府相关机构也进行过宣传，但群众对体质测试的认识水平很低，许多测试者不了解体质监测的作用、意义，更不了解体质测试的内容，许多受试者应付测试，严重影响测试结果的可靠性和有效性，使体质监测的质量大打折扣。一些地区由于配套资金不到位、监测仪器设备陈旧或不全，影响了体质监测活动的正常进行，有些体质监测站甚至常年荒废；有些地区没有设置体质监测人员编制，没有专业监测人员指导，体质检测时临时抽调体育研究所或体育院校教师等相关人员组成体质监测工作人员。通过对相关地区2008年、2009年城镇居民可支配收入与使用体质监测站的情况进行相关分析，结果表明，城镇居民人均可支配收入与使用体质监测站的相关系数，分别为经济发达地区0.604（$P<0.05$）与经济欠发达地区0.692（$P<0.05$），说明不同地区使用体质监测站情况与城镇居民人均可支配收入具有较强的正相关性。不同城镇居民人均可支配收入是导致体质监测站利用率低下最主要的原因之一。

3. 体质监测人员缺乏，素质良莠不齐

体质监测人员是体质监测活动实施的主体，他们的素质高低直接影响体质监测活动的效果。调查显示，目前我国体质监测站所配备的体质监测人员在数量上还存在较大缺口，在质量上也是良莠不齐。在经济较发达地区，体质监测人员工作岗位属于常规编制，在数量上能够满足群众日常体质监测活动，但在某些特定的时间（如全民健身日），就显得人手不足。而在经济欠发达地区，体质监测工作人员基本属于临时抽调，并不设编制。在体质监测工作人员业务素质方面，经济较发达地区的体质监测人员大多具有相关专业背景，在上岗之前都接受过专业培训，不论是理论知识的掌握情况，还是对仪器设备的操作使用情况，都能达到国家有关规定，不少工作人员还具有为监测人员开健身处方的执业资格。经济欠发达地区的体质监测人员大多属于临时抽调，相关专业背景不是很匹配，专业知识存在较大差异，经过短期培训临时承担测试任务，而且由于临时抽调，工作人员对培训的内容兴趣不大，持应付态度，体质监测行为不太规范，仪器设备操作不熟练，加之引起体质测试结果误差的因素复杂多变，对测试技术要求较高，这就很难保证测试结果的可靠性。此外，监测人员与被监测人员之间无法就体质问题进行有效的沟通，使被监测者无法深刻理解体质监测的意义，从长远来看势必影响国民体质监测活动的持续开展，进而影响全民健身的科学发展。对调查数据进一步进行Maim－Whitney U检验，检验结果Z值为－0.591，渐进线显著性水平为0.038（$P<0.05$），表明体质监测工作人员的综合素质与体质监测活动的开展存在显著性差异，说明体质监测工作人员的综合素质在组织体质监测活动过程中发挥了一定的作用。因此，发挥体质监测工作人员的综合素质对体质监测活动的组织实践起着至关重要的作用。

4. 体质监测存在的其他问题

（1）体质监测群体样本存在问题。目前，我国实施的国民体质监测主要以群众自发参与或单位组织参与为主，流动体质监测行为也很少触及乡村，可以说，目前国民体质监测获得的数据还存在不够科学的缺陷，主要表现在城乡、年龄、性别、地域、经济收入、职业、学历等结构不合理。许多测试者并不真正了解体质测试的内容、作用和意义，测试方案和评价标准各地也不完全统一，这就使得监测数据在真实性、典型性等方面有待改善。

（2）体质监测仪器不完善。目前我国标准化国民体质测试仪器的研究还很薄弱，大部分地区使用的体质监测仪器都比较陈旧，有些指标测试的可靠性还不能达到要求。而新型的体质自动化、智能化器材，由于价格昂贵，没有得到全面应用和推广。

三、全民健身体质监测体系的结构

全民健身体质监测体系是由监测站工作人员、监测仪器设备、运行资金以及相关监测标准信息组成的完整体系。

1. 全民健身体质监测人员

（1）监测人员总体构成情况。监测人员是全民健身体质活动监测站的核心部分，既关系到全民健身体质活动监测站各项制度的建立健全，又关系到具体体质监测活动的实施。全民健身体质活动监测站的工作人员主要由各级体育科研所的科研人员、体育职能部门的工作人员、监测工作人员、体育院校教师、医生组成，其中有全职和兼职之分，监测工作人员是核心组成部分。

（2）监测人员的知识结构。体质监测和测定人员必须掌握理论知识和具备实际操作的能力。理论知识包括了解国民体质测定的有关政策法规、测定内容和方法、测定工作的组织、测定结果的评价等；实际操作能力包括掌握全部测定项目的操作技术。

（3）监测人员的专业技能。掌握体质监测的相关知识是一名合格的监测人员从事体质监测工作的前提条件，但能否真正胜任监测工作，还要看他是否掌握全部测定项目的操作技术。监测人员是否能够科学正确地使用监测设备，指导被监测人员进行有效操作，获得相对准确的评价指标，这是监测工作的关键。我们认为，监测人员掌握的专业技能应当包括：身高和体重的测试技能、呼吸机的测试技能、心肺功能适应能力的测试技能、握力的测试技能、男子肌肉耐力的测试技能、女子腰腹肌力量的测试技能、下肢爆发力的测试技能、身体柔韧性的测试技能、平衡能力的测试技能、反应能力的测试技能等基础专业技能，以及运动康复与保健的相关技能和管理技能。

2. 监测设施的建设

（1）硬件设施。体质活动监测站的硬件设施主要是指测定体质的相关器材。可以分为以下几类：

① 测试身体形态类，包括体重秤（电子体重秤、电子人体秤测试仪、针式体重

秤、杠杆式体重秤)、身高坐高计、皮脂厚度计、骨盆测量器(内、外两种)、足高足长测量尺、围度尺、测宽计、婴儿秤、电子婴儿秤、婴幼儿卧式身高座高计、儿童秤、身高座高计。

② 测试生理机能类，包括肺活量测试仪、空盒气压计、肺活量计(电动肺活量计、电子肺活量计、浮标式肺活量计)、polar 表(一种综合功能的运动手表)、血压计、跑台或功率自行车、自动气体分析仪、双向活瓣呼吸口罩等。

③ 测试身体基本素质类，包括握力计、握力计测试仪、风速仪(翼状风速仪、热球风速仪、数字风速仪)、三杯风速计、电子背力计、电子摸高器、电子反应时测试仪、50 米跑测试仪、立定跳远测试仪、坐位体前屈测试仪、台阶实验测试仪、标准对数视力表灯箱、幼儿对数视力表灯箱、计步表、机械秒表、纵跳计、闭眼单腿站立测试仪、人体反应速度测定尺、电子节拍式台阶箱(单人)、电子节拍式台阶箱(双人)。

(2) 软件设施。主要指处理体质数据、分析体质状况的相关软件。国民体质监测软件功能主要有:

① 能够连接国民体质测试系统、人体成分分析仪、骨密度分析仪、动脉硬化检测仪等，并可实现对上述设备数据的自动采集功能。

② 以中国人的体质监测数据库和评价标准为基础，根据体质测试及其他辅助设备内容，出具包括形态、机能、身体素质等内容的专业评测报告。同时，还可给出人体机能(国民体质测试各项结果)、身体成分、骨质状况及动脉硬化程度等体质综合评价。

③ 可根据体质测评及其他辅助设备的结果出具包括运动项目、运动强度、运动时间等内容的个性化运动处方。

④ 可根据评测结果和运动处方出具包括热量摄入、三餐配比、营养素的摄入量、营养素供能百分比和膳食营养改进建议等内容的膳食营养及运动营养处方。

⑤ 可根据受测人员的综合体质评价结果，自动给出体质干预方案，包括健康改进方向、减肥塑身方向、增肌健美方向的三种干预方案，每种干预方案落实到可执行的个性化的运动处方与营养处方。处方可进行人工调整，调整过程中具备科学合理的校验功能。

⑥ 能够建立个人体质健康档案，便于评估和管理，具备个人历史体质指标分析、群体分析功能。

目前我国体质监测软件设施的建设还处于起步阶段，体质监测软件还比较匮乏。监测人员只能根据单一的检测标准进行衡量，不利于对被检测人员进行整体的评价。因此，努力构建一套适应我国国民的体质测试软件系统，对于全民健身体质监测站的建设意义重大。

3. 监测标准

国家体育总局于 2003 年 11 月颁布《国民体质测定标准》，这是深入实施全民健身计划的又一具体措施，标志着我国群众体育科学化水平有了新的提高。同时颁布的还有《国民体质测定标准施行办法》。

《国民体质测定标准》的适应对象年龄为3～69岁，根据不同年龄人群在体质方面的特征，分为幼儿、儿童青少年、成年和老年四个部分。《国民体质测定标准手册》对人的体质的评定分为单项指标评分和综合评定两方面，均采用百分位数法制定，综合评定采用各单项指标得分按等权相加的方式制定。体质监测指标如表5-5～表5-8所示。

表5-5　3～6岁幼儿测试指标

形态	素质
身高 体重	10米折返跑 立定跳远 网球掷远 双脚连续跳 坐位体前屈 走平衡木

表5-6　20～39岁成年人测试指标

形态	机能	素质
身高体重	肺活量 台阶试验	握力 俯卧撑（男） 1分钟仰卧起坐（女） 纵跳 坐位体前屈 选择反应时 闭眼单脚站立

表5-7　40～59岁成年人测试指标

形态	机能	素质
身高 体重	肺活量 台阶试验	握力 坐位体前屈 选择反应时 闭眼单脚站立

表5-8　60～69岁老年人测试指标

形态	机能	素质
身高 体重	肺活量	握力 坐位体前屈 选择反应时 闭眼单脚站立

*7～19岁儿童青少年部分采用《国家学生体质健康标准》。

4. 建设发展资金

全民健身事业属于公益性事业。全民健身体质监测活动作为一项公益性的社会事业，不能向消费者收费，建设全民健身体质监测站的经费来源主要靠国家支持，也可以吸纳社会赞助和自身经营收入，政府、社会、公民各自承担相应的责任，从而形成政府拨款、单位投入、社会和个人投资的多渠道、多层次、多形式相结合的多元化资金投入格局。

四、全民健身体质监测体系的建设

1. 加强宣传，提高认识

目前，由于我国国民对体质测定的认识水平较低，各级部门应充分利用电视、广播、报刊等媒体以及板报、专栏等形式，加强体质监测工作的宣传力度，使人民群众充分认识和了解体质测试的意义和作用，积极配合并投入到体质监测工作中来，真正发挥体质监测在全民健身中的作用。宣传内容主要有：

（1）国民体质测定是指国家以《国民体质测定标准》和《国家学生体质健康标准》为基础，运用科学的方法，定期对公民的身体形态、生理机能、运动素质状况等的发展变化信息，进行检测、收集、整理、研究、评价、反馈等若干个环节相互配套的系统工程，目的是指导群众科学健身，提高群众体育锻炼的积极性，推动全民健身。

（2）体质测定有别于运动员选材，有别于医院的体检，着重于对普通人的身体质量及健康程度的甄别与评价。因此，体质测定对于大多数生理功能正常、身体主要脏器无疾病的人来说更有实际意义。通过体质的综合测定，可较为全面地反映个体的体质状况和健康水平，通过电脑评价以及专家咨询还可给出适合个体的运动处方，以指导个体进行有效的体育锻炼和生活保健，促进健康，改善生活质量。

（3）通过对体质的测定，诊断亚健康，帮助人们提高健康意识，加强身体锻炼。国民体质测定可以说是医学检查的重要补充，通过国民体质测试，可以真正了解自己的健康水平，了解自己体质存在的不足和毛病，认识到锻炼健身对身体的重要性，进而选择科学有效的健身方法来增强体质。

要充分利用节假日，或者通过科普活动周进行宣传；普及相关国民体质网站，在网站中设立“体质测量”“健康指导”等栏目，普及相关知识；设立一定数量的流动监测站，为群众进行体质监测，开设运动处方，通过实践广泛宣传国民体质监测工作。同时政府部门、各种社会体育机构、大中专院校、各种企业、公司也要协助做好体质监测工作。毕竟社会支持是群众体育成功的经验，也是开展体质监测的重要保证。

2. 完善管理体制和法规体系

现行的国民体质监测分三级管理，即国家级、省（区、市）级和地市级。国家级即国家国民体质监测中心负责编写培训教材、培训各省（区、市）和地市监测和测定工作骨干人员；各省（区、市）国民体质监测中心负责管理和培训本省监测点的监测和测定人员，并指导本省各地（市）的监测和测定人员的培训和管理；各省（市）的国民体质监测中心负责管理和培训本地（市）监测点的监测和测定人员，并上报本省（区、市）国民体质监测中心备案。各管理部门在完成各自分内工作的同时，还应将各体质监测中心和监测点对外开放，为单位、个人提供体质测评、健康咨询、健身服务等业务，把完成国家体质监测任务和长期为群众健身服务结合起来，把义务监测和有偿服务结合起来。要制定国民体质监测和测定人员培训和管理的政策法规，确定培训课程内容和考试标准。从目标入手，制定相应的切合实际的国民体质监测和测定人员的发展目标，再根据目标的需要，制定保证目标有效实施的法规制度，如国民体质测定工作规定、国民体质监测和测定人员的培训制度、等级制度和测定人员的奖励制度等，进一步加强国民体质检测和测定人员的组织和管理。

3. 建立科学统一的监测方案和评价标准

（1）国民体质监测方案和评价标准内容要科学统一。国民体质监测指标体系一方面要能充分体现不同年龄人群的体质特点，又要能反映不同年龄阶段发育、生长和衰老过程的变化规律，所以测量指标应尽量保持一致，保证不同年龄人群体质测试指标及评价方法的连续性和系统性。在全国统一标准的基础上，制定区域性的体质评价标准，包括：体质综合评价应考虑不同指标的权重、体质监测内容应扩大到心理和适应能力、加大对体力活动与营养的问卷调查、体质测试器材的研制应有严格的质量控制标准、指标体系的研究应加强“纵向”的追踪观察。将区域性标准应用于本地区，可能会提高体质研究的深度和应用价值。

（2）加强体质测试评价方法的研究，提高评价的科学性。成年人体质综合评价的方法采用等权法进行评价，这种评价方操作和计算较简单，容易理解，由于各个体质测量指标在体质总体属性中的重要程度是不均等的，采用等权法就会影响综合评分结果的客观性，导致综合评分结果不能客观准确地反映测试者的体质实际水平。因此，成年人体质综合评价可采用加权法进行体质综合评价，提高综合评价的准确性。成年人体质单项指标的评分采用 T 标准分，再可用加权法得出百分制体质总分。这种方法可以提高评分的区分度，群众容易理解评价结果，提高体质评价结果对群众健身的指导作用。

（3）我国目前已经出台了包括儿童、学生、成年人、老年人的体质测试方案及评价标准，由于对学生的体质监测由教育部组织实施，而其余人群的体质监测任务由国家体育总局组织实施，学生体质测试内容及评价方法与其他人群之间没有连续性、系统性，给系统研究国民体质带来了很大困难。要保持测量指标的一致性，保证不同年龄人群体质测试指标及评价方法的连续性和系统性，还要研究和开发国民体质监测的电子化、自动化、智能化的测试仪器，建立起全国性的国民体质监测数据网络，使国民体质监测体系系列化、规范化、科学化。

4. 提高体质监测人员的水平

(1) 目前，我国体质监测人员普遍使用《2005年国民体质监测工作手册》。我们认为，这本工作手册涉及的有关基础理论知识存在缺陷，为提高体质监测和测定人员的水平，应编写新的《国民体质监测和测定人员培训大纲》，基础理论部分要增加一些保健、康复以及管理等方面的知识，包括健康管理概论、健康与体质、亚健康、高龄社会、成年人慢性病的体育干预、救急知识、体力测定与评价、营养与体重调节、体育保健、运动处方、人体运动能力的生理基础和提高运动能力的方法、体育锻炼的科学安排、体育锻炼效果的评价、肥胖与保健等内容。实际操作能力培训要按照指标、仪器、测试人员三固定的原则进行分工，主要内容包括：工作方案、测试方法、质量控制方法、器材使用方法等，根据监测工作实施要求及其细则进行技术培训，考试合格者方能上岗工作。

(2) 培训方式要灵活多样。各级培训工作应结合所在地区的实际情况，确定不同培训时间，保证培训学时，不能办速成班；建立以学员为主体，以问题为中心的课堂教学模式；运用网络和多媒体技术，开拓性地开展培训；可将教师授课重点课程内容制作成光盘或资料，以备学员自学。

(3) 在社会体育指导员中进行体质监测内容的培训。社会体育指导员有比较丰富的体育方面的专业知识，容易掌握体质测试的理论和技术，对体育指导员进行体质监测内容的培训，让其掌握体质测试的理论和技术，在国家体质监测任务繁重时承担测试任务。

(4) 充分调动社会力量支持国民体质监测工作，特别是发挥和利用高等体育院校的管理、教学、科研、场馆设施和人才资源，采用自愿和选修的形式，培训、组织在校大学生直接参与体质监测和全民健身的指导服务工作。

5. 优化和改善测试仪器、场地的数量和质量状况

(1) 测试器材的精密和标准是反映真实体质监测的保证，是体质监测顺利进行的物质基础。目前，我国已经研制出了用于成年人体质标准化测试的智能化的电子自动测试仪器。但是，自动化、智能化器材由于价格昂贵、有些指标测试的可靠性还不能达到要求等缺陷，还没有得到规范应用和推广。因此，我们还要研制并推广与之相配套的自动化、智能化的体质测试器材，以提高国民体质监测的质量。

(2) 对现有生产仪器器材的厂家，应针对不同厂家的不同测定器材产品，经论证比较择优选用设计先进、科学优质的测评器材，使所有企业产品在国民体质监测工作中“优化组合”，并保持相对稳定，不赞成指定使用某一厂家的全部产品。

(3) 各个监测站使用的监测器材，必须全部经国家体育总局器材委员会审定合格，由各省体委根据不同监测项目的特点统一优化配齐，使每个监测站在单位时间内完成较多的样本测试任务。

(4) 体质监测站测试器材要根据下列标准配齐：身高体重、肺活量、握力、选择

反应时、闭眼单立、座位体前屈、纵跳、俯卧撑、仰卧起坐、台阶试验等测试仪器，测试结果评估软件，电脑、打印机等辅助设备，室内空调，ADSL 等上网设备，其他桌、椅、咨询台等设施。体质监测站场地选址要方便市民，环境好，便于管理，室内面积在 100 平方米以上。

6. 规范体质监测现场测试管理

全民健身体质监测是一项复杂、繁重的系统工程，科学、高效、安全的现场体质测试，是获得可靠准确的监测数据的唯一途径，现场测试的质量决定了分析判断国民体质状况的准确性。要实现现场测试工作科学化、规范化，对国民体质监测现场测试进行机构设置、人员配备、计划制订、组织实施、效果评估等规范化的管理，是保障监测工作顺利完成的首要环节。对国民体质现场测试经验加以总结，为国民体质监测现场测试工作提供一种模式：

（1）确定组织机构及职责分工。成立由体育局官员、监测点当地主要领导、监测队队长组成的国民体质监测工作领导小组，制定监测计划，督促检查计划的执行情况，处理意外事件。体育局官员负责协调监测点与监测队的关系，当地领导负责安排、提供测试条件（房屋、场地、电源等），组织受试人员。监测队由队长、质量检验员、卡片保管员、监测员、医务人员组成，其中必须要有女性，进行具体的职责分工，全部须经培训合格后方可上岗。

（2）制定现场测试计划。① 确定被测人数、组别。对被测试人员进行动员及编组；② 确定测试时间、地点、场地设备；③ 监测队人员分工，依据监测点的实际情况，制定测试程序，一般程序是：被测人员领取测试卡片→机能测试（台阶实验除外）→形态测试→体能测试→台阶实验→交回测试卡片，录入人员将所测数据录入计算机；④ 检查与协调。监测队队长与质检员进行复检，巡查测试现场，并负责协调工作；⑤ 意外情况处理预案。对测试过程中被测人员可能出现的身体不适预先要有估计，医务人员应备急救手段。对其他情况如停电、仪器损坏等有应急方案。

（3）组织实施。① 测试前监测队队长应按计划勘测测试现场，明确场地设备方案。向被测者讲述测试意义，提出着装要求；② 将受试者按性别、年龄的不同分组，按测试程序公告进行测试；③ 测试员必须按照监测的各项要求严格实施测试，不得擅自改变监测内容和方法。监测队队长进行巡查、指导。质检员随机抽测被测人员，进行复测，并填写复测卡片；④ 卡片保管员严格按规定条款回收和检验卡片，如发现缺、误、疑数据应令其补测或重测；⑤ 测试结束后，录入数据，整理所用仪器，核对装箱。

（4）效果评估。每日测试结束后，监测工作领导小组与监测队全队成员进行工作总结，对计划执行情况、测试进度、测试质量等方面进行评议。监测队队长与质检员根据复测数据，计算测试误差，若有问题，找出解决办法。对工作认真负责的同志进行表扬，对工作不努力的同志提出批评，并记人工作日志，作为以后奖惩依据。

对现场测试进行科学化的管理，是保障监测工作顺利完成的首要环节。从领导到

具体测试人员要从思想上高度重视，明确分工，严格执行计划方案，为国民体质监测工作提供准确、可靠数据。

7. 发挥流动监测站—市民体质监测车的效用

市民体质监测车是具有流动性特点的市民体质监测系统，它以成年人、老年人为目标人群，具备进行监测、研究、服务、宣传的功能。通过该监测车的运行，可以进一步完善国民体质监测体系，构建高科技市民体质研究的平台，推动“亲民、便民、利民”的体质测定体系的建设。2004 年，上海体育科学研究所研制了我国首辆市民体质监测车，在有限的车辆空间内，建立了一套既具有当代科学技术水平、相对独立，又与国民体质测定标准互补的相对完整的体质测定系统，并在上海市投入使用，推动了国民体质监测和研究事业的发展。上海市体科所研制的市民体质监测车的体质测定指标体系包括以下几方面：

（1）身体成分分析。以脂肪、非脂肪组分的数量和含量为主要测试和分析内容。

（2）肌肉力量的综合分析。对身体大肌群（以膝关节股四头肌、腘绳肌为主）的最大肌力、肌肉耐力、屈伸肌肌力比、关节活动度，以及肌肉收缩的速度等相关指标的测试和分析。

（3）有氧运动能力评价。通过间接推算法测试评价人体最大吸氧量水平，并对递增负荷运动过程中的心电变化进行监控，以提高运动指导的科学性。

（4）骨密度和其他指标分析。通过骨密度测试评价人体骨骼的基本健康状况。生化指标测试为选项（不在监测车上进行），作为代谢性疾病诊断的技术性指标。

（5）生活方式调查。根据市民生活习惯和特点，设计问卷量表，了解受检者日常体力活动、体育锻炼、营养膳食等情况，作为体质评价、健身指导的参考依据。

上海市体科所通过监测车对上海市的普通市民进行体质监测，完成了大样本的基线调查，取得了大量研究结果。此外，设计开发了广州五十铃国民体质监测车，实现了全面、科学、合理进行流动体质监测的功能，为推动全民体能、体质的提高开创了一个新局面。这些成功经验表明，市民体质监测车可以作为全民健身体质监测体系的重要组成部分，发挥它应有的功能。在目前我国国民对体质测试认识水平较低的情况下，市民体质监测车可以充分发挥它的宣传特点，而它的流动性特点，则更加贴近体质监测“亲民、便民、利民”的服务宗旨。因此，在未来的全民健身体质监测中，在建设体质监测站的同时，应大力提倡流动体质监测车的投入使用。

8. 将心理指标纳入全民健身体质监测体系

体质监测是一个复杂的系统工程，随着社会的进步、科学技术的发展以及人们认识水平的提高，体质的内涵也将更趋完善。从体质概念的演化过程和身心统一性来看，体质包括身体和心理两方面的因素，因此体质监测应从身心两方面进行。目前大量的研究理论和测量工具，也提供了从身体和心理进行总体监测的可行性。我们可以选择与身体指标相互影响较直接并进行过大量测试的心理指标，将其纳入国民体质监测。魏俊民对从身心两方面进行国民体质监测的必要性和可行性进行了探讨，并认为有两类指标可以纳入到国民体质监测中来：

（1）心理健康测量。可以选用症状自评量表（Symptom Checklist 90，SCL－90）。该量表有90个评定项目，包括感觉、思维、情感、意识、行为、人际关系、饮食睡眠、精神状态等内容，能较为准确地反映被试者的自觉症状、存在的问题及其严重程度。此量表在国外已广泛应用，在国内也进行了大量的测试，并建立了我国成人心理健康常模。SCL－90量表已经测试的范围有学生、工人、一些特殊从业人员、病人等，几乎包括所有领域的人群，可以成为国民体质监测的心理指标。

（2）智力测量。可以选用比奈量表，它的适用对象是儿童和青少年，年龄为2～18岁，每岁3个项目，共51个项目。在结果的解释上，采用将个人成绩和同年龄组平均成绩相比较的离差智商。施测时应当首先计算被试者的实足年龄，根据被试者的实足年龄从测验指导书附表中查询开始的题目（如实足年龄为10岁，就应当直接从18题开始），并严格遵循指导书的计分标准计分。答对1题得1分，连续5题未通过即停止。最后，根据实足年龄和总分，从智商量表中查出相应的智商分数。比奈智力测验使用简便，易于操作学习，便于纳入到中国国民体质监测中，在全国范围内进行。还可以选用韦克斯勒智力测验，主要量表有：韦氏幼儿智力量表（WPPSI），适合于4－6.5岁的幼儿；韦氏儿童智力量表（WISC-R），适合于6～16岁的儿童；韦氏成人智力量表修订本（WAIS-R），适合于16～74岁的成年人。韦氏智力量表被认为是当今世界上最有权威，应用最广泛的量表之一。20世纪80年代初期，我国心理学家引进和修订了该量表。韦克斯勒智力测验可以同时提供3个智商分数：总智商分数、言语智商分数和操作智商分数，还能提供十几个测验分数，能较好地反映智力的整体和各个侧面。不但能评价一个人一般智力的高低，还能了解他在不同能力方面的差异，这是它的独特之处，也是它得到广泛应用的重要原因之一。如果将该量表纳入到体质监测中，就可以进行不同职业人员之间的比较。

体质包括身体和心理两方面因素，体质监测工作要做到全面、准确，就应从身体和心理两方面进行。现行的国民体质监测只是对身体因素进行测试与评价，而且体质中的身体指标的测试和评价已形成一套完整的体系，但未涉及心理因素。因此，我们要将心理指标纳入到全民健身体质监测体系中来，制定更加适合我国国民特点的体质测定方法和测定标准，以完善我国国民体质监测工作。

第五章　体育健身原理研究

第一节　健身与健康

一、健康概述

人生最大的财富是健康。健康也是每一个人所向往的。正如古希腊哲学家赫拉克利特所说的，如果没有健康，智慧就难以表现，文化就无从体现，力量就不能施展，财富就变成废物，知识也无法利用。前世界卫生组织总干事马勒博士曾指出："必须让人们认识到，健康并不代表一切，但失去了健康，便丧失了一切。"只有健康，才能使人更有效地学习、工作和交往。

树立正确的健康观念，把健康观念传输给社会的每一份子，让它成为全社会、全人类的一项重要事业。社会各部门要团结协作，努力维护和增进人民健康，促进社会发展。各社会成员不仅要努力保持自身健康，还要为他人健康和社会健康奉献一份力量。大学生是有知识、有文化的一代新人，是社会文明的传承者和发扬者，树立了正确的健康观念，就能够带动全社会更进一步走进健康。

（一）健康的概念

世界卫生组织（WHO）对人的健康所下的定义是："健康不仅指身体无疾病，还要有完整的心理、生理状态以及社会适应能力。"《大不列颠百科全书》也将健康定义为"使个体长期适应环境的身体、情绪、精神以及社会方面的能力"。从这两个权威性的定义来看，健康不仅仅是躯体的健康，更重要的心理健康。可以说，人的健康，一半是心理健康，即指人们在自然和社会环境中，遇到困难、挫折、突变等情况时，也能够做到心理和谐，情绪稳定，精神饱满，从而正确地对待、处理和排除不利因素的影响。

从人类历史的发展来看，我们可以感受到人类在认识自然和改造自然的同时，也在不断认识和改造人类自身，并且随着人类实践广度和深度的发展，社会生产力和科学技术也在不断进步，人类的主体地位也随之确立并不断巩固，人类对生命的认识也在不断更新和发展。与此同时，健康概念的外延和内涵也在不断发展和深化：从神到人，再到人内在的平衡，然后再到人和环境外在的平衡；从单纯生物因素到生物、心理和社会因素的综合；从一时的健康到整个人生的健康，从个人的健康到社会整体的健康，从人类的健康到人类和环境的共同健康，健康概念更加系统、科学。

因此，我们认为健康概念应该是：在自然—人—社会动态大系统中，人类用以表示生命存在、生命质量、生命价值的范畴。它的外延和内涵具有时代和文化特征，仍将不断发展变化。当代大学生应站在时代和文化之高度，从生理、心理、社会三个维度去珍惜生命之存在、提高生命之质量、创造生命之价值。用系统发展的观点把握健康的概念，确立自己的健康观，树立自己的健康目标。并深刻意识到增进健康的目标和发展成才的目标是一致的、相互融合的，其共同的基础是人的价值的充分展现。个体不但要对自己的健康负责，更要在促进他人和全社会的健康方面承担义务。

（二）健康的分类

健康可以从不同角度进行分类。按照健康的定义可分为身体健康、心理健康和社会适应良好；从微观和宏观角度可以将健康分为个体健康和人群健康；根据健康评估的综合判断可将健康分为第一状态（健康状态）、第二状态（疾病状态）和第三状态（亚健康状态）。

1. 身体健康、心理健康和社会适应良好

（1）身体健康。

身体健康是指人体各器官组织结构完整，发育正常，功能良好，生理生化指标正常，没有检查出疾病或身体不处于虚弱状态。身体健康包含了两个方面的含义，一是主要器官无疾病，身体形态发育良好，体型匀称，各系统具有良好的生理功能，有较强的身体活动能力和劳动工作能力，这是身体健康最基本的要求。二是对疾病的抵抗能力，即维持健康的能力。有些人平时没有疾病也没有身体不适感，经过医学检查也未发现异常状况，但当环境稍有变化，或受到什么刺激，或遇到致病因素的作用时，身体机能就会出现异常，说明其健康状况十分脆弱。能够适应环境变化、各种心理生理刺激以及致病因素对身体的作用，才是真正意义上的身体健康。

（2）心理健康。

心理健康是健康的一个不可缺少的部分。它的含义就是能够充分发挥个人的最大潜能，以及妥善处理和适应人和人之间、人和社会环境之间的相互关系。具体说来，至少包括两层含义：其一是无心理疾病，如同身体没有疾病是身体健康的最基本条件一样，“无心理疾病”是心理健康的最起码的含义；其二是具有一种积极发展的心态，这是心理健康最本质的含义。具有“积极发展的心态”是从积极预防的角度对人们提出要求，目的是要促进和保护心理健康，消除一切不健康的心理倾向，使心理处于最佳的发展状态。具有“积极发展的心态”要求作为主体的人，在任何时候都能够具有良好的适应能力，把蕴藏着的身心潜能充分发挥出来，体现生命的活力。这不仅使人能表现出为社会所接受的行为，寻求良好的人生发展，而且也给人自身带来愉悦和幸福。

1946 年第三届国际心理卫生大会具体指明心理健康的标志是：身体、智力、情绪十分调和；适应环境、人际关系中彼此能谦让；有幸福感；在工作和职业中，能充分

发挥自己的能力，过有效率的生活。

(3) 社会适应良好。

社会适应良好是指人们的社会行为和社会适应方面的健康。心理健康的人能客观真实地认识现实，积极接受现实，对现实的期望既可望又可及；能较好地承担各种责任，生活的和社会的，并从中寻找自身的价值；不仅表现出被社会认可的行为，同时通过自身的努力，积极有效地改变环境，提高自身。可从以下几个方面的作用和活动类型来定义：

① 了解现实，正视现实。

能够面对现实，接受现实。他们对周围事物和环境能做出客观的评价，并能与现实环境保持良好的接触，既有高于现实的理想，又不会沉湎于不切实际的幻想与奢望。社会适应差的人们往往以幻想代替现实，不敢面对现实，没有足够的勇气接受现实的挑战，总是抱怨自己生不逢时，或责备社会环境对自己不公而怨天尤人。

② 对社会有责任心。

对社会具有较强的责任心，热爱工作，在负责的工作中体验生活的充实以及自身存在的价值。而社会适应差的人们缺乏责任心，常常体验到生活的无奈和生活的无价值。

③ 遵守社会规范。

在一般情况下，愿意努力做出一定社会所认可的行为。生活在一定社会文化环境中，其行为总是与环境相协调、相一致。在学校生活中的学生则表现为有理想、有道德、守纪律等。

④ 在有限范围内主动改造环境。

他们会主动积极地去适应环境，而不是消极地适应环境。他们能够在正确认识的指导下，做出积极有效的行动，适当地改善周围条件。

2. 个体健康和人群健康

个体健康通常是指一个人身心发育正常、没有疾病、具有充分的劳动能力，而且长寿。研究个体健康状况基本上是临床医学的任务，临床医生运用临床医学观察及临床检验等方法，研究并分析个体健康状况及其影响因素，并采取改善个体健康的措施。

人群健康也叫居民健康，是用统计指标来反映的一个群体的健康状况。如用人口统计指标、疾病统计指标和生长发育统计指标来评价人群健康所处的状态。通常认为，一个健康的人群应该是身体发育平均水平比较高，传染性疾病发病率比较低，严重危害健康的慢性疾病患病率比较低，死亡率比较低，平均寿命比较长。研究人群健康状况是社区医学的基本任务。社区医学工作者运用调查分析等方法，研究人群健康状况并探索社会经济因素、自然因素和遗传因素对人群健康的影响，提出改善人群健康状况的目标及实现这些目标所要采取的社区医学措施。

研究人群健康的工作必须建立在研究个体健康的基础上，没有对于个体健康的了解，就难以了解人群健康；不掌握个体患病情况，也就无从获得人群患病情况。在一定意义上，可以说，没有对于个体健康的观察，就没有对于人群健康的观察。也可以说，没有发达的临床医学，也就没有发达的社会医学。所以，个体健康与人群健康有着密切的关系。

3. 第一状态、第二状态和第三状态

(1) 第一状态（健康状态）。

1948年，世界卫生组织提出“健康是一种身体上、心理上和社会上的完好状态”。20世纪末兴起的安康运动将健康评价范围扩大为躯体、社会、情绪、智能、心灵（精神）及环境六个维度。其中社会维度涉及人际关系、适应能力、行为方式；心灵维度关系到信仰、理念、道德等。这些标准太高，又很抽象，缺乏个体差异性，极难操作。一般认为经过临床全面系统检查证实没有疾病，主观又没有虚弱感觉与不适症状，精力充沛，工作、学习、处事、社交处于自我感觉满意状态，即可视为健康状态。心理障碍者可定为不健康状态。

(2) 第二状态（疾病状态）。

疾病状态是指人体在一定条件下，由致病因素引起的一种复杂而具有一定表现形式的病理过程和病理状态。这时候，人体正常生理过程和功能遭到破坏，表现为对外界环境变化适应能力降低，劳动能力受限或丧失，并出现一系列临床症状和体征。

(3) 第三状态（亚健康状态）。

亚健康状态是指身体处于健康和疾病之间的一种功能状态。虽说在临床上没有明显体征或器质性病变，但在生理功能上却有许多不适症状和心理体验。如身体经常感到疲劳、精神欠佳、体力“透支”、免疫能力低下，易患感冒，自然衰老加速，处于心脑血管病或其他慢性病前期，但到医院检查未发现器质性病变，医生称这种状态为“亚健康状态”，即人们所说的“亚健康”。亚健康状态本身拥有广泛的内涵，是人们在身心情感方面处于健康与疾病之间的健康低质量状态及其体验。亚健康状态是在不断变化发展的，既可向健康状态转化，也可向疾病状态转化。究竟向哪方面转化，取决于自我保健措施和自身的免疫力水平。向疾病状态转化是亚健康状态的自发过程，而向健康状态转化则需要采取自觉的防范措施，加强自我保健，合理调整膳食结构等。

促使亚健康状态形成的主要因素有心理、社会、环境、营养、劳（运）动、生活方式与行为、气象、生物等诸多方面，每个因素都有特定的内容又相互关联。当我们的身心处于亚健康状态时，如果不予关注，不采取有效的措施加以防范、改善，时间长了，就会引起内分泌紊乱、神经系统失调、免疫功能下降，导致多种难治疾病。如果关注自己的健康，就应该及早中止亚健康状态的发展，在调整生活方式、预防疾病上花一点功夫是非常必要的。如果任其发展、恶化，最后要花大把的钱、赔上自己及亲友大量时间和精力、忍受极大痛苦、付出惨痛代价去挽救生命（挽救不回来生命的例子太多；即使能救了命，也在很大程度上丧失了健康生活，生命由此而被截短、由

此而被大打折扣的例子更多)。明智一些的人,一定会将生活方式与自己的健康联系在一起考虑问题,审视自己的健康状态,避免疾病状态,远离亚健康状态。

目前,流行于世界的健康评估法是"MDI 健康评估"。它是通过世界卫生组织对人类死亡危害最大的疾病,依次排列为对心脑血管疾病监测及中风预报、恶性肿瘤征象提示、脏器病变提示、血液及过敏性疾病提示、体内污染测定、内分泌系统检查、肢体损伤探测、服药效果探测等项目进行逐一检测,根据被测人实际检测项逐项打分,最终得出总评分。MDI 健康评估的满分为 100 分。对应于世界卫生组织对健康的定义,通过世界性普查,得出的结果是 85 分以上为第一状态(健康状态);70 分以下为第二状态(疾病状态);70~85 分之间为第三状态(亚健康状态)。全世界的普查结果显示,健康评估分值在 85 分以上的第一状态的人约为 5%,70 分以下病患者约为 20%,第三状态者为 70%以上。

(三)健康的标准

从健康概念的演变可以看到,健康是一个相对概念,健康和疾病是一个动态连续的统一体。增进健康要从躯体健康、心理健康和社会健康三个维度综合考虑,防治疾病要从生理、心理、社会和环境等因素着手。车尔尼雪夫斯基说:"生命是美丽的,对人来说,美丽不可能与人体的健康分开。"人体是美的,因为人体符合美的规律,而其中最本质的规律就是健康。人类发展的历史告诉我们,人类要在地球上生存下去,就要和自然界进行斗争,要进行劳动生产,要繁衍自己的后代,因此,就要求人类本身必须具备健康的体质、强壮的体魄、旺盛的生命力。这样就形成了人对自身提出的要求,对健康的标准也形成了一定的尺度。

近年来,WHO 提出了衡量健康的一些具体标准:

(1)充沛的精力,能从容不迫地处理日常生活事宜和担负繁重的工作而不致感到过分紧张和疲劳;

(2)处世乐观,态度积极,乐于承担责任,事无大小,不挑剔;

(3)善于休息,睡眠好;

(4)应变能力强,能适应外界环境中的各种变化;

(5)能够抵御一般感冒和传染病;

(6)体重适当,身体匀称,站立时头、肩位置协调;

(7)眼睛明亮,反应敏捷,眼睑不发炎;

(8)牙齿清洁,无龋齿,不疼痛,牙龈颜色正常,无出血现象;

(9)头发有光泽,无头屑;

(10)肌肉丰满,皮肤有弹性。

迈入 21 世纪,WHO 进一步宣布了 21 世纪人类的身心健康标准,内容如下:

(1)快食。快食并非狼吞虎咽、不辨滋味,而是指吃饭不挑食、不偏食,吃主餐时感觉津津有味。

(2)快眠。上床后能较快入睡,睡眠舒畅,醒后头脑清醒、精神饱满,睡眠质量高。神经系统兴奋、抑制功能协调、内脏无疾病干扰，是快眠的重要保证。

（3）快便。能快速畅快地排泄大小便，且在精神上有一种良好、轻松自如的感觉，便后没有疲劳感，胃肠功能较好。

（4）快语。说话流利，头脑清楚，思维敏捷，没有词不达意现象，且中气充足，心肺功能正常。

（5）快行。行动自如、协调，迈步轻松、有力，转体敏捷，反应快速，动作流畅，证明躯体和四肢状况良好，精力充沛。因诸多疾病导致身体衰弱，均从下肢开始：人患有内脏疾病时，下肢常有沉重感；心情焦虑，精神抑郁，则往往感觉四肢乏力，步履沉重。

（6）良好的个性。性格柔和，言行举止得到公众认可，能够很好地适应不同环境，没有经常性的压抑感和冲动感。能以良好的处世态度看问题，所办事情都能以现实为基础。与人交往能被大多数人所接受。不管人际关系如何变换，都能始终保持稳定和永久的适应性。

（7）良好的人际关系。言谈举止恰到好处，与人相处自然融洽，不孤芳自赏、寂寞独处，具有交际广、知心朋友多的特点。众人都乐于向其倾诉心中的苦与乐。

有这样一句话："有两种东西丧失后才发现它们的价值——青春和健康。"的确，青春使人充满活力，而健康给人带来生机。经常参加体育锻炼是永葆青春和健康长寿的重要手段。那么对于平常生活，我们怎样来测定自己的健康状况呢？

在日常生活中，健康的基本标志主要有四点：

（1）吃饭香。"民以食为天"。一个人不管干什么事情，做什么工作，每天都是要吃饭的。食欲旺盛、吃饭香说明体内无潜在的疾病存在。

（2）不感冒。古人云"感冒是万病之源"。一个人如果体质弱或有疾病存在，对外界环境的适应能力就差，当气候一有变化就会感冒而引起疾病。不感冒说明抗病能力强。

（3）白天有精神、精力充沛、不易疲劳。说明神经系统健全健康。

（4）睡眠好。睡眠好表现为入睡快，睡得深沉香甜，中间醒后能很快入睡。夜晚睡眠好和白天有精神是相辅相成的。

一般来说，学习、择业、求职、工作、生活的压力，会使成年以后的女性身体各方面的机能状况呈下降趋势，因而，及时知道自身的健康状况就显得非常重要。这里向大家介绍几种自我测定健康状况的简便易行的方法：

（1）体重稳定，1个月内体重增减不超过4千克。

（2）体温基本在37℃左右，每天的体温变化不超过1℃。

（3）脉搏75次/分钟左右，一般不少于60次/分钟，不多于100次/分钟。

（4）正常成年人呼吸16～20次/分钟，少于10次/分钟或多于24次/分钟为不正常。

（5）大便基本定时，每天1～2次，若连续3天以上不大便，或1天4次以上为不

正常。

(6) 一昼夜的尿量为1500毫升左右，连续3天尿量多于2500毫升，或1天内尿量少于500毫升为不正常。

(7) 每天进食量保持在1～1.5千克，连续1周进食量过倍或少于1/3为不正常。

(8) 成年女性月经周期在28天左右，超前或推后15天以上为不正常。正常成年男女结婚后，夫妻生活在一起未避孕，3年内不育为不正常。

当然，健康还包括心理方面的内容。您可按下列问题逐条进行自我测定：

(1) 对现实是否具有敏锐的知觉？

(2) 是否热爱生活，热爱大自然？

(3) 能否和她（他）人建立深厚的友谊并乐于助人？

(4) 是否具有民主态度、创造性和幽默感？

(5) 在所处的环境中能否保持独立和平静？

(6) 对事物是否能经常保持兴趣？

(7) 能否承受欢乐与忧伤的考验？

(8) 是否能经常注意基本的哲学和道德的理论？

希望您对上述各条的回答是基本肯定的。如果是这样，就可以肯定地说您的心理是健康的。

（四）影响健康的因素

健康是一个复杂的概念，是多种因素互相影响、互相制约的结果。一个健康人的身体机能及其工作环境都处在一个相对平衡的状态，如果这种平衡被破坏，就会影响到人的健康。根据健康的整体观念，现代医学将影响健康的因素归结为四类：先天遗传因素、生活环境因素、医疗卫生服务因素、生活方式和运动因素。

1. 先天遗传因素

遗传是指自然生物通过一定的生殖方式，将遗传物质从上一代传给下一代的生物现象。在遗传物质传给后代的同时，也把亲代的许多隐性或显性的疾病传给了后代。现代医学发现，遗传病有5000多种。遗传病不仅种类多，而且发病率高。毫无疑问，每个人的健康都或多或少地受到遗传和进化的影响或制约，众多疾病的发生都有一定遗传因素的作用。

近期的研究进展表明，遗传倾向不仅在普遍认为的先天性缺陷或遗传性疾病中起着重要作用，而且在后天的常见病，例如冠心病、高血压、糖尿病、某些癌症和常见的精神障碍中也起着重要作用。遗传因素可能会使这些疾病提前发生。例如，老年性痴呆最常见的阿尔茨海默氏症，就是在家族中遗传的。现在还不能肯定癌症是否都会遗传，但是多达10%～25%的乳腺癌和结肠癌病例显示与遗传因素有关。冠心病以往人们普遍认为是由环境因素引起的。最近对家族史的研究揭示了冠心病有遗传倾向。糖尿病病例中约85%都为非胰岛素依赖性糖尿病（Ⅱ型糖尿病），这种糖尿病也有很强的家族遗传倾向。

2. 行为和生活方式

生活方式是个人或群体在长期的社会化进程中形成的一种行为倾向或行为模式，这种行为模式受个体特征和社会关系所制约，是在一定的社会经济条件和环境等多种因素之间的相互作用下形成的。现实生活中许多人存在健康问题，重要的原因是自己没有正确良好的生活方式，不良的生活方式是影响健康的重要因素之一，而良好的生活方式则是长寿的重要保证。现今社会，由于收入增多、交通发达等原因，人们尽情地享受现代文明的成果。但是，国内外大量研究表明，在现代社会里，不良生活方式和有害健康的行为习惯已经成为危害人们健康，导致疾病的主要原因。例如吸烟、酗酒、缺乏锻炼、不良饮食习惯是致使人群高血压、冠心病、糖尿病等“现代生活方式病”的患病率不断增高的危险因素。1992 年 WHO 统计，从全球看，生活方式原因导致的疾病，发达国家占 70％～80％，发展中国家占 40％～50％。有学者报告美国前十位死因疾病中，不良行为和生活方式在致病因素中占 70％，中国占 44.7％。美国通过 30 年的努力，使心血管疾病的死亡率下降 50％，其中 2/3 是通过改善行为和生活方式而取得的。1992 年国际心脏保健会议提出的维多利亚心脏保健宣言指出：健康的四大基石是合理的膳食、适量的运动、戒烟和限制饮酒、心理健康。可见，行为和生活方式对健康影响具有举足轻重的意义。

3. 环境

生活环境因素可分为物理性的（如环境气候和空气污染等）和社会性的（如社会、家庭、工作环境、人际关系和经济收入等），它们都可从不同角度影响健康。

自然环境是一个生态系统，是人类赖以生存的物质基础。在现代化建设飞速发展的今天，人们的生存环境受到严重污染，环境污染必然对人体健康造成危害。比如，我国被列为世界上 13 个最缺水的国家之一，90％以上的城市水污染严重。氟利昂曾经大大地推动了工业的发展和人类生活现代化的进程，但对臭氧层造成了巨大的破坏。如果大气中的臭氧减少 1％，人类患皮肤癌的概率就会增加 4％左右。铅的大量使用给人们的健康造成了很大的危害，特别是对儿童智力发育和身体健康造成严重损害。各种环境污染搅和在一起，形成了类似雌激素特征的化学物质，这就是“环境雌激素”，已经严重地影响了人类的生存和生活质量。有专家指出，“环境雌激素”对生殖的影响，将是对世纪人类所面临的最大、最严重的挑战。女性多出现子宫内膜异位、子宫肌瘤、卵巢癌、乳腺癌等疾病。男性多出现睾丸癌、前列腺癌等疾病以及精子的数量与质量下降等症状。

社会性的环境因素在人类健康和疾病方面也起着重要的作用。社会环境涵盖政治、经济、文化、教育等诸多因素。广义的社会性的环境因素包括心理状态、社会状态、文化状态、种族和职业环境等方面。过去几十年，人们的研究重点都集中在饮食、体育锻炼、生活方式和行为对健康的影响，而忽视了社会条件对人类健康的影

响。随着科学的发展、社会生活节奏的加快、用人机制的改革及竞争越来越激烈，人们承受的压力也越来越大。压力本来是人类进步发展的内在动力，但是当这种压力超出了人的承受能力时，压力就会成为破坏力，破坏健康，破坏人类的发展。由于压力增大，各种心理疾患的发病率快速增长。人们所承受的压力包括社会压力、精神压力及躯体压力。大量研究表明，经济状况低下和缺乏社会支持会导致疾病；营养不良、卫生条件较差、失业、工作压力和缺医少药会影响身体的健康。由此可见，社会环境因素对人的身体健康有着极大的影响。

4. 卫生保健服务因素

卫生保健服务指卫生机构和卫生专业人员针对个人、群体和社会的健康需要所提供的必要的、可能的服务。良好的卫生服务对健康起着促进作用，反之，则危害健康。良好的卫生服务，包括健全的医疗卫生机构、完善的服务网络、充足的卫生资源及其合理配置与平等分配。但是，卫生服务的投入与效益并非成正比，个人对卫生服务的利用能力是影响卫生服务投入与效益的重要因素。所以，对卫生服务的利用是健康教育的重要内容之一。

健全的医疗卫生机构、完备的服务网站、一定的卫生经济投入以及合理的卫生资源配置，都对人体健康有着促进作用。相反，如果卫生服务和社会医疗保障体系存在缺陷，就不能有效地防治国民的疾病，促进其身体健康。

5. 体育锻炼

18 世纪法国著名思想家和哲学家伏尔泰提出“生命在于运动”，这一格言经久不衰。世界上的一切生物遵循“用进废退”的原则，人的机体也一样。作为一个健康的人，必定具有一定的体育活动能力，而经常进行体育活动则能够促进健康的发展，它是维护和增进健康的必要条件。随着社会发展和生产生活方式的变化，体育活动已逐渐成为现代文明社会健康生活方式内容之一。

体育锻炼是增进健康、增强体质最有效的方法。它能促进青少年的正常发育，能使中年人保持旺盛的精力，使老年人延年益寿。同时，它还可以调剂感情、锻炼意志和愉悦精神，发挥健心的作用。另外，它还可以防治疾病，使身体康复，并有矫正身体畸形、改善肤色等健美作用。体育锻炼还具有组织形式的灵活性、内容方法的多样性、与日常生活紧密的结合性等特点，从而具有广泛的群众基础。

体育锻炼是强身健体、防病治病、延年益寿的良好方式。第一，体育锻炼能够增强体质、延缓衰老。长期参加体育活动促使各组织器官的结构或成分呈现良好的适应性变化。它不仅促进儿童生长发育，而且还可延缓中老年人肌肉萎缩、减少骨质疏松等。体育活动能促进机体的物质和能量代谢。研究已证实体育活动能适度提高血液中血红蛋白的含量，有利于脂肪代谢，胆汁合成和排出等。经常进行体育锻炼可全面提高机体的体能，包括增强肌肉力量、耐力、灵活性、柔韧性等身体素质，甚至到了老年，还能维持较高水平。第二，体育锻炼防治疾病，提高生存质量。体育活动能预防和控制运动不足病，主要包括肥胖、心血管疾病、糖尿病、骨质疏松等。第三，体育锻炼能延年益寿。体育活动不仅可提高体质，防治疾病，而且可延年益寿，科学研究资料表明健康长寿者多为体力劳动者。较多的体育活动者死亡率明显偏低，因此，体育锻炼对人的身体健康起着极大的促进作用。

（五）新世纪保持健康生活的策略

1. 健康锻炼

定期锻炼的最大受益者是人的心脏，所以有“完美的体形意味着完美的心脏”之说。另外，积极的锻炼能够提高肌体潜能的效率。当快节奏、高强度的工作需要你付出更大的能量时，健康的身体能够游刃有余地释放能量。

保持健康的身体素质要坚持定期的健康锻炼，其中包含一定的锻炼方法和手段。锻炼方法即为了增强体质、提高健康水平所采用的具体途径和办法。锻炼方法多种多样，锻炼者可根据年龄、性别、职业、体质、健康状况、兴趣爱好、环境条件和季节气候等进行选用。除采用体育教学、运动训练常用的练习方法（包括重复法、变换法、综合法、循环法和竞赛法）外，人们在长期体育锻炼的实践中，往往将锻炼内容、方法和运动负荷结合起来运用，形成健身方法。例如：① 运动处方；② 根据每天作息制度的要求安排锻炼，如早操、课间操和课外活动等；③ 为了提高心肺功能，控制体重和掌握实用技能选用长跑，跑步的距离和强度应根据锻炼者的情况确定；④ 散步；⑤ 太极拳和气功。锻炼手段即锻炼身体、增强体质、抗御疾病以及提高运动技术水平所采取的各项体育活动的内容、方法和措施的总称。它是人们在长期的实践活动中逐步形成、发展和完善的。其含义广泛，既包括体育实践中采用的单个动作、成套动作，也包括各锻炼项目中的各种锻炼方法。锻炼手段不仅是体育教学的内容，而且已成为群众性的身体锻炼、娱乐活动以及休闲运动的主要内容。

2. 积极面对生活

生活中难免遇到令人不快、烦恼的事，如果沉浸其中难以自拔，必然情绪低落、萎靡不振。只有积极的生活态度才会使人精神振奋，乐观向上。你的身体健康状况与你是否能享受生活有关系。适量的运动及休息，是心情愉悦的必要因素。所以，要获得人生深度的乐趣，首先要正确认识人生。而要想让自己正确认识，就必须好好对待自己的身体。其次是要乐观向上，积极地面对一切。一个积极思考者常会有意识地使自己保持心情愉悦。你期望快乐，便会找到快乐。你寻找什么，便会发现什么。这是人生的基本法则。

3. 沐浴阳光

俗话说“万物生长靠太阳”，人也不例外。阳光照射可以改变大脑中某些信号物质的含量，其中令人失眠的信号物质将减少，而令人入睡的信号物质将增强，使接受日光浴者有心旷神怡之感。

4. 郊游

假期和周末远离喧嚣的都市去郊游。现在城市空气污染严重，对人体危害不浅，每隔一段时间到林木茂盛的风景区踏青，可以令人体吐故纳新、调节呼吸、阴阳协调。

在绿色植物密集的公园、森林里，空气中负氧离子浓度较高。负氧离子有空气中的“长寿素”的美称。在负氧离子充沛的地方，人们感到心旷神怡、精神振奋。空气中的负氧离子不仅能调节神经系统，而且可以促进胃肠消化，加深肺部的呼吸。野外郊游对人体健康有着极大的促进作用，有利于锻炼和完善人的行走技能，促进青少年儿童机体的生长发育，增进人体健康，增强体质。另外，人们在大自然中行走，能呼吸清新的空气，还能观赏大自然的美景，心情舒畅，对人们的工作及生活压力起着极大的缓解作用，此外野外郊游锻炼还能够培养人们的意志品质，对人们的耐力、毅力有着极大的促进作用，有利于保持坚强不屈，积极向上的心态。

5. 深呼吸

深呼吸能给红细胞带来氧气。氧气一旦吸入肺内，就能穿过肺壁进入血流，黑色的静脉血液变为红色的动脉血液。在呼出气体时，还能清除血液中的废物。呼出时间越长、越深，血液内废物就清除得越多，人就会越感到轻松舒畅。

深呼吸又是一项高质量的镇静运动，可调节身体各部的神经系统，有助于人们夜间安稳入睡。对于那些闭居家中和久坐办公室的人，白天只要做几分钟有节奏、有控制的深呼吸运动，就可以使大脑尽快消除疲劳，其效果比喝咖啡、浓茶更为显著。正确使用深呼吸的方法，还可增强肋骨架肌肉的功能。

6. 了解自己的生理周期

个人的精力充沛程度在一天中不断变化，有高峰，也有低谷。大多数人在午后达到精力的高峰，但也不乏个别差异。可连续记录自己一天的心理状态、觉醒程度、反应速度和所进行的活动，找出自己的精力充沛变化曲线，然后合理安排每日的活动。

二、体质与体力

（一）体质

1. 体质的概念

体质是指人体的质量，它是在遗传性和后天获得性基础上表现出来的人体形态结构、生理功能和心理因素的综合的相对稳定的特征。

体质是人的生命活动和劳动、运动能力的物质基础。它在形成和发展过程中，具有明显的差异性和阶段性，不同的人体质的差异表现在形态发育、生理机能、心理状态、身体素质、运动能力和对环境的适应性以及对疾病的抵抗力等多方面。而且在人一生的各个不同阶段，从幼年、儿童、青少年到中老年，体质状况虽然具有某些共同的特征，但这些特征也处在不断变化中。

从体质、健康的概念和内容，我们可以看出，体质与健康两者之间的联系非常密切，但又有所不同。1982年，在中国体质研究会“泰安会议”上，多数学者认为两者既有联系又有区别。体质的强弱和健康状况的好坏都涉及人体的形态发育、生理机能、运动能力和心理状况等方面。但是体质是人体的质量，是生命活动的物质基础，也可以看作是健康的物质基础，而健康则是体质的外部反映和表现，是评价人的体质状况的起码条件，体质比起健康来，无论从内容还是意义上都更为广泛和复杂。同是健康的人，其体质可能会千差万别。所以，人体不应满足于“健康”这种起码的标准，而应在健康的基础上，采用各种有效的科学手段，不断增强体质。

2. 体质的指标

评价体质强弱的综合指标有以下五方面：

（1）身体形态发育水平。即体格、体型、姿势、营养状况及身体组成成分等。

（2）生理生化功能水平。即机体的新陈代谢功能及各系统、器官的工作效能。

（3）身体素质和运动能力水平。即身体在运动中表现出来的力量、速度、耐力、灵敏性、柔韧性等素质及走、跑、跳、投、攀等身体运动能力。

（4）心理发展状态。包括个体感知能力，个体意志力，判断能力。

（5）适应能力。对外界环境条件的抗寒、抗热能力和对疾病的抵抗力。

影响体质强弱的因素是多方面的，遗传性状对体质的发展提供了可能性或前提条件，而体质强弱的现实性，则有赖于后天环境的影响，其中营养、卫生、教育和身体锻炼等因素最为重要。有计划、有目的地进行科学的锻炼，是增强体质最积极、最有效的手段之一。

3. 体质的测定

体质测定是研究人的体质状况的一个重要过程。所谓测定，就是遵循一定的目的和任务，选择有效的项目内容，确定严密、准确、可靠的具体指标、方法和测量工具，从若干方面对人的体质状况进行调查的过程。这种测定的实质，是使体质这个概括的、复杂的概念具体化、数据化、标准化。测定的正确与否，直接影响评价的效果。体质测定的内容和方法很多，主要有以下三个方面的内容：

（1）身体形态发育指标的测定。

反映身体形态发育的指标有身高、体重、胸围、坐高、肩宽、骨盆宽、臀围、腿围足长、上肢长、下肢长，等等。在我国体质测定中，身高、体重、胸围是必须准确测定的基本形态指标，其他指标可根据需要和具体条件加以选用。

① 身高。

身高主要反映骨骼发育情况，是测量身体长度，反映生长发育水平的重要指标。

测量仪器：身高坐高计。

测量方法：受试者男生穿短裤，女生穿短裤和背心或短袖衫，赤脚，立正姿势站

在身高坐高计的底板上。上肢自然下垂，足跟并拢，足尖分开呈 60°，要求足跟、骶骨部及两肩胛间与支柱相接触。躯干自然挺直，头颈正直，但不靠支柱。两眼平视前方，以保持耳屏上缘与眼眶下缘呈一水平。测试人员站在受试者右侧面，将水平压板轻轻沿立柱下滑，轻压受试者头顶。测试人员两眼与水平压板呈水平位进行读数，记录员复诵后，记录之。测试误差不得超过 0.5 厘米。

② 体重。

体重是人体横向发育指标。它反映人体骨骼、肌肉、内脏及体表下脂肪等重量综合变化情况和身体充实的程度。体重虽受遗传因素影响，但后天环境特别是营养状况、体育锻炼等因素对体重影响亦很大。体重作为一个综合反映人体围度、宽度和厚度发育状况的整体指标，也是衡量健康和体力好坏的重要标志。过于肥胖和消瘦都要引起注意。体重和身高一样也存在日差变化，早晨轻、晚上重。上午十时左右的体重最接近一日体重的平均值，所以体重最佳测量时间为上午十时左右。

测量仪器：杠杆式体重计（仪器误差不得超过±0.1%）

测量方法：受试者男生只穿短裤，女生穿短裤、背心或短袖衫赤脚轻轻踏上秤台，自然站立在秤台中央抬头平视前方，不要低头看游码，测试人员面向受试者，移动游码至平衡稳定时读数，记录员复诵后记录之，测试误差不得超过 0.1 千克。

③ 胸围。

胸围是人体宽度和厚度最有代表性的测量指标，它反映胸廓的大小及胸部、背部肌肉发育情况。由于胸廓内有人体的重要器官（心脏、肺脏），胸廓的测量对于内脏器官的机能状况有较大的意义。胸腔容积增大，胸部和背部肌肉力量增强，有利于呼吸和循环机能的改善，并使人体能够保持正常的形态。因此，胸围也是反映人体生长发育水平的一个重要指标。

测量仪器：使用每米误差不超过 0.2 厘米的带尺进行测量

测量方法：受试者自然站立，两脚分开与肩同宽，双肩放松，两上肢自然下垂，测试人员面对受试者，将带尺上缘经背部肩胛骨下角下缘至胸前，男生和未发育的女生，带尺下缘经乳头上缘，已发育的女生，带尺经乳头上方第四肋骨处 0.5 厘米。

（2）生理机能指标的测定。

生理机能是指人体各器官系统的功能状况，主要通过脉搏、血压和肺活量等指标，反映心血管系统和呼吸系统的生长发育和机能的发展水平。

① 安静脉搏。

脉搏是心脏节律性收缩和舒张，由大动脉内的压力变化，而引起四肢血管壁扩张和收缩的一种搏动现象，故也称心率。它主要反映心脏和动脉的机能状态。安静脉搏是相对安静状态下的脉搏频率，即单位时间（分）内动脉管壁搏动的次数。它可以检查心脏生长发育的程度。一般成年人安静时的脉搏为 60～75 次/分钟。脉搏受情绪变化的影响较大，在喜、怒时，脉搏频率明显增加。长期参加体育锻炼的人，脉搏频率比一般人要低，这是因为在中枢神经系统的调节下，各系统活动的协调性改善、心脏每搏输出量大、机能水平提高的缘故。

测量仪器：秒表或三针台钟。

测量方法：受试者坐于测试者的右侧，右前臂平放在桌上，掌心向上，测试者以食指、中指和无名指的指端摸位于受试者手腕部的桡动脉处测量脉搏，或用心前区听诊法测量心率脉搏，测量先以 10s 为单位，连续测量 3 个 10s，其中两次相同并与另一次相差不超过 1s 时，即认为是相对安静状态，再做正式 30s 的测量，将所得次数乘 2 为 1min 安静时脉搏。

② 血压。

是指在每一个心动周期中，动脉血压随着心室的收缩与舒张而发生规律性的变化，从而反映出心脏、血管的功能状态。血压与心脏搏动力量、动脉血管的弹性、末梢血管的抵抗力及血液的黏性有密切关系。它和脉搏相反，随年龄的增大逐年稳定地增长。这是因为成年人大血管和毛细血管的口径变小，血管壁弹性不如少年儿童，血液流动时外围阻力较大的缘故。在每一个心动周期中，动脉血压随着心室的收缩和舒张而发生规律性的变化，从而反映出心脏血管的功能状况。正常人安静时一般收缩压为 13.33～16 kPa，舒张压为 8～10.67 kPa。国际卫生组织规定：安静时收缩压为 18.67 kPa、舒张压为 12 kPa，即为高血压的临界值；收缩压高于 21.33 kPa、舒张压高于 12.67 kPa，即为高血压；收缩压低于 12 kPa、舒张压低于 6.67 kPa，即为低血压。

测量仪器；水银血压计、听诊器。

测量方法：受试者在测试者右侧，右臂自然前伸，手放在桌上，血压计零位与受试者心脏和右臂袖带同处一个水平。捆扎袖带要平整，松紧适宜，肘窝部位应暴露，摸准肱动脉的位置，使肱动脉位于听头中央，听头与皮肤紧密接触，但不能用力紧压或塞在袖带下。然后打气入带使水银柱急速上升，直到听不到肱动脉搏动声时，压力再升高 2.67～4.00 kPa（20～30 mmHg），随后缓缓放气，其速度应以相当于看到收缩压以后每次搏动下降 0.27～0.35 kPa（2～4 mmHg）为宜，当第一次听到清晰的脉跳声时，水银柱的高度即为收缩压继续放气，脉跳音经过一系列变化，突然从洪亮的声音变为模糊的混声，此时为变音点，其水银柱的高度即为舒张压。

③ 肺活量。

肺活量是指一个人尽力吸气后所呼出的最大气量。它代表一个人的最大通气能力，是一种常用的反映呼吸机能的指标。肺活量受年龄、性别、身高、体重、胸围等因素影响。一般人的肺活量：男子为 3500～4500 ml，女子为 2500～3600 ml。

测量仪器：筒式或回转式肺活量计。

测量方法：受试者面对肺活量计取站立姿势，将浮筒刻度调到 0 位后，令受试者预先做 1～2 次扩胸或进行深呼吸的准备动作然后双手握住吹气嘴，做最大吸气后憋住气，将口嘴紧堵住口，向肺活量计内做最大的呼气。呼气时不宜过猛过快，也不要过慢，要掌握适中，直到不能再呼气时为止（可允许弯腰），此时即关闭进气口的开

关（如没有开关，可折叠橡皮管），待浮筒平稳后，视肺活量计上所显示的数值即可读数记录之。每人测量三次，每次之间相隔15秒钟，三次测量均记录，并选三次中的最大值记另一栏中，要求测试人员每次测量肺活量的技术误差不得超过200毫升。

(3) 身体素质和运动能力的测定。

当前，我国测定身体素质和运动能力时，主要选择代表速度素质和快速奔跑能力的50m跑；代表下肢、肩部和腰腹力量协调性素质及跳跃能力的立定跳远；代表上肢力量和攀登能力的引体向上；代表女生腰腹肌力量和耐力的仰卧起坐；代表持久能力反映人体心肺功能的男生1000 m跑和女生800 m跑；代表柔韧素质的站立体前屈等。

①50 m跑、100 m跑。

测量仪器：50 m和100 m跑直线跑道若干条，地面平坦，跑道线清楚；发令枪或发令旗一个；口哨一个；校准的秒表若干块（至少一道一表）。

测试方法：与竞赛规则相同，受试者至少两人一组，起跑姿势不限，不得抢跑或串道，如犯规需重跑。

② 1000 m跑（男）、800 m跑（女）。

测量仪器：周长为400 m、300 m，200 m的田径场或其他不正规但距离必须丈量准确的场地，地面平坦，校正好的秒表。

测试方法：测试前，受试者应做好准备活动，跑完全程后不应立即停下，而应继续慢跑或走动，以使心率逐渐恢复至跑前的水平，受试者每组不得少于两人，站立式起跑，以秒为单位准确记录成绩。

③ 立定跳远。

测量仪器：皮尺，在平坦地面或沙坑。

测试方法：受试者双足自然站立在起跳线后，屈膝摆臂，尽量用力向前跳，双足落地，连续跳3次，丈量起跳线前沿至最近着地点后沿的垂直距离，记录最佳成绩。

④ 一分钟仰卧起坐（女）。

测量仪器：秒表、体操垫。

测试方法：受试者两人一组，受试者全身卧于垫上，两腿并拢伸直，两臂平放于同侧大腿上，同伴压住其踝关节处。起坐时，以双手触及压脚人的手为成功一次，但手、肘不得撑垫、拉裤腿、按压腿或借助于两臂摆动的力量来起坐。仰卧时，两肩胛骨必须触垫。测试人员发出“开始”口令后受试者开始起坐，同时计时，记录一分钟所完成的次数。

⑤ 引体向上（大、中学男生）。

测量仪器：高单杠。

测试方法：受试者双手正握杠，与肩同宽成悬垂姿势，引体向上至下颌超过杠面，每上引一次要回到双臂伸直的悬垂姿势，完成正确动作的次数为测验成绩。

⑥ 站立体前屈。

测量仪器：立位体前屈测量计。

测试方法：将校正好的测量计放在平坦的地面上，受试者两脚尖分开约 5～10 cm，并与平台前沿横线齐平，脚跟并拢，两腿伸直，上体尽量前屈，两臂及手指伸直并拢，用两手中指尖轻轻推动标尺上的游标下滑（不得有突然下震的动作），直至不能继续下伸为止。以反射镜显示的刻度为读数记录。如指尖达不到“0”点，其成绩为负值。每人可测两次，记录最好一次的成绩。

（二）体力的概念

体力指的是身体运动的功能，或者说为进行运动或劳动所需要的身体能力。因此，它既可以包含运动能力，也可以包含劳动能力和其他形式的身体运动能力。它同体能基本上是同义语，但习惯上体能只被用来表达运动能力，很少有用以表达劳动能力的。因此，“体力”这个词泛指身体运动的功能水平较为合适。

对于体力的概念及其内容，各国学者存有不同的观点，而且名称各异。如日本学者把体质和体力通称为体力，并将其分为行动体力和防御体力两类，其内容包括身体素质及当生命和健康有威胁时的应激反应所产生的各种抵抗力。这与中国学者关于体质的概念相似，但按中国的习惯仍称之为体力。不管怎么认为，目前体力拥有狭义和广义两方面含义。狭义上是指人体所具有的物质力量，即人体活动时肌肉收缩所产生的一种力量，包括握力、推力、拉力、举力、旋转力等，它是人类生存和发展、生活和劳动的最起码、最基本的条件。广义上认为体力是具有正常的心理承受能力和疾病的防御能力，能保证积极工作的身体行动力，即维持健康所必要的能力。因此，它包含了身体和精神两方面的要素，具体包括力量、速度、爆发力（力量×速度－爆发力）、耐力（肌肉耐力、全身耐力）、灵敏性、柔韧性、平衡性等组成的运动能力（身体素质）和由适应力、抵抗力、免疫力、恢复力、代偿力、稳定性、精神和心理的安定性等组成的防御能力（应激反应）。

1. 体力分类

健康不仅是人类为了生存必须考虑的一个问题，而且是人们精神生活及社会生活中必须考虑的事。以前曾出现的不适应、不和睦等问题都与社会生活方面有关系，所以讲究健康不能脱离物质、意识及社会状况。就个人而言，健康实际上是指他们作为社会成员之一能够具备人类普通生活的健康状态，也就是指人处于社会生活中能够适应各种新的情况变化，并具备一定的认识能力。另外，关于“体力”的意义，也有各种各样的见解。福田邦三认为：“体力是人体生命活动的基础或身体及精神的能力”。体力主要分为防御体力与运动体力两类。防御体力是指机体抵抗对健康的损害，维持生命活动，促进健康的能力。运动体力，是指身体运动的能力。另外体力是指人体保持全部生命活动的能力及人体适应周围环境、满足生命需要的能力。

2. 体力测试

体力测试，通常采用如下方法：

（1）握力（肌力）。

握力是反映肌肉力量的重要指标，而且简便易行，适用于大范围的学生测试。测试仪器分为弹簧式或电子握力计。测试方法是被试者两脚自然分开，身体直立，手心向内持握力计，用最大力紧握上下两个把柄，用有力手测两次，取最大值，评价按千克计算，如果用握力绝对值来评价肌力，将对晚熟或相对瘦小的学生不利，因此，用握力/体重这样一个相对比握力指数，来评价各种学生就比较客观。

（2）垂直跳（爆发力）。

身体侧向靠墙站立，先用沾粉的手指划印，再尽自己最大的能力原地上跳、沾粉手指尽量上伸划印，测量这两个手指印之间的距离（厘米）。

（3）上下台阶运动（耐力）。

直立姿势“预备”，以“开始”作为起动的信号。用 2 秒钟上下一次台阶的速度，连续不停地做 3 分钟上下台阶运动。做完后，立即坐在椅子上；测量运动后的 1 分至 1 分半钟，2 分至 2 分半钟，3 分至 3 分半钟的脉搏次数。在运动中间如果坚持不下去或者上下慢了 3 次，立刻停止运动记下此时秒数，并用下列公式求出判定指数（台高：男 40 厘米，女 35 厘米）。

（4）背拉力（肌力）。

用拉力器测定。测试时两膝伸直，将拉力计把手调节到膝盖高度，然后做伸腰动作上提把手。正常值男性为体重的 1.5～2 倍，女性为体重的 1～1.5 倍。

（5）立位体前屈（柔韧性）。

坐位体前屈测试主要通过牵拉背部、大腿后部肌肉来评价躯干的弯曲能力。坐位体前屈测试方法是：上体垂直坐着，两腿处于伸直状态，足跟要保持并拢，脚尖分开 10～15 cm。用整个脚底面顶着抵板，然后两腿并拢，两臂伸直。渐渐使上体前屈，并尽可能地用两手指尖轻轻推动标尺上的游标向前滑动，直到不能继续前移为止。保持 3 秒钟，测 3 次，取最好的一次（单位为 cm，精确到 0.1 cm）。

（6）闭眼单足立（平衡性）。

两手叉腰，闭眼单足站立，直到平衡被破坏、支撑脚移动或睁眼为止。记录独立时间（秒），10 秒钟以上为合格。

（7）俯卧后仰（柔韧性）。

俯卧在垫子或诊察床上，双手放于腰后交叉相握，两腿稍分开（足尖距约 45 厘米）。辅助者跪撑于被试者两腿之间，用膝及小腿压在其胭窝及小腿上，双手按大腿后部，注意不要按于臀部，借助自身的体重使其下肢固定。被试者慢慢仰头背伸，将上体尽量抬起。实验者借助立柱或直角刻度尺，尽快测量下颏与台阶之间的距离（厘米），即下颏抬起的静止高度。进行两次，取最好的成绩。距离大者柔韧性好。

（8）俯卧撑（耐力）。

身体俯卧在平地上，两手撑地，两手间距与肩同宽，手指向前，两腿向后伸直，脚尖撑地，屈臂使身体平直下降，使肩与肘接近同一平面，躯干、臀部和下肢要挺直。当胸部离地面 2.5～5 cm 时，撑起回到预备姿势为完成一次。找一个同伴计数，计时（60 s）。同伴高声地数俯卧撑的次数，并提示剩余时间。只有完成正确的动作，才能被计入总数。

（9）反复横跨（灵敏性）。

在地面上或测量板上以 120 厘米（7～11 岁为 100 厘米）的距离划三条平行线。被试者跨中线站立，用“开始”的口令作为起动信号，按右→中→左→中的顺序反复横跨，在 20 秒钟内要尽可能快的左右反复移动，但不得跳跃。这样两脚跨过线的次数越多，则其灵敏性越好。两脚每跨完一线为一次，脚不到或越过外侧线，以及没跨过中线不算数。测验两次取最好的成绩。

（三）体力与体质的区别

1. 两者测定的内容和指标有异同

人是一个统一的整体，人体的各个器官系统之间密切联系，相互依存，相互制约。所以，体育锻炼对人体的作用是多方面的。对锻炼效果的评定不仅要根据某一指标前后变化情况得出结论，而且更要考虑体质全面发展的影响。因此，对锻炼效果的评定实质上就是对体质的评定，所选择的评定指标不外乎体质评价的各个方面。从目前国内外有关锻炼效果的评定内容来看，选用的评定指标一般包括形态指标、功能指标、身体素质指标。而体力测定内容和指标一般为肌力指标，爆发力指标，耐力指标，柔韧性测定指标，平衡性测定指标，灵敏性测定指标。

2. 研究对象、目的及影响因素存有异同

尽管两者研究的对象都是人，都是为了提高人的健康水平和身体能力，但体现的方面还是有区别的。现代体质学把全体正常国民作为体质监测对象，其目的是增强人的体质，促进人的身心全面发展。同时，进行科学系统的体质监测可定期为国家有关部门、单位以及个人提供相应的反馈信息，为制定相应的方针政策提供依据，为大众健身活动提供指导。它受先天遗传和后天诸因素的制约。相反，体力主要研究体育现象（活动）中人在活动时身体方面的能力，反映的主要是体育领域中人身体方面的能力或运动中身体机能的状况，因而主要受到体育锻炼、营养状况等后天因素的影响。其目的是为人们在运动中提高身体方面的能力提供依据。

3. 体质、体力与健康的关系

健康是指人体与外界环境关系协调和统一的程度，即人体各器官系统对外界环境适应能力的大小。狭义的健康是指人体各器官系统发育正常、功能完好、无疾病；广义的健康还应该包括强壮的体格、充沛的精力、健全的心理和高度的社会适应能力等项内容。因此，健康与体质属于两个不同的概念。它们之间既有区别，又有联系，它们反映身体状况两个不同的水准。所以，评价一个人的体质时，首先要考虑其健康状况，然后再从形态、功能、身体素质、运动能力、心理状态等方面进行综合评价。身

体健康是体质好的最起码的条件，但同是健康人，其体质状况也千差万别。对一个人的体质强弱要从形态，功能，身体素质，对环境、气候适应能力和抗病能力等多方面进行综合评价。体质既然是生命运动和身体运动的对立统一，自然也就是健康和体力的矛盾统一。体质“一分为二”，就是健康和体力。体力和健康不能互相替代，各有其独立的含义，也不能分别单独代表体质。只有把体力和健康结合起来观察，才能完整地反映体质水平。例如健康良好者必有一定的体力水平，而体力良好者必定以一定的健康水平作为基础和保证。体力和健康，是体内矛盾运动互为表里的两个方面。健康反映了人体内部矛盾运动的统一性；体力是矛盾斗争的反映，是体内矛盾运动在可控限度内展开时所可能达到的激烈程度的反映（这个可控程度就是健康）。因此，健康是体质状况的反映。

（四）体育锻炼对增强体质的作用

“发展体育运动，增强人民体质”是我国体育事业的总方针。体质是指人体的质量。它是在遗传性和获得性的基础上表现出来的人体形态结构、生理功能和心理因素的综合的、相对稳定的特征。体质的强弱，就是由这些方面综合反映出来的。它包括身体形态发育水平（即体格、体型，姿势，营养状况及身体组成成分等）、生理功能水平（即机体新陈代谢水平以及各器官、系统的效能），身体素质和运动能力发展水平（即速度、力量、耐力、灵敏、协调、柔韧等素质，以及走、跑、跳、投、攀爬等身体活动能力）、心理发育水平（即本体感知能力、个性，意志等）、适应能力（即对内外环境条件的适应能力、应急能力和对疾病的抵抗力）。这些决定着人们的不同体质水平。

体育锻炼增强体质，是人们在长期的体育实践中总结出来的。体育锻炼，可以促进青少年更好地生长发育，中年人保持旺盛的精力，老年人推迟衰老，延年益寿。同时，体育还可以预防抵抗疾病，达到身体健康，形体健美的日的。正因为体育有这样的特殊作用，才如此兴旺发达，引起人们的普遍重视。没有健康的身体，难以坚持正常工作。所以，体育既能锻炼身体，增强体质，使形体健美，从而提高运动技术水平，也能丰富文化生活，使人的身体和精神更加健康。

1. 体育锻炼对人体机能发展和身体发育的作用

人体各器官、系统的结构和功能是发展变化的，所以，人的体质也是变化发展的。遗传是人体发展的先天条件，对体质的强弱有重大影响。但是，遗传对体质的影响，只是提供了可能性，而体质强弱的现实性，则有赖于后天的环境条件。在后天的环境中，影响体质强弱的因素很多，其中营养状况是影响体质强弱的基本要素。特别是在青少年儿童生长发育阶段，适当的营养，对大脑及其他器官、系统均有重要影响。

同时，人体形态、机能的发育、运动能力的提高，适应环境和抵抗疾病能力的提高，都是有很大潜力的。通过科学的体育锻炼，其潜力可以充分发挥，从而增强体质，减少疾病，提高工作效率，以至延年益寿。古今中外许多学者的大量研究成果，证实了体育锻炼对增强体质的显著效果。体育锻炼能使大脑和神经系统得到锻炼，提高神经过程的强度，均衡性、灵活性和神经细胞的工作耐久力；能使神经细胞获得充足的能量物质和氧的供应，转移神经系统的过度紧张。从而消除疲劳，清醒头脑，敏捷思维；能提高循环系统功能，首先使心肌纤维变粗，心室心房壁增厚。心脏体积、容积增大，每搏心输出量增强，安静时脉搏频率降低，并可提高神经系统对心血管机能的调节能力，使之能精确、协调、适应剧烈运动的需要；可提高呼吸系统功能，可增大肺通气量，提高供养能力，增强呼吸肌肌力，不易疲劳；可提高消化系统功能，改善体内物质能量代谢的过程，加快营养物质的氧化还原，对内脏器官均有良好影响，因而提高工作能力；能增强运动系统功能，特别是青少年，进行适宜的锻炼，可促进骨的生长，使骨直径增粗，骨髓腔增大，骨密质变厚，骨重量增加。肌肉韧带附着点增大，使肌纤维增粗。肌肉力量和重量增大，肌肉耐力、灵敏、协调性增强；还可有效提高人体对内外界环境的适应能力。增强抵抗各种疾病的能力。

2. 体育锻炼对提高身体基本活动能力的作用

走、跑、跳跃、投掷、悬垂、支撑、攀登、爬越、负重、平衡等是身体的基本活动能力，也是人的日常生活、生产劳动等所必需的基本动作。

我们通过田径项目的锻炼能提高走、跑、跳跃的能力，通过体操、单杠、双杠、跳箱、吊环等项目的训练，可以提高支撑、悬垂、平衡等能力。人们通过长期经常性的体育锻炼，就会使人的速度、耐力、灵敏性等身体素质得到提高，从而促进身体基本活动能力的提高。

3. 体育锻炼对增强适应自然环境能力的作用

人的整个生活与周围的外界环境有着密切的联系。有机体脱离开外界环境是不可能生存和活动的。人的体温是恒温，但大自然的温度是经常变化的，机体为了适应外界的温度变化，就要通过一系列的神经反射来重新调整体内的机能状态来保护自己。空气、日光、水以及和这些有关的温度变化，都是大脑皮层的刺激物，如果这些刺激物长时间地对机体发生作用时，则机体对刺激的反应性质就会逐渐变化，同时，各个器官的活动也随之发生变化。譬如说，皮肤受冷时，皮肤中的感觉神经末梢便会受到刺激，神经末梢的刺激信号传到相应的神经中枢，于是神经中枢便发出冲动，使有关的器官发生相应的变化：一方面收缩毛孔和皮下血管（面色苍白），使血流流向深层组织和内脏器官，防止体热随血液向外传导；一方面提高新陈代谢，产生更多的热量。大脑皮层就这样来改变机体对各种刺激物的反应，并在体内形成有益的条件反射。

体育锻炼多在室外进行，机体经常受到空气、日光等刺激物的刺激，这就会使大脑皮层、内脏器官和运动器官之间产生大量的条件反射联系，从而使机体中热的发散和产生得到平衡。所以说，锻炼能使机体很快地适应外界环境的变化。没有锻炼的

人，在温度剧烈变化时，神经系统就不能保证与机体中各器官的联系，得到必要地调解，所以，也就产生机体过冷或过热的现象，而引起各种疾病。只有经常不断地进行室内外的体育锻炼，才能逐步使人体增加对自然环境的适应能力。

三、健身的作用

（一）健身锻炼的发展

健身活动的发展经历了漫长的历史过程，健身的历史可追溯至古代，并且它的起源和发展与体育有着非常密切的联系，可以说它是伴随着体育的产生和发展而逐渐分化出来的。

今天的健身锻炼可以在最原始的人类社会中找到其渊源。健身锻炼是人类有目的有意识的身体活动，目的在于增强自身的体质、增进健康。固然，健身锻炼和人类最早的一些劳动、生活中的动作有一定的联系。可是，在远古时期，人类智力的发展，还不具有最初的健身锻炼的知识和经验，当然也就不可能形成健身锻炼。但是，我们却能从今天的健身锻炼在人类社会发展中与其他社会现象之间的关系，找到原始人类的简单的生产劳动、自卫搏斗、原始宗教仪式和娱乐活动，以及生活中某些健身锻炼的最早渊源，也就是说，现今的许多健身锻炼的动作和器械的最初形态，是从人类的产生和随着社会的演变而来的。

现代健身作为一种社会现象，是随着人类社会的不断发展，于第二次世界大战后在世界各国逐渐兴起和发展的。目前，世界各国政府为了国民的体质与健康，均把目标投向了大众体育。据不完全统计，全世界已有 100 余个国家积极推行大众体育计划。

怎样使年轻一代人健康成长，正在工作着的中年人保持旺盛的精力与体力，老年人能延长工作年限、延年益寿？这是各个国家、民族所关心的事业，也是关系到每个人切身利益的问题。又是一个涉及面很广、极其复杂的问题。根据历史学家与考古学家的研究，从猿到人类大约经历了 200 万～300 万年的历史，其后人类又经历了原始社会、奴隶社会等社会形态。在这一漫长的发展过程中，健身锻炼是怎样形成和发展起来的呢？了解这个问题，对于探讨健身锻炼的规律是有意义的。

健身锻炼是在劳动生产和人类思维发展到一定水平上才逐渐形成的。约在 5000 年前，人类进入父系氏族社会，由于石器和青铜器并用，原始的畜牧业、手工业开始有了发展，生产的发展引起了对发展身体的各种社会需要，这就为健身锻炼的形成创造了客观条件。同时，人类思维也有了发展，逐渐意识到健身锻炼的意义和有了进行锻炼身体的愿望，这就为健身锻炼的产生创造了主观条件。健身锻炼就是在主客观条件这两方面的相互作用中逐渐形成的。

短短几十年，健身运动在世界各国迅速发展，许多有关健身的理念不断涌现，健身团体组织和机构纷纷成立。如：国际健身大众体育协会、国际奥委会大众体育委员会、国际大众体育组织协调委员会、国际大众体育联合会、国际劳工体育联盟、国际伤残人奥林匹克委员会、国际特殊奥运会、国际儿童运动会委员会、亚洲及太平洋地区大众体育协会、国际体育新闻协会、国际运动医学联合会、国际体育教育联合会、国际顾拜旦委员会、国际运动与余暇设备协会、国际中学生体育联合会、国际天主教会，等等。它们为全世界人们广泛进行健身锻炼与交流提供了重要的保证。

目前，健身开始朝着科学化、理论化、社会化和国际化的方向发展。各种健身团体、组织、学校开始出现；各种有关健身的文章、书籍大量出版；健身的内容、形式丰富多彩；东西方健身思想相互渗透、交融；健身的管理不断成熟，其法制化进程加快，健身已经成为现代人生活方式的重要内容，也是21世纪人类生活质量显著提高的首要标志。

从我国健身锻炼的历史发展中，可看出我国的健身锻炼有以下几个特点：

（1）以强身为目的。这一目的起始于我国健身锻炼的形成和贯穿在其发展过程之中。春秋战国时期的《黄帝内经•素问》中的“不治已病治未病”的积极防病保健思想；《庄子》中的“吹响呼吸，吐故纳新，熊经鸟申，为寿而已矣”的促进新陈代谢的健身养性，延年之道，等等，对于今天研究健身锻炼的规律都有现实的指导意义。

（2）内容和方法多种多样。人们可以根据各自的实际情况，有针对性地选择不同的锻炼内容和方法。如徒手的健美操和徒手的自抗力练习，或利用轻器械或采用一些自制的器械以及家具进行健身锻炼，它不受时间、场地、器材的限制。因此，深受群众的喜爱。

（3）随着社会的发展而发展。各种社会的生产劳动、军事斗争、政治斗争、文化教育、医疗卫生和娱乐表演等都影响着健身锻炼，并使其得以更广泛地开展和发挥着多方面的作用。尤其是近百年来，西方体育传入我国后，健身锻炼内容的多样化，健身锻炼和竞赛相结合，都是在现代物质文明和精神文明的基础上，使其具有更广泛的群众性、经常性和多样性。有着五千年悠久历史的中华民族，养生学和健身运动（或健身锻炼）在其光辉灿烂的文化宝库中是一颗永放光芒的明珠，尤其是医疗体育对世界医疗体育的发展有着重要的影响。我们要加强对民族遗产的发掘、整理和研究，学习和继承这些宝贵遗产，使其在“推陈出新”的方针指导下，得到新的发展。同时，我们也要学习外国的一些好的东西，结合我国实际加以运用和创新，探讨健身锻炼的规律，在增强我国人民健康，改善中华民族体质中，发挥其应有的作用。

（4）组织形式灵活。健身锻炼可以集体锻炼，也可以个人进行锻炼；可以在统一规定的时间锻炼，也可以分散安排锻炼，适合不同性别、年龄、职业、体型、体质、素质的人们与学习、生活、业余时间等紧密结合起来进行健身锻炼。

（5）具有广泛的群众性。不论男女老少，不论何种职业，都可以参加适当的健身锻炼，使机体新陈代谢旺盛，各器官功能得以改善，增强体质，延年益寿；同时，亦能改善体型、体态，使之匀称、协调、优美，陶冶自己的情操。

（二）健身锻炼的概念和意义

健身锻炼是指运用各种身体练习和方法，并结合自然力（日光、空气、水）和卫

生因素，以发展身体、增进健康、增强体质、调节精神和丰富文化生活为目的的身体活动过程。实际上就是健全人的身体，增强人的体质。因此，健身是人类的一种社会实践形式，是人的身体自我完善和发展的过程。

“生命在于运动”这一格言正在深入人心，并为人们付诸实践。坚持有规律的合理的科学的运动，不仅可以使人延年益寿，用机体本身的旺盛生机去战胜衰老的到来，抵御疾病的侵袭，而且还可以用“动”的欢乐去驱除“静”的寂寞，以积极的意念摆脱无望的沉沦，获得心理、精神上的快乐。

纵观身体发展的生命历程，影响身体健康的因素是多方面的。人人向往健康，但并非都能如愿以偿。人们从吃好睡够，不足以使富有者长生不老的事实中，从适度体力活动，可导致劳动者延年益寿的经验中，逐渐认识到适当的体育锻炼，是增进健康、增强体质最积极、最有效的手段。实践证明，体育锻炼必须讲究科学，按其本身固有的特点，去探明它的理论依据、锻炼原则和方法。选择有效的锻炼内容，安排可行的锻炼计划，才能获得最佳的锻炼效果。

（三）健身的作用

1. 促进人体的正常发育和发展

有机体的生长主要指细胞的繁殖和细胞间质的增加所造成的形体上的变化，通常用重量和体积进行测定。发育则包括了有机体各器官系统在形态结构和机能上的变化，一般以达到性功能成熟时为止。而发展是指人体从出生到衰亡的整个生命过程中的变化，如骨组织的化学成分在人的一生中，直到老年都在进行着变化。

骨骼的构造随其功能而有所变异。骨骼的生长决定了身高，通过身体锻炼促进骨骼的健康生长发育，这是身体锻炼的重要作用。

人的高矮或长得快慢，决定于青少年、儿童时期长骨的增长速度。长骨的两端有骨化中心，即骨骺，也就是骨的生长点。在 20～25 岁前有一层软骨，称骺软骨，这层软骨不断变成硬骨，又不断生成新的软骨，骨头就不断加长，直到生长发育期结束，骺软骨完全骨化，形成一条骺线，骨就不再加长。骨骼的生长发育需要不断地吸收营养物质。身体锻炼，促进血液循环和增加对骨的血液供应。同时，身体锻炼中的各种动作，也具有促进骨骼生长的一种良好的刺激作用。另外，身体锻炼还能使骨密质增厚，骨小梁的排列比一般人更整齐，按照骨骼在身体活动中所承受力的方向有规律地排列，使骨骼能承受更大的压力。

体重的增加与骨骼有着密切的关系，但更重要的原因是肌肉的增长。身体锻炼时，为了保证物质能量供给，肌肉内毛细血管的开放数量可达平时的 35～40 倍。长期锻炼，可使肌肉中的毛细血管腔加大和数量增多，肌肉纤维不断变粗，肌肉的重量可由一般人占体重的 35%～40%，增加到占体重的一半左右。这样体重得到增加，身体显得丰满而结实。

2. 健身运动能提高人体内脏器官机能

体育运动能使人体内能量消耗增加，代谢产物增多，新陈代谢旺盛，血液循环加速。从而使血液循环系统、呼吸系统、消化系统、排泄系统的机能都得到改善。使主司这些系统工作的器官——心、肺等，在构造上发生变化，机能提高。如经常运动能使心脏产生运动性肥大，心肌增强，心壁增厚，心腔容积增大。在机能上，心肌的每搏输出量增加，而心搏频率减少，出现“节省化”现象。肺的功能也会因运动而提高，肺活量增大，呼吸深度加深。

3. 健身运动可以使人身材更健美

人的体格是否强壮，主要从人体生长发育水平、体型和姿态三方面进行评定。体型一般是指身体的整体指数与比例；姿态主要指人体坐、立等基本姿势。上述这三方面既有区别又是相互联系的，既受遗传的影响，也受后天的影响，而身体锻炼却起着重要的作用，尤其是在青少年时期，身体正处于生长发育阶段，尚未定型，可塑性很大，是形成良好的体型和姿态、增进健康美的关键时刻。当然，即使在生长发育成熟期之后，人们还应不断通过锻炼以保持体格的强壮和健美。

如果从人体学看健美，往往和以下几个条件有关：如适中的身材（男性高在165～180厘米，体重在65千克左右，女性身高155～170厘米，体重在55千克左右，）匀称的体形，发达的肌肉，端庄的五官，美好的肤色，潇洒的仪表等。此外，还包括神经系统反应快，心脏跳动有力，肺活量大，消化吸收好，并有一定的速度、力量、耐力、灵敏、柔韧等身体素质。

体育锻炼是一项肌肉活动，通过肌肉的变化能够塑造优美的体形。肌肉在收缩的过程中，从量变到质变，发生一系列的变化，肌肉纤维增多增粗，其中含糖量、含蛋白质量、含矿物质量逐渐增多，肌肉的体积增大，表面突起，更加丰满有力。由于肌肉发达的缘故，男性显得格外魁梧健壮，女性线条更加明快多姿，显示了自然美的魅力。

健美锻炼的方法很多，如经常练习举重、哑铃、双臂屈伸，能够使上肢和胸部健美，经常练习仰卧起坐。俯卧撑、负重收腹，能使腹部和胸部健美，经常练习长跑、跳高、足球，能使腰部和腿部健美；身材瘦高的多练习举重、篮球和器械操，能使身体长得粗壮；身体矮胖的多练习跳高、短跑、单杠引体向上，能使身体长得高大，而对健美最有帮助的运动项目还算是游泳、跳水、自由体操、花样滑冰、民族舞蹈等。

4. 预防衰老，延年益寿

生物体从胚胎、生长、发育、成熟直至衰老、死亡，这是一个不可改变的客观规律。但是一个人体质的好坏，衰老的快慢却是可以控制的。实践证明：人体的发展变化，可以向不同的方向发展，在有利的条件下（生活方式科学、合理）可以推迟衰老，健康长寿。在不利的条件下，人的体质削弱较快，甚至未老先衰。

预防早衰，首先应防止机体内各种器官、系统功能的废用，切断衰老在机体内发

展的恶性循环。近年来，国内外许多有关100岁以上老人的调查资料证明，100岁以上的老人中，有75%～80%的老人是自幼从事体力劳动的劳动者。这可以说明，经常性的体力劳动，经常地给予机体内各器官、系统一定量的负荷刺激，就能防止这些器官、系统的废用，保持其旺盛的功能，截断衰老在机体内发展的恶性循环，从而预防机体的早衰。

科学的体育锻炼，较之体力劳动给予机体内各器官、系统的负荷刺激，其负荷强度更能受到控制，而使其适中；其负荷量在全身各系统的分配，能更加全面而均匀。因此，科学的体育锻炼，对预防早衰的作用，应当更积极。

通过体育锻炼，可以防病治病，推迟衰老的到来，近几十年来，我国体疗发展很快，人们广泛采用慢跑、游泳、太极拳、太极剑、气功等进行健身取得了良好的效果。国际运动医学协会主席普罗科普教授说："不锻炼的人，30岁起，身体机能就开始下降，到55岁，身体机能只相当于他最健康时的2/3。而经常锻炼的人到四五十岁身体机能还相当稳定，当他60岁的时候，心血管系统功能大约相当于二三十岁的不锻炼的人。"这也就是说，经常锻炼比不锻炼的人要年轻二三十岁。

5. 发展人的智力

大脑是人类智慧的宝库，发育良好的大脑，是一个人聪敏、伶俐的物质基础。大量的研究资料表明，欲使大脑很好地发育，必须从少儿时期开始锻炼身体。为什么说体育锻炼对促进大脑的发育极有益处呢?

首先，体育锻炼能使大脑细胞的数量和体积得到充足的发展；其次，经常进行体育锻炼能及早地促进和完善大脑的传导系统；还有，体育锻炼能改善大脑皮层的兴奋和抑制过程，促进建立记忆方面的条件反射。

为什么说体育锻炼能增强大脑的记忆力呢？因为用脑也有一个劳逸结合的问题。提倡多用脑，不等于无节制地用脑。用脑的强度过大，时间过久，兴奋过度，脑细胞就会转入抑制状态，使人头昏脑涨，记忆力下降，反应迟钝，注意力分散，这是大脑疲劳的信号。如不顾疲劳，继续蛮干下去，不但会失去记忆功能而且会出现神经官能症，严重地影响学习和健康。要改变这种状况，使大脑最好的休息方法，就是进行体育锻炼。因为体育锻炼可通过提高视听器官充分的灵敏度，通过全身肌肉活动来调整体内循环及对外界环境的适应，使运动神经兴奋，记忆神经抑制，这样有利于大脑皮层兴奋点的转换，使大脑得到充分休息，使原来兴奋的脑细胞产生抑制而造成的疲劳得到恢复，同时使大脑皮层受到不同反射的刺激，高效地汲取信息，增强记忆力。所以说体育锻炼是防止脑力衰退和大脑过度疲劳的良方妙药。

科学研究证明，体育锻炼能有效地提高大脑系统的健康水平，能提高大脑皮层新陈代谢的水平，能保护大脑细胞的工作能力。

体育锻炼还能使大脑皮层及时准确地调动植物性神经系统，使之尽早进入工作状态，加快大脑反应。

6. 健身能使人心情舒畅、精神愉快

健康的身体是一个稳定的统一体，人体的温度、血压、生物化学成分等都处于一种相对稳定状态，只在一个很有限的范围内有所变动，而良好的情绪主要是指整个心理状态的稳定和平衡，这种状态有利于保持和促进整个有机体的稳定。从事体育锻炼，可以调节情绪，并在中枢神经系统支配下，对有机体内部的各个方面的关系进行相应的调整和平衡，这对情绪和精神也会有良好的作用，尤其对爱好体育的人，这种作用更为显著。

情绪不好，不但有损健康，而且影响学习和工作。至今为止，世界上还没有医治“情绪病”的灵丹妙药。人们发现，从事体育运动，倒是一种改善不良情绪的“特效疗法”。当某人与别人发生争吵面红耳赤的时候，有经验的人，常常劝其离开现场，到别的地方走一走。在“走一走”的运动中，那个情绪激动的人火气便慢慢地消除了。许多人也有这样的体会：当心情郁闷、苦恼之时，在屋子里踱来踱去，或者到外边散散步，转移一下注意力，闷气在不知不觉中消失了。近年来神经心理学家通过实验已经证明：肌肉紧张与人的情绪状态有密切的关系，不愉快的情绪通常和骨骼肌肉及内脏肌肉绷紧的现象同时产生。而体育运动，能使肌肉在一张一弛的条件下逐渐放松，有利于解除肌肉的紧张状态，减少不良情绪的发生。

情绪、精神对防病治病、人体健康有着重要的影响。现在，有人提出“精神卫生”的概念，认为保持心情愉快、精神舒畅对于防病治病和促进身体健康有着积极的作用。也有人认为：每个人体内都有一种最有助于健康的力量，这就是良好的情绪的力量。良好的情绪还是一种治疗疾病的“药物”，这种“药物”的医疗价值是无法估量的，通常发生两种作用：其一是取代引起神经紧张的坏情绪，其二也可以产生本身脑下垂体的作用，以保持内分泌作用的适度平衡。这种平衡产生愉快的心境，使我们觉得舒畅。由此看来，运动使人精神愉快是有一定科学道理和物质基础的，带到全身各处，使新陈代谢加快，促进了身体发展。

7. 培养良好的意志品质

意志品质是指一个人的果断性、坚韧性、自制力以及勇敢顽强和主动独立等精神。意志品质既是在克服困难的过程中表现出来的，又是在克服困难的过程中培养起来的。在健身运动中要不断克服客观困难（如气候环境条件的变化、身体运动能力的限制或意外等）和主观困难（如紧张、畏惧心理、失意、疲劳等）。锻炼者越能努力克服主观、客观困难，也就越能培养良好的意志品质。

身体锻炼，不论是有组织地或个人单独地进行，对培养和锻炼良好的意志品质和高尚的情操都有着积极的作用。进行身体锻炼，需要有明确的目的、动机和良好的情操，不然人们一般是不会参加的，即使参加也是难于坚持经常和持之以恒的。坚持经常锻炼，需要为实现目的而有自觉性、自制力和坚持性。长期从事身体锻炼的人都有体会，如果没有克服困难的毅力，是不可能坚持经常的。在身体锻炼中，需要完成一

定的身体练习和承受一定的运动负荷，如果没有自觉性、坚持性以及果断性，那是不可能做到的。

总之，身体锻炼是为实现一定目的的身体活动，要求参加锻炼的人身体力行，持之以恒。它对培养与锻炼意志起着很好的作用。

8. 健身可以增进友谊，促进社交

身体锻炼是一种社会现象，人们通过身体锻炼，不仅能够增强体质，而且在开展身体锻炼的各种活动中，可以促进社会交往和增进友谊。有人为了改善健康状况，寻师访友，探讨养生法，尤其是对自己健康失去信心或患有某些不治之症的人，当有人给他们传授了行之有效的健身方法，他们日趋恶化的身躯得以康复，这种帮助与友谊是难于忘怀的。

在国外有些基层单位，或跨单位按行业，或跨行业建立的群众性体育组织，有计划有组织地推动与开展各种身体锻炼活动已相当普遍。近几年，日本有些体育协会访问我国，并参加一些群众性的体育活动，如北京春节环城赛跑、十三陵的十千米竞走等，对于相互推动群众体育活动，促进社会交往和增进友谊都有积极意义。

近一二十年来，在国际上大众体育迅速兴起，一些经济发达国家对场地器材设备的投资都是以亿元计，这样巨大的资金不仅来源于政府投资，而且很多都是民间的筹款和政府的资助相结合，发展体育事业已成为社会活动的重要方面，有些人还利用业余时间积极参加这些活动，把对社会的体育事业发展有所贡献作为自己的职责和荣誉。

9. 增强人体适应环境的能力

人体适应环境的能力实质上是人受了外界环境影响，在中枢神经系统支配下，不断调节机体，使之处于正常稳定的功能活动状态。有体育锻炼基础的人对外界环境适应能力强的基本原因有两点：一是长期进行体育锻炼，增进了健康，强壮了体格，身体的各个组织系统在中枢神经支配下，承受外界刺激和协调各组织系统的能力得到增强；二是从事体育锻炼，往往是在各种外界环境和条件下进行的，因而使机体得到锻炼，适应能力不断提高。

环境是指自然环境和社会环境两个方面。自然环境包括地理环境、季节变化和气候变化。社会环境包括城市环境的影响，以及社会的其他因素对人的有机体的刺激等。巴甫洛夫说："健康就是人体跟自然界的平衡"。可见，中医的"天人相应"的观点和巴甫洛夫的说法是一致的。人体能否适应外界环境的变化，是衡量人体机能能力的重要标志。身体锻炼的重要作用之一就是能提高人的各种适应能力。

此外，体育运动能增强人的免疫力，提高对疾病的抵抗能力，增强人体体质。它还能提供许多使人处于非常态的状况（如倒立、悬垂、滚翻等），提高人体适应现代生活的能力。同时，在严寒、酷暑、高山、高空等条件下活动，还能提高对外界环境的适应能力。

(四)当代大众健身运动发展的必然性

大众健身是人们在可自由支配时间里自愿参与、自主选择,以身体参与为主要手段,以缓解压力、恢复体力、娱乐身心、调节情绪、强身养生为主要目的的一种健康向上的身体活动方式。收入水平的高低和闲暇时间的多少是大众健身产生的两个基本条件。

1. 休闲时间增多为大众健身提供了时间条件

提及休闲,我们需要先了解“闲暇”的概念,也即是明确何时方为闲暇时间。一般说来,我们的时间可分为“工作时间”和“自由时间”两大类。其中,“自由时间”从广义上言,也可以说即指“闲暇时间”。但它是针对“工作时间”而言的,便不可避免包含一些虽谓“自由”却实非“自由”的时间。成思危认为,大约1万年前,当人类进入农耕时代,只有10%的时间用于休闲;当工匠和手工业者出现时,则有17%的时间用于休闲;到了蒸汽机时代,由于生产力水平的提高,人类将休闲时间增加到23%;而到了20世纪90年代,电子化的动力机器提高了每一件工作的速度,譬如从烧饭到交通……因而使得人们能将生活的41%的时间,用于追求娱乐休闲。随着知识经济和新技术的迅猛发展,人类将有50%的时间用于休闲。这充分说明,社会的发展已经为人们从事大众健身提供了时间上的保障。我们国家从1995年5月开始实施每周5天工作制,这为人们进行旅游、身体锻炼等休闲放松活动提供了时间保证。

2. 生产力的发展为大众健身的产生提供了物质基础

生产力是具有一定的生产经验和劳动技能的劳动者与生产资料相结合所形成的征服自然和改造自然的能力,包括参与生产过程的劳动者的劳动力和生产资料的自然力。劳动力,即劳动者的体力和智力。劳动者的素质标志着劳动力的能力大小,是生产力水平的主体尺度,它包括劳动者受教育的程度,劳动者的身体素质、精神面貌以及劳动者的积极性和创造性等。

健身是伴随人类文明发展的一项活动,它是经济发展、社会进步的必然产物。大工业社会的巨大生产力,为人们获得更多的余暇时间提供了物质生活保障;大工业带来的现代科学管理手段,为工时制度变革奠定了技术基础;大工业带来的现代生活设施,为人类余暇生活在一定范围内超越大自然的周期和节奏提供了可靠的技术手段。随着知识经济时代的来临,我们已经走进一个以知识创造和信息化为基础的经济社会,社会的生产方式和人们的生活方式将发生重大的变化。

3. 社会的精神文明建设需要大众健身

体育作为一种特殊的社会现象,属于大文化的范畴。人们广义地所理解的文化,指人类所创造的物质文明和精神文明的总和;对文化作最狭义的解释,是单指“精神文化”。实际上,文化是人类创造的产物,是人类社会实践活动的结晶,是构成社会诸种现象的事物的复合体。它除了以教育、科学、艺术等为重要组成部分之外,还包

括体现在人们物质生活和社会生活关系中的饮食文化、衣着文化、住宿文化、游乐文化、体育文化等。

物质文明的不断发展，将使人类过着惬意的生活，同时推动社会的不断进步。但并非过多的余暇生活都会对社会起积极的影响，有时也起到消极的影响。因此，了解社会上存在的不健康的休闲活动，引导人们朝着有利于社会进步的方向发展，将会推动社会的精神文明建设。享受生活，善待生命已经成为现代人新的价值观。只有这样，才能促进“人的自由全面的发展”（马克思语），也才能实现人的现代化。

4. 构建和谐社会需要提倡大众健身

（1）健身运动促进人的全面发展，塑造和谐之人。

人是社会历史的创造者，是构成社会的细胞。人的全面和谐发展是实现社会和谐的基础和前提。建设社会主义和谐社会，必须要培养和依靠全面发展的人。人的和谐主要包括四个方面：① 身体和谐，即身体健康，生理机能协调；② 思想和谐，即有正确的世界观、人生观、价值观，能够全面考虑问题、理性处理问题；③ 品质和谐，即能够正确处理公与私的关系，既考虑个人利益，又兼顾集体利益；④ 人格和谐，即物质追求和精神追求的平衡与协调，能实现物质有限性和精神无限性的统一。

（2）健身运动是实现人的健康的基本手段，有利于和谐社会中人的素质优化。

人是和谐社会的主体。没有了人，也就无所谓和谐社会的建设与享有。而人的体魄健康，是人自身的和谐，是建设和享有和谐社会的根本前提，人自身的和谐是和谐社会的基础。正是从这个意义上，党中央把显著提高全民族思想道德素质、科学文化素质和健康素质作为全面建设小康社会的奋斗目标。社会体育是提高全民族健康素质的最重要、最有效、最经济的手段，构建和谐社会离不开社会体育。

（3）健身运动是促进经济发展，增强和谐社会的物质基础。

“发展才是硬道理”，发展中的和谐才是真正的和谐。在社会主义市场经济条件下，体育不仅仅是一种福利型事业，更是一种经营性产业；不仅可以为国争光，还可以为国争利。体育产业化的实践证明：体育产业已经成为拉动经济增长、促进产业结构调整和消费结构升级、扩大就业岗位的新的经济增长点。体育产业以其巨大的前向关联和后向关联效应带动着餐饮、旅游、交通等相关产业的蓬勃发展。从当前我国体育产业的整体发展进程来看，还处于起步阶段，体育产业年总产值在1500亿～2000亿元之间，占GDP的0.15%～0.2%，还蕴涵着巨大的发展空间。在构建和谐社会的进程中，应充分发挥体育的经济功能，不断增强构建和谐社会的物质基础。

（4）健身运动有利于健康、和谐文化体系的构建。

从文化层面来看，大众健身的价值不仅仅在于娱乐身心，更在于文化。大众健身作为一种特殊的文化现象，其文化内涵可以转化为当代人的价值观念、思维方式、经营理念和生存智慧，可以影响社会风气，对于社会秩序的建立和维护，发挥着它的文化整合功能。同时大众健身也为文化传播、文化创造提供了重要的环境，对构建健康向上、协同进步的文化体系，营造和谐的文化氛围具有重要意义。

（5）健身运动有利于形成良好社会风气。

从大众健身的社会功能来看，大众健身有助于人性的回归，预防和治疗“现代文明病”，抚慰身心，促进人际交往，引导社会风气，帮助人们树立正确的休闲生活态度，选择科学的休闲生活方式，促进人的社会化。构建和谐社会的基础是全面发展的人，大众健身能够使人保证身心和谐、改善人际关系，达到人与社会、自然环境的和谐。开展大众健身就是为了提高人们的大众健身意识，形成一种文明、健康、科学的生活方式。

第二节　运动健身原则与方法

一、运动健身原则

运动健身锻炼应按照人体生长发育的基本规律，合理地进行体育锻炼，这样就可以促进身体的生长发育，改善和提高各器官系统的功能，提高身体素质，增强体质，延缓衰老，延年益寿。反之，则不利于身体健康。因此，进行体育锻炼时，应遵循一些基本原则。

（一）渐进性原则

1. 渐进性原则的含义

渐进性原则是指体育锻炼的要求、内容、方法和运动负荷等，都要根据每个人的实际情况，由简到繁，由小到大，由易到难，由低级到高级，循序渐进，逐步提高地进行。

渐进性原则包括体育锻炼内容的渐进性，主要指运动项目包含的技术动作内容的渐进性，学习的开始动作应该简单、容易，形式单一，随着水平的提高，再逐步增加锻炼内容，加大动作的难度。运动负荷的渐进性是渐进性原则的关键，要制订运动计划，在运动强度、运动持续时间、运动频率等方面要从小到大，从低到高，计划逐步进行。

2. 渐进性原则的依据

科学研究表明，人体对运动的刺激是一个逐步适应、循环往复的过程，人体各器官的机能，不是一下子可以提高的，它是一个逐步发展，逐步提高的过程，即锻炼效果是一个缓慢的由量变到质变的逐渐积累的复杂过程。如果违反循序渐进的原则，急于求成，不但不能有效地增强体质，而且还会损害健康。

另外，人对事物的认识也是一个渐进的过程。认识论告诉我们，人对世界的认识是一个从简单到复杂，从低级到高级的过程，是从认识到实践再到认识不断循环往复的过程。因此在健身过程中，人对运动技能的掌握熟练过程也就是对运动项目的不断再认识的过程，是一步一步慢慢提高的。

所以进行身体锻炼应有目的、有计划、有步骤地实施，在安排运动负荷时应注意由小到大逐步提高，其原则是提高—适应—再提高—再适应。

3. 渐进性原则的要求

（1）制定运动计划。

运动健身的渐进性并不意味着运动健身锻炼的随意性，而是严格按照运动计划，逐步增加运动内容、逐步加大运动负荷，一步一步按照预定的计划完成运动健身目标。因此，制订并严格执行运动计划是运动健身锻炼的第一步。

（2）掌握自身身体状况。

运动健身过程的进展情况要根据锻炼者的身体状况而定，我们在运动中增加多大的运动负荷、运动内容应当根据自己的身体状况来确定。应根据年龄、性别、身体素质水平，因人而异确定运动内容和运动负荷。在体育锻炼期间，应根据每个人对锻炼负荷的耐受水平不同而区别对待，采用一个“渐进速率”以保证安全有效。有人认为应依照“百分之十规则”。这个规则的含义是：每周运动强度或持续时间的增加不能超过前一周的10%。例如，一个每天跑步20分钟的锻炼者，在下一周可将每天的跑步时间增加到22分钟。当锻炼者达到他所希望的体能水平时，就无须再增加运动强度或持续时间。实际上，一旦达到所希望的体能水平后，以某种固定的负荷进行有规律的锻炼，就能保持这种体能水平。

（3）应遵循人体生理机能活动变化规律。

人体活动能力的提高，要经过上升阶段（机体适应过程）、稳定阶段（机体进入工作状态）、下降阶段（机体产生疲劳），所以每次锻炼前要做好充分的准备活动，使身体“预热”，减少肌纤维之间的摩擦。结束前应做好整理放松练习，尤其是早晨或寒冷的冬天，更应重视准备活动，这样可以防止运动损伤和产生不舒服的感觉。

（二）自觉性原则

1. 自觉性原则的含义

自觉性原则是体育锻炼者应有明确的目的，对已设定的行为目标能采取一种主动性行为，自觉积极地进行体育锻炼。体育锻炼本身是一个克服自身惰性，战胜各种困难的自我锻炼、自我完善的过程，也是自我养成良好习惯的过程。毛泽东同志1917年在《新青年》杂志（第3卷第2号）所发表的《体育之研究》一文中指出：“欲图体育之有效，非动其主观、促其对于体育之自觉不可。”也就是说，要想收到体育锻炼的预期效果，必须以主动积极的态度，自觉地坚持锻炼才行。

2. 自觉性原则的要求

贯彻自觉性原则，应注意以下几点：

（1）要做到自觉锻炼，首先必须明确锻炼目的。运动健身锻炼首先能为我们自己带来一个好的体魄。健康的体魄能给自己带来一生的幸福，也能为国家、社会、家庭带来更多的贡献。运动健身还能丰富文化生活、调节情绪、活泼身心、陶冶情操、锻炼意志等。

了解了运动健身的各种益处，就能使我们明确运动健身的目的，增强体育锻炼的自觉性和主动性。锻炼在于自觉，锻炼者应把锻炼的目的与动机和树立正确的人生观联系起来，这样，才有助于形成或保持对身体锻炼的兴趣，调动和发挥更大的主动性和积极性，使体育锻炼建立在自觉的基础上，以期得到更好的锻炼效果。

（2）应充分认识体育锻炼的特点和作用。锻炼者可以先了解体育相关知识，懂得体育锻炼的益处，并与亲身的运动体验结合，体会体育的好处和乐趣。体育锻炼的内容与形式是多种多样的，每个人都可以选择自己喜爱的运动项目和形式，并有意识地培养锻炼的兴趣。当一个人对体育锻炼产生兴趣之后，他进行锻炼的情绪才是高涨的，感受才是积极的。但是，仅仅停留在兴趣阶段是不够的，而是应从兴趣入门，逐渐形成一种自觉行动和良好的体育锻炼习惯。

（3）要使锻炼更具自觉性，还应经常检验锻炼的效果。例如，定期测试一下身体素质、形态、某些生理机能指标和运动成绩等方面的增长、变化及提高情况，也可用饮食、睡眠、精神状态及学习时的注意力等情况的对比来检验锻炼的效果。这样不仅可以检验锻炼方法是否得当、有效，而且还可以看到锻炼的成效，从而使体育锻炼的兴趣与信心进一步增强，自觉性更高。

（三）经常性原则

1. 经常性原则的含义

经常性原则是指体育锻炼应坚持长期地、不间断地、持之以恒地进行，使之成为日常生活中的重要内容。

众所周知，生命在于运动，运动宜贵有恒。人的有机体，只有在经常的体育锻炼中方能得到增强。根据“用进废退”的法则，如果长期停止锻炼，各器官系统的机能就会慢慢减退，体质就会逐渐下降。因此，参加体育锻炼必须持之以恒，不能三天打鱼，两天晒网。

2. 经常性原则的依据

在体育锻炼对人体给予刺激的过程中，每次刺激都产生一定的作用，这种刺激使动作技能形成的条件反射得到强化，机体结构和机能产生新的适应，不断增强体质。如果坚持经常锻炼，使之成为作息制度的一个组成部分，就会形成生物钟节律，有助于提高锻炼效果。反之体育锻炼时断时续或长时间停止锻炼，已形成的动作技能就会消退，身体各种机能、素质就会慢慢减弱。因此，强健的体魄和较高的运动水平，并非一朝一夕所能练就，已取得的锻炼成果也不是一劳永逸的。只有经常坚持体育锻炼，保证锻炼时间、次数、强度的衔接性和连续性，才能收到良好的锻炼效果。

3. 经常性原则的要求

（1）合理地安排锻炼间隔。

在每天的生活中，要有规律地坚持体育锻炼，合理安排时间，开始可隔日一次，适应后再增加次数。

（2）正确看待和克服运动锻炼的正常生理反应。

锻炼后产生肌肉酸痛是正常的生理反应，随着机体的适应会逐渐消失，在此之间，锻炼者要有毅力去完成每次锻炼的内容，保证锻炼时间和质量，不断增加锻炼的信心。

（3）要坚持持之以恒。

体质的增强和素质的提高，都是经常刻苦锻炼的结果，而人的运动能力，也不仅仅是运动器官的能力表现，往往取决于内脏器官、血液循环系统等整个机体的适应过程。同时有赖于中枢神经系统的调节，这个复杂的协调过程，要从不适应过渡到完全适应，需要一个较长的转化过程，这个过程就要通过不间断的锻炼，达到从量变到质变。

（四）全面性原则

1. 全面性原则的含义

全面性原则是指身体锻炼应全面发展身体的各个部位、各器官系统的机能、各种身体素质和活动能力，追求身心的和谐发展。通过体育锻炼使身体形态、机能、素质和心理品质等都得到全面和谐的发展，这也是体育锻炼的目的。

2. 全面性原则的依据

人体是一个整体，各器官系统是相互影响、相互制约的。比如人的神经对人体的其他组织器官的活动起调节作用，人的神经系统的发展必然会制约人体运动系统、心肺系统等的发展提高。因此我们在锻炼运动系统的同时也应该注重对神经、内分泌等人体调节系统的训练，使两者和谐发展，相互促进。同时，人体各系统之间也是相互联系、相互促进的，任何局部机能的提高，必然促进机体其他部位机能的改善，当某一运动素质得到发展时，其他运动素质也会不同程度地有所发展，某一方面的锻炼与发展，也会对其他方面产生积极的影响。但如果体育锻炼的内容和方法单一，也会给锻炼带来很大的局限性，机体不能获得良好的整体效应。因此，在选择体育锻炼的内容和方法时要做到全面发展。另外，人的构成既有生理层面的，也有心理和社会层面的；单从生理层面看，人体的形态、机能以及各器官系统的功能也是一个相互影响的系统，体育锻炼要从各方面对人加以改造，改造对象的多样性要求改造方法的多样性与改造过程的全面性。

3. 全面性原则的要求

（1）锻炼内容应多样。

体育锻炼不仅应包括不同身体部位的活动，更重要的是应该包括多种项目和不同性质的活动，进行全面锻炼。要达到这一点，一方面尽可能选择对身体有全面影响的运动项目，如跑步、游泳等；另一方面，也可以某一项为主，辅以其他锻炼项目，不要过分进行单一性锻炼。身体形态锻炼和内脏器官的锻炼要紧密结合，使有机体全面、协调地发展。在肢体锻炼上，利用各种徒手操、韵律操、健美操，能使身体形态匀称的发展，在内脏器官的锻炼上，要以有氧代谢练习为主，除了走、跑交替，匀速跑、滑冰项目之外，健美操也可以有效地提高心肺机能水平，达到身体形态锻炼和内脏器官锻炼的内外结合，协调统一。

（2）身体素质锻炼要全面发展。

因为各项身体素质之间是互相影响，互相作用的。一项素质得到发展，将促进其他素质不同程度的提高。但是还应看到，各项身体素质在发展过程中也存在着相互制约的一面。如长期只从事力量练习，心肺功能就不会得到较大提高；长期只从事长跑锻炼，耐力会有很大发展，而速度、力量素质不会有较大提高；长期只从事身体一侧肢体的活动，另一侧肢体就不会得到发展。因此，在体育锻炼中，既要注意身体素质的全面发展，也要有所侧重发展几项素质和弥补自身薄弱的素质锻炼。

（3）心理锻炼和身体素质锻炼应结合。

个人项目增强身体素质、提高身体机能，集体运动项目在强身健体的同时，还能促进团队合作意识、提高社会适应力。两者结合能全面锻炼人的心身。我国古代的养生学家认为：“形须神以立，神须形以存。”讲的就是锻炼身体和精神相互依存，不可缺一。现代运动心理学实验研究，在锻炼过程中，增加默念（即念动）练习，对完成动作和提高身体锻炼效果有积极的作用。因此，只有二者有机地结合，才能收到健身、健体、愉悦心理、陶冶情操的良好效果。

（五）个别性原则

1. 个别性原则的含义

个别性原则是指每个参加体育锻炼的人，应根据自己的实际情况，选定锻炼内容和方法，安排运动负荷。客观地讲，每个参加体育锻炼的人，情况都不尽相同，如年龄、性别、健康状况、锻炼基础、营养条件、生活及作息制度等。因此锻炼者应根据自身状况进行正确估计，从实际出发，使锻炼的负荷量适合自己的健康条件，以期达到良好的锻炼效果。

2. 个别性原则的依据

世界上没有完全相同的两种事物，人的发展具有差异性。由于遗传素质、家庭环境和个人成长经历的不同，具有共同的年龄特征的人，在身体形态、运动素质、身体机能、运动成绩、运动态度和方法、兴趣和爱好、气质和性格、禀赋和潜能方面都会存在很大的差异。对由个性完全不同的锻炼者组成的集体，也不能用同一标准同样要求指导运动练习，而是适应每个人不同需要及可能进行有针对性的指导。

3. 个别性原则的要求

（1）了解锻炼者的生理机能状况。

教练应充分了解锻炼者的生理机能状况和运动水平，包括年龄、性别、身体素质、身体机能状态等，锻炼者自身也应完全掌握自己体能技能状态，然后制定适合锻炼者条件的相应的运动计划。

(2) 充分发挥特点，全面发展。

最大限度地挖掘和发挥人（个人或群体）在体力、心理、智力等方面的潜力的基础上，选择适合锻炼者自身特点的运动项目和运动方式，发展优势不断练习。同时也要注意自身存在的问题和缺陷，努力弥补，做到全面发展身体。

（六）适量性原则

1. 适量性原则的含义

适量性原则是指参加锻炼者应承受一定的运动负荷。

运动负荷的适量实质上包含两层含义，一方面运动锻炼时要具有一定的运动负荷，不能太小，否则运动锻炼就变成了休闲娱乐，起不到锻炼效果。另一方面是运动锻炼时运动负荷不能太大，急功近利，想短期内获得明显的效果。在体育锻炼中，运动负荷是否适宜，直接关系到锻炼的效果，实践证明，运动负荷太小，对机体刺激不能引起功能的变化，锻炼效果不明显，运动负荷过大，超出所能承受的范围，不仅不能增强体质，而且有损于健康。

运动负荷是指人体在运动时身体所承受的生理负荷。它包括负荷量和负荷强度两个方面。量是指完成练习的数量、次数、组数、时间、距离和重量等；强度是指完成练习所用力量的大小和机体的紧张程度，它包括动作的速度、练习的密度、间歇时间的长短、负重的重量、投掷的距离、跳高的高度等。量和强度是决定运动负荷效果的主要因素。合理安排运动负荷原则是指在身体锻炼中，要根据锻炼者自身的情况，合理地安排运动负荷。既能使身体产生一定的疲劳，又能承受，并能与休息合理地交替。

2. 适量性原则的依据

适量性原则遵循了人体生理的超量恢复原理。在身体锻炼中，有机体在承受了一定的运动负荷后会因能量的消耗而产生疲劳。经过一段时间的休息和营养的补充，体内的能量物质和身体机能水平才能得以恢复。在反复的刺激—恢复—刺激下，如果运动负荷恰当，机体不仅能恢复到原有的水平，而且能出现超过运动前的能量储备和机能能力，这就是生理上的超量恢复。经常地超量恢复并合理地安排运动负荷和休息间隔，体质就能逐步得到提高。

3. 适量性原则的要求

(1) 运动负荷的大小，应因人而异。

同样的运动负荷，对青少年来讲可能是小，而对老年人来讲，则可能过大；要根据锻炼者的性别、年龄、体质状况、营养、睡眠、专业特点、学习和工作强度来合理安排运动负荷。

（2）运动负荷应根据身体机能状况进行调整。

对个体来讲，同一个运动负荷，在锻炼初期是适宜的，但经过一段时期的锻炼，机体产生了适应性，就可能小了。适量的运动负荷不是长期不变的锻炼模式，随着人体机能水平的提高，不断地进行调整。当人体适应了一定的运动负荷后，运动负荷应当适当增加，使人体适应新的运动负荷的刺激。但当人体机体状态不佳感到疲劳时，应当适当降低原有的运动负荷，待身体机能恢复后再增加运动负荷。

（3）运动负荷的大小，应因时而异。

根据季节、气候的变化，适当调整运动负荷。如寒冷的冬天要适当缩短锻炼时间，以防冻伤。

（4）以脉搏控制的方法来确定锻炼负荷。

为了在体育锻炼中合理地安排运动负荷，通常采用以下脉搏控制的方法来确定锻炼负荷：

①一个人接近极限运动时的心率（假如是200次/分）减去安静时心率（假如是60次/分）的70％，再加上安静时心率的基数60次，是对身体影响最好的运动负荷。即：

适宜的运动负荷＝（200－60）×70％＋60＝158（次/分）。

②以心率150次/分以下（平均是130次/分）运动负荷的指标来提高有氧代谢能力。

③以180次减去自己的年龄，作为锻炼时的每分钟平均心率。

（七）安全性原则

1. 安全性原则的含义

安全性原则是指我们在体育锻炼的过程中应始终注意保护自己，做到安全第一，健康第一。

2. 安全性原则的内容

其主要内容包括：

（1）在制订或实施锻炼计划前，一定要进行体检，得到医生的许可。如果患者有某种疾病或者有家族遗传病史，就需要找医生咨询，在有医务监督的情况下按照医生的建议进行锻炼。而且在长期锻炼过程中，每年至少做一次体检，及时调整健身方案。

（2）在有条件的情况下，请运动医学专家根据你的体质健康状况给你开出运动处方，它可以指导你有目的、有计划地进行安全、科学的锻炼。

（3）每次锻炼前必须要做好充分的准备活动，克服内脏器官的生理惰性，防止出现运动损伤。

（4）饭后、饥饿或疲劳时应暂缓锻炼；疾病初愈不宜进行较大强度的锻炼。

(5) 每次锻炼完之后，要注意做好整理、放松活动，有利于促进身体的恢复，以便投入学习中去。

(6) 在锻炼过程中不宜大量饮水，以免加重心脏的负担或引起身体及肠胃的不适。运动后不宜立即洗冷水澡。

(7) 对于不熟悉的运动项目一定要预先了解，不要随便尝试；特别对于老年人不要做高难度的高空危险项目；对于不熟悉的水域，不要随便入水或潜水，以免发生意外。

(8) 运动时不要打闹或开玩笑。

二、终身体育

在充满竞争的21世纪，我国规模宏大的全民健身计划已在全国各地拉开新的序幕，这是中华人民共和国体育事业发展史上的一件前所未有的大事。这种以体育为手段，以提高中华民族整体素质为目的的系统健康工程，是一项长期而艰巨的任务。它的实施，不仅标志着我国群众体育和国民体质建设进入了一个新的阶段，同时也标志着"终身体育"已经成为我国现在乃至将来体育发展的战略目标，必将对我国社会产生巨大的综合促进作用，同时也为体育改革指明了方向。运动健身应以终身体育为基本原则。

(一) 终身体育的概念

终身体育作为一种新思想，脱胎于现代教育中的"终身教育"思潮，这是一种整体而长远的体育思想。该思想的提出，源于当今急剧变化的社会对人的身体和精神提出的更高要求，是以社会、教育的发展为基础的。

20世纪60年代初，联合国教科文组织成人教育专家法国的保罗•朗格朗提出了终身教育的思想。他主张调整教育过程，强调教育训练的过程不应随着学校学习的结束而终结，需要贯穿于生命的全过程。为此，他特别强调，现行教育体制必须突破传统教育方式的模式，在充分认识人类资源的发展过程中，使婴儿教育、儿童教育、青少年教育、职业教育、成人教育、中老年教育密切地联系起来，使个人利益得到统一，努力达到全面开发智力的理想境界。这一思想的提出，改变了人们传统的"一次性教育"的观念，并日益受到世界各国的高度重视。在这一思想的影响下，终身体育在其他国家得到了相应的发展。1968年前苏联提出了从0岁到100岁为止的锻炼身体的观点；1970年日本的早川太芳、前川峰雄等人在不同的杂志上也发表了有关终身体育的文章；1976年联合国教科文组织在关于青少年体育运动的会议上，进行了"从终身教育所看到的关于青少年教育中的体育运动的作用"的专题讨论。在1978年联合国教科文组织通过的《体育运动国际宪章》的第二条中明确指出："必须由一项全球性的民主化的终身教育制度来保证体育活动与运动实践得以贯彻每个人的一生。"这些国外终身体育的研究成果和论述，对我国终身体育的研究起到了积极的促进作用。20世纪80年代以来，我国许多体育专家和体育工作者对终身体育进行了研究和讨论。有的学者认为，终身体育是指在体育教学中，以培养学生终身从事体育活动的能力和习惯为主的一种教学思想；也有人认为终身体育就是一种快乐体育。国内有的高校主张在体育教学中采用让学生选学一两项体育项目的方法，以培养学生终身锻炼的习惯和能力。

所谓终身体育，是指在人的一生中实施体育。它应包括两个方面的内容：一是指人从生到死一生所学习和参加身体锻炼的活动，并且有明确的目的性，使体育真正成为人一生生活中不可缺少的重要内容；二是在终身体育思想的指导下，以体育的整体化、系统化为目标，为人在不同时期、不同生活领域中提供参加体育活动机会的实践过程。终身体育的核心，是使体育教育贯穿人的一生，使学前体育、学校体育、社会体育等各环节紧密衔接，保证体育教育的统一性、完整性与连贯性，实现一体化。随着社会的进步与发展，人民生活水平的提高，人们逐渐扬弃了体育只是人一生某一短暂时期内进行的观念，认识到体育教育应贯穿于每个人的一生，学校体育必须面向社会，在人的一生中不间断地进行。体育活动也并不单纯是青少年在发育期发展身体的手段，应是贯穿于人一生中所必需的生活内容。因此，终身体育既是现代教育理论的产物，又是历史发展的必然。

（二）终身体育与学校体育

1. 终身体育与学校体育的关系

按照终身体育的模式，学校体育是终身体育的中间环节，具有承前启后的桥梁作用，特别是高校体育，作为学校体育的最后阶段，其目的、任务与社会紧密相连，更具有显著的“奠基”功能和终身效益。因此，高校体育必须以终身体育为指导思想，实施终身体育必须充分发挥高校体育的“桥梁”作用和“奠基”功能。

高校体育是学校体育的最高层次，是学生学习的重要一站，是学校到社会的转折点和学与用的衔接点。在高校体育中加强对学生终身体育能力与习惯的培养，有助于学生成为主动进行体育锻炼的实践者，且作为社会体育的辐射源，植根于社会之中。

大学生正处于身心发育较为成熟的时期，是接受教育、完善自我、实现个体社会化的最佳阶段。由于文化层次较高，理性及自主能力较强，在此期间，结合兴趣、爱好及身体和专业特点，学习自我锻炼身体的知识、发展自我身体锻炼的能力、培养终身体育锻炼的习惯，必能收到“事半功倍”的效果。

终身体育指导思想的确立，为我国高校体育改革注入了新的生机和活力。终身体育作为一种整体而长远的体育思想，是社会发展的必然。它改变了长期以来束缚人们思想的各种观念，为高校体育改革指明了方向，它体现了个人和社会对体育的持久要求。因为在科学技术迅猛发展的未来，社会对人才素质的提高将有新的要求。高校体育的教学应使大学生认识到在当前和今后的体育运用的问题。也就是说高校体育如何与社会体育有效地衔接，使大学生在走向社会时能始终保持一个良好的身体和健康的心理。

中华人民共和国成立以来，高校体育教学在模仿苏联的模式中徘徊了近30年，直到党的十一届三中全会以后，才开始寻找自我。广大高校体育教师，在教学实践中进行过多种体育教学改革的实验，为建立具有中国特色的高校体育教学模式作了许多有益的探索。进入20世纪80年代以来，许多体育学者，对国际上流行的“终身教育”思潮以及终身体育的理论进行了研究和讨论，为我国高校体育向终身方向发展奠定了基础。然而，改革的现状并不尽如人意，主要表现为：一是指导思想不明确。十多年来，虽然引进不少新信息、新理论，但由于缺乏主动适应社会经济文化发展的权威性的指导思想，造成各高校体育教学各行其是。二是高校体育教学的改革比较保守，对体育教学的认识存在局限性，未能破除以技术教学为中心的旧课程体系。如果将现在的高校体育教学模式、教材内容以及教学方法与20世纪50年代相比并没有多大的变化。强求统一化，追求标准化，流行呆板格式化的现象还相当普遍，难以推动教学改革的深入进行。三是忽视对学生健康意识和终身体育习惯与能力的培养，盲目追求体育教育的近期目标。虽然学生体育达标率很高，但学生毕业后能坚持体育锻炼的人数却很少。据有关资料统计，在对1096名大学毕业生的调查中显示，能坚持体育锻炼（每周4次以上的）男生占12.6%，女生仅占7.48%。另据对上海市部分区、县知识分子的调查表明，56.5%的人在大学尚属体育活动的积极参加者，但工作以后，只有10.6%的人坚持每天参加体育锻炼。造成上述状况的原因是多方面的，但高校体育教育未能适应社会与未来，难以发挥其“奠基”功能是显而易见的。因此，高校体育教学改革应在转变观念的同时，尽快把终身体育的指导思想，落实到体育教学的各个环节中去，以适应未来社会发展的需要。

2. 终身体育是学校体育的主旋律

如今，终身体育作为高校体育的指导思想，已经被人们所接受。但是由于传统观念的束缚，这种接受还仅仅是理论上的或者说是只留于形式上的，关键是怎样把终身体育的指导思想落实到高校体育教学的各个环节之中。

首先，高校体育改革的目标必须与终身体育相结合。高校体育是高等教育的重要组成部分，是学校体育的最后阶段，是学校体育转向社会体育的衔接点。随着社会的发展，终身体育已成为现代人生活的一种追求，而作为终身体育中间环节的高校体育，其改革的目标必须与终身体育相结合，明确终身体育各阶段的任务，摆脱高校体育多年来徘徊不前的被动局面的同时，着重培养学生的健康意识，养成锻炼与养护身体的习惯。使学生将来走上工作岗位后，在无人督导的情况下，仍能投身于体育锻炼之中，并作为社会大众体育的载体向周围群众辐射，促进社会体育人口质量的提高，真正发挥高校体育的“桥梁”和“奠基”功能。

第二，高度重视体育理论教育，突出对学生终身实用体育科学知识的传播。长期以来，我国高校体育由于受传统教育观念的束缚，对体育学科实践性强的特点的理解陷入一种误区，形成一种重实践、轻理论的倾向。据了解，大多数高校体育教学每学期只安排1～2次理论课。教学内容缺乏针对性和长远性，实用价值不高，更没有形成一个适应现代大学生身心发展的高校体育理论体系及相应的一套教学和评议措施。这种忽视对学生进行体育基本理论知识和终身受用的体育科学知识传授的教育，严重地影响了当代学生对终身体育锻炼的需求和终身体育意识的形成。因此，在高校体育教育中加强终身受用体育理论教学，使学生在运动实践中及早获得成功体验，这能有效地促进学生终身体育意识的形成。

第三，建立合理的教材体系，培养学生终身进行锻炼与自觉锻炼身体的习惯。教学内容的改革，是高校体育教学改革的一个重要方面，它对教学目标的实现具有重要的导向作用。据了解，目前高校体育教学大纲，虽然经历多次改革，但其内部仍主要是以解决体育手段为主的运动技术项目的大组合，内容繁多，脱离社会需要，缺乏达到强健身心的完整教育过程。我们应根据健身的完整过程和社会发展的需要，尽可能从促进大众健康角度考虑选择那些难度不太大、易于开展、个人或少数几个人即可进行的、能延续到社会、适合于成年人的、对终身增强体质实用性大的终身运动项目。建立以锻炼和养护学生身心为主体内容的教材体系。在教材的编写上，不仅要注重技术动作方法的传授，更重要的是注重学生体育方法、体育能力、体育意识的培养，要注重知识性、科学性和实效性，为学生终身体育打下坚实的基础。

第四，加强现代教育理论的研究，改革传统的教学方法，构建新的教学模式。终身体育的指导思想是现代教育理论和现代科学技术发展的必然产物。传统的教学观，强调以教师、教材、课堂三者为“中心”的思想体系，把学生作为消极的、被动的客体，过分追求运动的生物学效果。在教材选择上，忽视精神方面的内容；在教学方法上也普遍存在单纯依据动作技术结构进行填鸭式的“三基”教学。这种单调、乏味的教学方法，难以调动学生锻炼身体的积极性、主动性，同时也制约着学生对体育学习的兴趣。因此，高校体育教学必须改革传统的教学方法，注意培养学生积极参加体育锻炼的兴趣和自我锻炼身体的习惯和能力。

我们知道，体育的兴趣、爱好和习惯，在体育活动实践中，有其不同的意义。兴趣是一种心理倾向，爱好是对体育活动的积极表现，而“习惯”则成为生活中的“自然”行为。由兴趣表现出的积极情绪，导致了行为上的爱好，从而形成行为上的习惯。缺乏对体育活动的兴趣，就不可能产生对体育的爱好；对体育活动没有爱好，就不可能对此有持之以恒的兴趣，也就不能形成从事体育锻炼的习惯，我们的体育教学目标就难以实现。因此，在高校体育教学改革中，必须加强对学生终身进行体育锻炼的兴趣、爱好和习惯的培养，注重心理教学，注重对学生学习方法的研究，改革传统的教学模式。要根据学生的特点采用灵活多变的综合教学法激发学生的学习兴趣，也是实现学校体育和社会体育衔接的有效途径。

（三）终身体育与社会体育

在人的一生发展过程中，大部分时间是在社会度过的。社会体育就其对象范围具有全民性，不同年龄、性别、职业、民族、地域的人，不同体质和健康水平的人，都可以广泛地参加社会体育活动。增进健康、增强体质是社会体育的直接目的，同时社

会体育也起到调节身心的作用。社会体育在时间上多是利用闲暇时间，参加者在动机上是主动的和自愿的，活动的内容和方法也是丰富多彩的，在组织管理上也更具有因人、因地、因时制宜等特点。正是由于这些特点，区别于学校体育和家庭体育。社会体育是终身体育发展和延续的开阔地。终身体育对社会体育的目标要求就是提供场所、指导和服务。这与社会体育的基本职能是相吻合的。

社区是社会的基本单位，是家庭、学校、社会的结合点，是实现终身体育的载体。目前，我国社区体育组织多以街道居委会组成，社区体育的基本对象多为由家庭成员组成。同时我国约有上百万所中学，一千多所全日制高校分布在各个社区，还有更多的企事业单位的各类体协也分布在各个社区。由于社区体育各组织之间缺乏互动因素，因此，社区体育、学校体育和各类体育协会还存在活动组织形式单一，场地器材匮乏，各项服务和管理上发展极不平衡。社区体育发展滞后。如何集中发挥学校体育在社会体育中的优势，使学校体育和社会体育产生良性互动，协调发展，有学者提出在社区体育和学校体育之间建立相适应的“学区体育”。学区体育是指以学校为中心划分区域范围，以学校为主要活动场所，以居民为对象（包括学生），通过有效利用学校体育资源开展社区体育活动。在目前我国现有的条件下，发挥学校体育的优势，带动社区体育的发展，形成互补、互动机制，也不失为一个很好的发展策略。

（四）终身体育能力的培养

要实现终身体育，不仅要增强终身体育的意识，自觉接受体育教育，自觉进行体育锻炼，成为一个想锻炼的人，还要具备进行体育锻炼的能力、手段和方法，成为一个能锻炼、会锻炼的人。

这就是“三自能力”原则，即锻炼者离开老师和教练后能自我锻炼的能力。

“三自能力”包括自我锻炼能力、自我监督能力和自我评价能力。

1. 自我锻炼能力

自我锻炼能力是指锻炼者积极主动地进行有效锻炼的能力。

如一些基本技术和锻炼身体的方法手段等体育锻炼知识，不仅仅需要在学校学习，还需要自己利用业余时间去进行实践锻炼。我们要在离开学校、离开体育课堂、离开体育老师后，进入社会时，仍然能自我锻炼身体，自己找到锻炼身体的方法。

2. 自我监督能力

自我监督有两层意思，其一是自我督促进行体育锻炼；其二是在进行体育锻炼过程中运用生理学和心理学的知识，检查锻炼过程中身体所发生的变化，这些变化是否正常。例如负荷量是否适宜，时间的长短是否适合，锻炼的方法是否合理等。如果出现一些不适宜、不合适和不合理等现象时就要及时地进行调整。

3. 自我评价能力

自我评价能力是指锻炼者能够进行正确评价自己所进行的身体锻炼效果好坏的能

力。锻炼效果分为日评价、周评价和月评价，等等。

自我评价有定性评价法：大多用好、一般和不好等。

测量评价法：如身高、体重、脉搏、血压等。

计算评价法：如蛋白质的摄入量，热量的消耗等。

查表评价法：如《体质健康测试标准》里的各项内容的分值等。

“三自能力”原则可以归结为：自我锻炼讲科学，自我监督讲依据，自我评价讲效果。

三、运动健身方法

体育锻炼方法是根据人体发展规律，运用各种身体练习和自然因素来发展身体的途径和方式。体育锻炼方法是贯彻体育锻炼原则，达到体育锻炼目的的桥梁。在运用过程中，应从实际出发，灵活应用，要注意相互补充，交替结合，同时要注意有主有从。

（一）重复锻炼法

1. 重复锻炼法的定义

重复法就是指在掌握了一定运动技术的基础上，相对固定动作的结构和负荷，按照最基本的要求，在1次、一周或一段时间里反复进行身体运动的方法。重复法主要是用来锻炼心血管和呼吸系统的机能；提高肌肉的力量和速度；学习和掌握新的技术动作。

2. 重复锻炼法的特点

（1）运动条件固定不变。

运动动作结构、负荷大小等运动条件固定不变，反复进行。每一次所重复的动作均与上一次的动作完全相同，保持固定不变，不断地重复进行。如跑步练习时以一定的速度跑400米后休息一段时间，再重复跑400米，后面所重复跑的400米应与前次所跑的400米速度等完全一致，而不是时而跑时而走。再如进行负重力量练习时，第2组重复练习应与第1组的负重大小、次数、速度等完全一致。

（2）间歇充分。

在两次重复练习之间的间歇时间，并无统一的严格规定，原则上是能使运动者得到较充分的恢复后或超量恢复期间再进行下一次运动。这也是重复锻炼法与间歇锻炼法的主要区别。

（3）重复次数的多少不同，对身体的作用不同。

重复次数越多，身体对运动反应的负荷量越大。如果重复次数不断地增加，可能使身体承受的负荷达到极点，乃至破坏有机体的正常状态，造成伤害。

（4）练习具有高强度高质量。

重复训练法具有高强度、高质量的特点，要求每个练习要高质量、高强度，严格

控制练习的运动强度，使每个练习的运动强度要达到高强度，只是对练习的时间和数量间歇不作具体要求。

3. 重复锻炼法的关键

运用重复锻炼方法，关键是掌握好负荷的有效价值范围（即最有锻炼价值负荷量下的心率），并据此调节重复次数。在重复锻炼中，对负荷如何控制，怎样去重复才能达到理想效果的负荷程度，应视实际情况而定。

4. 重复训练法的运用范围

（1）长时重复训练运用时机。

对于每次练习的负荷时间较长，运用的范围通常在3～5分，负荷强度略低，练习组数不多，间歇时间充分的练习项目。在生理上主要适用于无氧、有氧混合供能系统条件下的运动技术、战术、体能的训练工作。

（2）中时重复训练运用时机。

对于每次练习的负荷时间稍长，运用的范围通常在40～120秒，负荷强度较高，间歇时间充分，各组练习之间的间歇时间将随着练习组数的增多而延长的练习项目。在生理上重点发展运动员乳酸能系统的供能能力，普遍适用于糖酵解供能下的运动技术、战术和体能的训练以及肌肉收缩的速度耐力和力量耐力。

（3）短时重复训练运用时机。

对于每次练习的负荷时间短，通常在低于30秒之内，负荷强度最大，运用的范围通常为运动员本人所能承受的最大强度（比赛强度）为限，间歇时间充分，各组练习之间的间歇时间基本相同的练习项目。在生理上重点发展运动员磷酸原系统供能能力、肌肉收缩的速度及爆发力和快速运动的能力。

（二）间歇锻炼法

1. 间歇锻炼法的定义

间歇法是指在两次运动之间，有一个严格规定的休息时间，使运动者身体恢复到一定的程度时，接着进行再一次运动的方法。这种方法主要用来提高呼吸和心血管系统的机能（即尚未完全恢复）。

人们往往认为体质增强的过程是在运动中实现的，其实，体质内部增强过程主要是在间歇中实现的，是在休息过程中取得了超量恢复。若是离开休息，就很难取得超量恢复，则运动就变成了对增强体质毫无意义的事情，起不了作用。间歇对增强体质的作用并不亚于运动本身。自古以来就有以静炼身的经验，在现代科学的基础上，人类更清楚地认识到在间歇时间内有机体的各种变化，认识了保持同化优势的重要性，所以把间歇作为一种健身的基本方法。

用间歇法可以使人更经济地完成最大运动负荷。一般来讲，采用间歇法，人体在间歇时心率保持在120～160次/分，为最理想的负荷幅度、因为身体在承受这种负荷时，心室充盈、摄氧量和心输出量最大。所以机体的机能水平也最高，运动效果最佳。

2. 间歇锻炼法的特点

两次身体运动之间有严格的时间间歇。这也是间歇锻炼法与重复锻炼法的主要区别，实质上，最初重复锻炼法也是间歇锻炼法的一种，只是后来间歇锻炼法在间歇时间上有严格固定的时间，有别于重复锻炼法，重复锻炼法往往作为单独的运动锻炼方法被广泛采用。

在一次练习中所造成的机能和代谢发生较大的变化是间歇训练法的机体特点，在略有恢复的基础上进行下一练习，使该练习的数量最终能对机体造成深刻而足够的刺激。主要是对练习间歇和数量作严格的要求，相反，对练习强度的要求则一般。

3. 间歇时间

间歇时间的长短，根据个人身体状况和运动水平来决定。运动水平较差，生理负荷相对较大，间歇时间就较长些；身体较好，运动水平较高，生理负荷相对较小，间歇时间短些。一般情况下每次运动地间歇时间在 45～90 秒为宜（指在一次的一种动作练习中）。要注意在间歇期间不能被动地静止休息，应该进行积极性休息和放松，如进行慢跑、放松肌肉、多做深呼吸等轻微活动，这样可以帮助静脉血回流心脏，增加氧气的供给等，使机体进入正常。

同重复锻炼法一样，间歇的时间也要依据负荷的有效价值标准去调节。一般来说，当负荷反应（心率）指标低于有效价值标准时，应缩短间歇时间；而高于价值标准时，则可延长间歇时间。通过适当的间歇，把负荷量调节到负荷有效价值范围，以追求良好的锻炼效果。实践中，一般心率在 130 次/分左右时，就应再次开始锻炼。间歇时，不要做静止休息，而应边活动边休息，如慢速走步、放松手脚、伸伸腰腿或做深而慢的呼吸等。因为，轻微活动可使肌肉对血管起到按摩作用，帮助血液回流和排除代谢所产生的废物。

4. 间歇锻炼法的运用范围

（1）高强性间歇训练运用时机。

对于一次练习的负荷时间较短，运用的范围一般在 40 秒之内，速度力量的负荷强度较大，心率负荷指标多在 185 次/分左右、间歇时间极不充分的练习项目。在生理上主要适用于乳酸能系统磷酸盐与乳酸能混合代谢系统的供能系统下的攻防技术、体能主导类速度性和耐力性运动项群的素质、技术的训练。

（2）强化性间歇训练运用时机。

对于每次练习的负荷时间较长，一次练习的负荷时间略长于主项比赛时间，运用的范围通常在 38～88 秒或 85～185 秒，心率负荷多在 160 或 180 次/分左右，间歇时间不充分的练习项目。在生理上主要适用于乳酸能代谢系统与有氧代谢系统混合供能系统条件下的运动技术、战术、体能的训练工作。

(3) 发展性间歇训练运用时机。

对于一次练习的负荷时间较长，运用的范围通常在 4～6 分以上，心率负荷多在 165 次/分左右，间歇时间不充分的练习项目。在生理上主要适用于有氧代谢为主的混合代谢供能系统条件下的较高耐力素质的运动项群的训练工作。

5. 间歇锻炼法的种类

据间歇休息的充分与否分为两个亚类，第一个亚类是间歇锻炼法，其间歇休息不充分；第二个亚类是前面介绍的重复锻炼法，其间歇休息充分。根据练习的强度进一步细分为次最大强度（强度从无氧阈强度到全力强度）间歇锻炼法和全力强度间歇锻炼法。

（三）高强度间歇训练法

1. 高强度间歇训练法的定义

高强度间歇训练法（high intensity interval training，HUT），可以广义地定义为强度在无氧阈以上的短到中等时间（10 秒～5 分）的重复回合训练，训练回合之间有低强度活动或休息的间歇，这个间歇通常身体没有完全恢复。2015 年，黎涌明将 HIIT 定义为反复多次以最大乳酸稳态的负荷或以大于等于无氧阈的负荷强度，持续几秒到几分钟的训练，且每 2 次练习之间安排不完全恢复的训练方法。

目前 HIIT 在健身界越来越风行，美国运动医学协会公布的 2015 年全球健身趋势中，HIIT 首次入选前 20 位，并成为仅次于自重训练的健身锻炼方法。

2. 高强度间歇训练法的特点

HIIT 的特点在于运动强度较大（达到最大或接近最大的运动能力），但运动时间相对较短，并可通过间歇避免不适症状的出现，所以更容易被接受及完成。这种方式比传统中等强度运动方式在提高心肺耐力方面效果更明显，所用时间更短。从长期观察到的结果来看，间歇时，当运动员心率恢复到 115～135 次/分时，即可进行下一次练习。

HIIT 训练的套路就是高强度—低强度—高强度—低强度的不断切换。高强度训练阶段用来增加对身体的运动刺激，间歇训练作为高强度训练阶段间的过渡阶段，用来对身体进行恢复，降低对心肺功能的压力、缓解身体疲劳。

3. 影响因素

HIIT 目的在于重复地刺激生理系统，它包括运动方式、负荷强度、负荷次数、持续时间、间歇休息强度、间歇休息持续时间、组数、组间强度、组间持续时间和多组持续时间等 10 个因素，都是影响 HIIT 效果的因素。

高强度间歇训练负荷的一般安排：

一次高强度间歇运动总的运动时间一般在 20～60 分。比如一组运动包含疾跑（30～40 秒），加慢跑（15～20 秒）或快走，练习 4 组就是一种高强度间歇练习。

（1）训练强度。

通常采用超过无氧阈强度或是接近于或大于最大摄氧量强度，心率可达 170～180 次/分。运动方式可以采用速度训练或肌肉力量练习。

（2）训练持续时间。

持续时间为 10 秒～30 秒。

（3）间歇强度。

以低强度如 40%～50%最高心率进行恢复训练，一般来讲，当运动员心率恢复到 115～135 次/分在进行下一次练习。运动形式可以采用耐力训练如慢走等。

（4）间歇持续时间。

间歇时间要取决于运动员训练后的恢复，每次间歇时间为 1～3 分。

4. 高强度间歇训练法的效果

对于普通人群进行的 HIIT 比低强度持续性训练更能提高耐力表现，这个提高可以解释为有氧和无氧代谢对能量需求贡献的增加，并且改善了工作肌肉的能量状态，提高有氧代谢能力，就如Ⅰ型肌纤维、毛细血管和氧化酶活性的改善所证明的那样，是普通人群对 HIIT 最常见的反应。

从干预效果来看，HIIT 对于骨骼肌的代谢能力、心血管的调节作用等均有积极作用，而且，其效果不低于中低强度持续运动，甚至在提高最大耗氧量（$V_{O_2\max}$）方面，HIIT 比中低强度有氧持续运动更具时效性。

5. 高强度间歇训练法在不同人群中的应用

高强度间歇训练法最开始是教练员用于加强高水平运动员的有氧耐力的训练，目前大量用于普通健身人群，用于提高他们的肌肉及心肺机能。近几年肥胖人群采用高强度间歇训练法进行运动减肥锻炼也获得了非常显著的效果。

HIIT 基本适用于所有人群。同时，很多运动形式都适合用 HIIT 方式练习，如自行车、快跑等。HIIT 可以获得与持续耐力练习相似的练习效果，但运动时间更短，更有效率。

（1）在普通健康人群中的应用。

大部分研究报道 HIIT 能使胰岛素敏感性不同程度提高，即使在全力蹬骑的无氧锻炼亦得到体现。其他的健身效果还包括：身体脂肪尤其是腹部脂肪量减少、动脉血压下降、空腹血糖和胰岛素降低以及脂肪氧化率提高等。这些因素的改善对于降低罹患心血管疾病、糖尿病的风险至关重要。

由此可见，HIIT 对于提高普通健康人群健康水平、降低危险因素均有很好的效果，在某些方面甚至优于同等能量消耗的持续训练方案。目前尚缺少青少年人群和老年健康人群的研究资料。

（2）在超重或肥胖人群中的应用。

传统观点认为运动减肥宜采取中低强度、长时间的持续有氧运动锻炼。HIIT 的

减肥效果近年来取得了很好的成效。从目前的研究成果来看，无论是儿童、青年、中年还是老年肥胖人群，HIIT 的干预是安全的，减肥效果已得到证实，认为高强度间歇训练对肥胖患者的减肥效果与持续训练相当或更好，但在改善肥胖人群的血管内皮功能、降低心血管疾病危险因素方面效果更好。

但是采用 HIIT，运动减肥所花的时间比持续训练更少，运动更有乐趣，更容易被接受，也更能坚持下去，而运动减肥不成功的关键往往在于不能持之以恒。

（3）在心脏病患者中的应用。

运动是心脏疾病患者重要的康复措施，但传统上，对大强度的运动往往非常谨慎，大多建议采用较小的运动强度和较短的运动时间。例如在第 8 版美国运动医学会（ACSM）运动测试与运动处方指南中，对门诊康复的心脏病人推荐的运动强度为最大运动能力的 40%～80%（自感用力度分级 RPE 在 11～16 之间）。

但近期有很多研究报道了对冠心病、心衰、心肌梗死稳定期以及冠状动脉支架术后病人进行 HIIT 的干预效果，结果有氧能力均有不同程度的提高，心功能、生活质量、康复期焦虑和抑郁均有明显改善。不仅如此，与耗氧量相同的持续运动训练相比，HIIT 在提高有氧能力方面效果更好。

（4）在糖尿病和代谢综合征患者中的应用。

ACSM 为糖尿病患者推荐的运动强度是 50%～80%$V_{O_2 max}$的中等强度，每天运动时间为 20～60 分持续锻炼，可以累积，但每次不能低于 10 分，每周 3～7 天。但实际上，60 分的中等强度对于大多数糖尿病患者来说都不是能够轻易完成的。

近年来，有学者尝试研究时间较短的 HIIT 对糖尿病患者的影响。例如 Little 等指导 2 型糖尿病患者进行功率车间歇训练，以运动强度 90%HR_{peak}快速蹬骑 60 秒，然后慢速蹬骑或安静休息 60 秒，重复 10 次，包括热身和整理活动，一次干预仅需要 25 分，每周训练 3 天，干预 2 周后 24 小时平均血糖和餐后 3 小时血糖就出现显著性降低，同时骨骼肌葡萄糖的转运能力和线粒体氧化能力均得到提高。其他的一些研究也显示，HIIT 训练后空腹血糖或胰岛素敏感性均有改善。

（四）连续锻炼法

1. 连续锻炼法的定义

连续锻炼法是指在锻炼的过程中，为了保持有价值的负荷量而不间断地连续进行运动的方法。此方法要求负荷强度较低、负荷时间较长、无间断地连续进行运动。从增强体质出发，需要间歇就停一会儿，需要连续就接二连三地进行下去，所以不能仅讲究间歇，还要讲究连续。连续、间歇、重复都是在整个锻炼过程中实现的。连续、间歇、重复等各因素各有其独特的作用，连续的作用在于持续保持负荷量不下降，维持在一定的水平上，使身体充分地受到运动的作用。

2. 连续锻炼法的要求

连续锻炼时间的长短，同样要根据负荷价值有效范围而确定，通常认为在 140

次/分钟左右心率下连续锻炼20～30分钟，可使机体的各个部位都长时间地获得充分的血液和氧的供应，因而能有效地发展有氧代谢能力。实践中，用于连续锻炼的主要是那些比较容易，并已为锻炼者所熟悉的动作，如跑步、游泳、跳迪斯科舞等。

（五）循环锻炼法

1. 循环锻炼法的定义

循环锻炼法是指用几个不同的练习内容联合组成的练习组合。该方法要求练习者必须按照既定的练习顺序和路线，依次完成每个练习站的练习任务。它由几个不同的练习点组成，当一个点上的练习一经完成，练习者就迅速转移到下一个点，下一个练习者依次跟上。练习者完成了各个点上的练习，就算完成了一次循环。

循环锻炼法是按程序设立若干个“运动站”，一般为4～5个站，各个站的运动动作与方法不同，运动者按顺序进行循环练习。由于各个“运动站”的负荷和练习动作不同，因此对人体可以产生较全面的影响，又能提高身体运动的兴趣。循环练习对于青少年发展身体素质和提高运动能力有较显著的效果。

其结构因素有：每点的练习内容、每点的运动负荷、练习点的安排顺序、练习点之间的间歇、每遍循环之间的间歇、练习的点数与循环练习的组数。

2. 循环训练法的特点

循环训练法是一种混合训练法，可以被看做一种特殊的运动，或者说提供了更为全面的训练，较多地用于力量练习。它能全面地影响身体各器官系统，提高身体素质，增长肌肉力量和耐力，还可消除枯燥感。肌肉的局部负担不重，不易疲劳，能调动训练者的积极性，激发训练的兴趣。

循环练习法对技术的要求不高，且各项目都采用比较小的负荷练习，因此练起来既简单有趣，又可获得综合锻炼，达到全面发展的良好效果。

3. 循环训练法的关键

运用循环锻炼法时，关键是要按照全面性原则去搭配项目。锻炼时既要发展四肢，也要发展躯干；既要运动胸背，也要运动腰腹部；既要追求形态的健美，也要注意机能、素质的全面发展。为此，就必须科学地搭配项目。根据已有的经验，一般选择6～12个已被锻炼者掌握的简单易行的项目。搭配时要注意上肢动作与下肢动作、剧烈的跑跳练习与静力憋气动作之间的合理交替。在健身锻炼中可根据锻炼项目安排循环练习各练习点，还可分队比赛，增加竞争性，以提高练习兴趣。

4. 注意事项

（1）动作由易到难。

强度的把握要依照动作由易到难的原则，使身体慢慢预热，让机体逐渐接受难的动作，以避免造成关节、肌肉的损伤。

（2）因人而异。

应根据各人的体质和训练水平逐渐增加运动量。开始时先练一个循环，过2～3周再增加一个循环，逐渐增加到3～4个循环，但最多不得超过5个循环。

（六）变换锻炼法

变换锻炼法是指在身体运动过程中，采取变换运动负荷、环境、条件、内容、要求和动作的组合等因素，以提高锻炼者的积极性、适应性及应变能力的一种身体锻炼方法。此法可有效地调节生理负荷，提高兴奋性，激发运动者的热情，培养运动兴趣，全面发展身体，特别是能提高神经系统的灵活性和机体的适应性，克服疲劳和厌倦情绪，以达到提高锻炼效果的目的。

如刚参加锻炼时，可多做些诱导性练习和辅助性练习。随着锻炼水平的提高，应加大练习的难度，如用越野跑代替在田径场的长跑等。由于锻炼条件的变化，可使锻炼者的大脑皮层不断地产生新异的刺激，提高兴奋性，激发锻炼的兴趣，从而提高机体对负荷的承受能力，提高锻炼效果。另外，不断地对锻炼的内容、时间、动作速率等提出新的要求，可有效地调节生理负荷，使机体不断产生适应性变化，达到更好地锻炼身体的目的。

变换法在运用时，要根据运动者的身体适应能力和运动水平的变化来考虑，并且要循序渐进，避免操之过急，要求过高，过分突然变换的条件要有可接受性，并且对促进身体健康有利。如田径场上的长跑，可变成越野跑；游泳池的游泳，可以适当改变在河、海和江中去游泳；跑步可以变换为踢足球；匀速跑可以变换为变速跑等。

（七）负重锻炼法

负重锻炼法是使用杠铃、哑铃、沙袋等重物进行身体运动来锻炼身体、增强体质的方法。负重的方法既适用于普通人锻炼身体，又适用于各项运动员进行身体训练，还适用于身体疾患者的康复。

般来说，为增强体质而进行负重锻炼，应该采用最人摄氧量和最大心输出量以下的负荷。因为过大的负荷可能给心血管和呼吸系统带来不良的影响，为了保证这种锻炼方法对身体的良好作用，在运动负荷价值阈范围内（心率在120～140次/分）可以多次重复或连续。

（八）游戏锻炼法

游戏锻炼法是指根据运动者的年龄、性别、兴趣和身体条件等特点而编制的既有健身意义、又有乐趣的身体运动方法。这种方法主要是用来调节运动者的情绪，培养身体运动的兴趣和积极性，发展身体的基本活动能力等，尤其适用于青少年儿童的身体运动。

它是指采用游戏的形式进行身体锻炼，目的在于提高兴奋性，激发学生对运动的兴趣。在嬉笑娱乐的游戏中锻炼身体、愉悦身心，有助于减轻学生的学习压力，释放激情。这种锻炼方法的运动量可以根据锻炼者的实际情况而有所不同。

（九）竞赛锻炼法

竞赛锻炼法是根据人类先天的竞争和表现意识、竞技能力形成过程的基本规律和适应原理、现代运动比赛规则等因素而提出的一种锻炼法。运动者根据自己的爱好特长，在近似、模拟或真实、严格的比赛条件下，按比赛的规则和方式进行的锻炼。

竞赛锻炼法根据一定项目的特点，可以使机体承受较大负荷的运动，全面发展各器官系统的机能。如参加篮球比赛可以发展人的速度、力量、耐力和灵巧等身体素质，同时可以调节心理平衡，培养竞争意识。并且不同年龄、性别和身体条件，都有相应的竞赛项目可以参加，运动负荷可大可小，容易收到健身的效果。

锻炼者可在竞赛的条件下进行锻炼，提高了锻炼的积极性。练习者在比赛中能相互交流经验，有助于全面地提高技战术水平。通过竞赛锻炼法，可以提高锻炼者的心理承受能力，培养意志品质，形成积极的、拼搏的、良好的生活态度。

（十）运动处方法

运动处方法是指运动者针对自己的健康状况或所患的某种疾病，来确定身体运动的内容、方法、原则、时间和严格控制运动负荷，并且规定注意事项，以防治疾病为主的一种身体运动方法。这种方法就像医生给病人开处方一样，医生必须对症下药，得病者必须恨病吃药，即要付出很大努力进行治疗性运动和健身性的运动。

运动处方法的基本要素有：第一，运动的内容。必须有针对性，确定可以治病和健身。第二，运动的次数。这里指每周的次数，最理想的是每天坚持运动，一般可以隔一天运动一次，但必须考虑运动者的具体情况。第三，运动时间。这里指每天运动多长时间要根据项目和身体状况来决定时间。第四，运动强度。要根据人的健康水平和运动能力来确定。第五，运动者身体健康状况的指标。在身体运动或制定运动处方之前必须经医生进行健康检查。第六，注意事项。根据部分健康指标拟定身体运动的注意事项。

运动处方具有科学性、严谨性，是健身锻炼者应遵循的最基本运动锻炼程序，应予以重视，下一章我们会对此予以详细介绍。

第三节　运动健身过程与安排

一、运动健身过程

（一）运动项目的基本特征

有大量的研究文献表明，适度的体力活动有益于健康。此外，有证据表明，更多的活动和更高的体适通常能赋予健康更大的好处。运动与健康之间似乎存在着运动“剂量”与健康“响应”关系，就像药物剂量与疗效之间的响应关系一样。这里面需要考虑更详细的是一些更具体的细节，包括要考虑是什么样的具体运动，即运动的物

理特征，如运动类型、强度、频率、持续时间、总运动量等；也要考虑到大量的个体特征，主要是人的生理特征，如性别、年龄、健康史、训练水平等，考虑到这些因素之后，才可能对特定的运动作用于特定的人之后可能出现的健康效应结果有一个预期，否则我们可能因看不到运动的健康效果而否定运动的健身价值。

运动形式（类型）、运动强度、运动频率、持续时间这四项内容为健身运动项目的基本物理特征。

1. 运动形式

对运动形式进行分类是非常困难的事，因为人类的身体动作形式非常复杂多变。仅2016年里约热内卢奥运会项目共设大项28项，小项306个，这些与更多非奥运项目一起，构成庞大繁杂的人类体育活动项目。运动种类多种多样，应根据健身目的选择合适的运动形式。

运动形式（类型）是指运动中采取哪种形式的运动，或选择哪种运动项目等。如按项目分类，有田径、体操、球类、武术、游泳等；按身体运动机能能力分类，有力量型、速度型、耐力型、柔韧型、灵巧型运动项目等；由于肌肉有物理机械性的收缩，又有化学代谢性的变化，运动也可根据两种特征分类。机械分类强调肌肉收缩是否产生肢体运动：如果肢体没有运动，或等长（等长收缩）；或有肢体运动时进行动态运动，肌肉收缩既可以是向心的（缩短收缩），也可以是离心的（拉长收缩）。代谢分类主要包括收缩过程中氧的利用，包括有氧运动或无氧运动，或混合型运动。由于肌肉收缩既有机械性的，又有代谢性的，一项活动是否有氧或无氧主要取决于其强度。大多数活动包括静态和动态收缩以及需氧和无氧代谢。因此，运动活动可以根据其主要的代谢或机械特性进行分类。

运动的其他分类包括耐力（有氧）和力量（阻力）运动，上下身体（手臂和腿）运动。还可按照目的分类，如职业、家务、自我护理、交通、娱乐、休闲等各种运动形式。一般分类有以下几种：

（1）按肌肉活动特征分类。

按肌肉活动特征分类，将运动可分为动力性运动与静力性运动。进行动力性运动时，身体多个环节均有位移，如走、跑、跳等。进行静力性运动时，身体多数环节在一定时间内维持相对固定姿势，静止不动，如支撑倒立、蹲马步和十字悬垂等。

（2）按动作结构特征分类。

按技术动作结构特点，将运动分为周期性运动、非周期性运动和混合运动三大类。周期性运动是按一定程序周而复始地重复相同动作的运动，如走、跑、骑自行车、滑雪、划船和游泳等。这类运动的动作结构简单，强度易于控制。是健身活动中最常采用的项目。

非周期性运动是按一定顺序进行的、各个动作要素没有周期性重复的运动，如体操、武术、摔跤、跳水、羽毛球和乒乓球等活动。这类运动对动作的技术要求较高，不容易掌握，但能较好地提高参与者的运动兴趣和保持运动的兴奋性。

混合性运动是既有周期性运动成分又有非周期性运动成分的运动，如跳高、跳远、篮球、足球和花样滑冰等运动项目。运动中的跑动是周期性的，而跳跃、投篮、射门和传球等动作属于非周期性运动。

（3）按肌肉工作的相对强度分类。

根据完成各种距离跑的速度与时间之间的关系，把肌肉工作的强度划分为极限强度、次极限强度、大强度和中等强度的运动。

极限强度（最大强度）运动是指人体持续以最大速度或最大力量（肌肉快速紧张工作）工作的运动，持续时间为10～30秒，如100米跑、200米跑、50米游泳、短道速滑等周期性运动，以及跳高、跳远、投掷、举重和跳马等非周期性运动。

次极限强度（次最大强度）运动是指人体快速紧张工作能持续30秒至3分钟的运动，如400～1500米跑、100～200米游泳等周期性运动，以及自由体操、武术、散打、摔跤和拳击等非周期性运动。

大强度运动一般指人体紧张工作能持续5～30分钟的运动，如10000米跑等运动。

中等强度运动则指人体能持续30分钟以上的周期性运动，如马拉松跑、公路自行车、长距离游泳和越野滑雪等。

（4）按运动供能特点分类。

根据肌肉收缩时的代谢特点，可将运动分为无氧供能运动和有氧供能运动、混合运动三大类。

以无氧供能为主的运动包括最大强度及次最大强度的运动，以有氧供能为主的运动包括无氧阈强度运动、中等强度运动和低强度运动（见表5-1）。

表5-1　有氧、无氧、混合运动项目示例

有氧运动	无氧运动	混合运动
步行	短距离全速跑	足球
慢跑	举重	橄榄球
自行车	拔河	手球
网球	跳跃	篮球
排球	投掷	冰球
远足	肌力训练	间歇训练

不同运动项目有不同的健身效果，根据人体的特殊需要选择相应的运动项目进行健身锻炼，健身锻炼主要选择以有氧供能为主的运动项目。

关于运动类型的一个关键问题是人体对给定运动类型的反应的特异性。特异性是指对运动产生的生物学变化依赖于：

① 运动所激活或调动的组织或系统；

② 置于这些组织或系统上的应力的性质。

如果这种激活或压力是适当的强度和数量，这些组织或系统通过增加它们的容量或效率（训练效果）作出有利的反应。如果激活或压力太小（组织或系统经历的次数不多），则很少或根本没有训练效果或适应。如果激活或压力过大，可能会出现过度使用损伤或慢性疲劳。

大强度有氧耐力运动，如跑步，对氧运输系统、底物（糖原和脂肪）处理系统以及腿部骨骼肌纤维的氧化过程，尤其是对慢肌纤维有重要的刺激作用。这些系统对跑步和其他耐力型运动的效率和能力都有所提高。相反，通过重阻力练习如举重，主要激活快肌纤维，有益于身体的支撑结构，如骨骼和结缔组织。因此，当我们描述人体对一系列运动的反应时，需要准确地定义运动的类型。

2. 运动强度

在人体运动中，运动强度（负荷强度）是指单位时间移动的距离或速度，或肌肉单位时间所做的功。运动强度是决定运动健身效果的一个非常重要的因素。

运动强度分为绝对强度和相对强度，绝对强度一般为物理强度，相对强度一般为生理强度。由于存在体重、身高、身体机能等个体差异，因此在描述运动健身效果时常用相对强度（或生理强度）。这些指标有心率、梅脱（METs）、主观感觉程度（RPE）、最大摄氧量百分比。

（1）心率。

心率是指每分钟心跳次数。在一定范围内，心率和运动强度之间存在线性关系。通常用心率确定运动强度有两种方法。

① 用最大心率（HR_{max}）的百分比来确定运动强度。

最大心率可用公式“最大心率＝220－年龄”来推算。通常认为提高有氧体适能的心率一般人为60％～85％HR_{max}，中老年人为60％～75％HR_{max}。

② 用最大心率储备（HRR）百分比来确定运动强度。

最大心率储备等于最大心率减安静心率之差。在实际应用时，是用储备心率和安静时心率同时来确定运动时的心率，称为靶心率（THR），其计算公式为：

靶心率＝（最大心率－安静时心率）×（0.6～0.8）＋安静时心率

其中，0.6～0.8为适宜强度系数，亦即60％～80％为最大心率储备。

（2）代谢当量（梅脱）。

梅脱是以安静时的能量消耗为基础，表示各种活动时的相对能量代谢水平。机体的耗氧量与身体活动时的能耗量成正比，静息状态下耗氧量绝对值约为250毫升，相对值约为3.5 ml/（kg·min），这一安静状态下的值规定为1梅脱（METs）。由于这一指标使各种不同活动方式的运动强度得以相互比较，因此在健身运动处方的制定中得到广泛应用。最常见的方法是查阅有关活动的平均METs值，判断特定活动的强度或代谢水平。目前，已经对许多日常活动和运动锻炼的METs值进行了大样本研究，并广泛应用。

（3）主观感觉程度（主观体力感觉、自感用力度，RPE）。

研究证明，用力的主观评价与工作负荷、最大心率储备百分比、每分通气量，甚至和血乳酸水平高度相关。Borg 提出 RPEx 10 约与心率相等。RPE10～16 和心率110～160 次/min 相当，此值为健身运动的强度范围（见表 5-2）。

表 5-2　主观体力感觉等级及对应运动强度、心率

RPE	主观运动感觉	相对强度/%	相应心率
6	安静	0.0	
7	极其轻松	7.1	70
8		14.3	
9	很轻松	21.4	90
10		28.6	
11	轻松	35.7	110
12		42.9	
13	稍费力	50.0	130
14		57.2	
15	费力	64.3	150
16		71.5	
17	很费力	78.6	170
18		85.8	
19	极其费力	95	195
20	精疲力竭	100	最大心率

（4）最大摄氧量储备百分比。

最大摄氧量储备为最大摄氧量减静息摄氧量。也经常直接用最大摄氧量百分比来表示运动强度。目前认为最大摄氧量储备百分比与最大心率储备百分比的当量关系更精确，故建议用最大摄氧量储备百分比和最大心率储备百分比，作为健身运动强度控制指标。

一般人们在进行健身运动时，往往采用的是中等强度的运动。更低强度的运动可能对健康没有明显的效果，而更高强度的运动往往又带来伤病等负效果，同时人们在日常锻炼过程中也不太愿意采用让人感觉更累的高强度运动方式去健身锻炼。

3. 运动持续时间

运动持续时间是每次运动所持续锻炼的时间，是组成运动量的重要因素。在持续周期性运动中，运动时间乘以负荷强度就是运动量。运动时间依负荷强度而发生变化，在健身运动中有时采用较低负荷强度和较长运动时间，而有时采用短时间高强度的重复运动。负荷强度确定后，持续时间就成为影响健身锻炼效果的重要因素。时间过短，对机体不能产生作用，达不到健身效果；运动时间过长，又有可能超过机体的

负担能力，造成疲劳而损坏身体健康。

对于抗阻力量运动来说，一般用每组练习次数而不用运动时间来表示每次运动的持续时间。

4. 运动的时间带

运动的时间带是指一天中进行运动的时机，即在何时进行运动。应根据人的生物节律周期及日节律来合理安排运动的时间带。

根据人体血液流变学的生理节奏变化和运动中的变化特点对它的影响，心血管病患者或中老年人运动的时间带应避免在清晨8点以前进行大运动量锻炼，可做一些轻松的活动，如散步、打太极拳、练气功等。

空腹时进行运动会产生不良影响，特别是胰岛素依赖型糖尿病患者，又可能导致低血糖危险。另外饭后不宜立即运动，会影响消化和吸收。

5. 运动频率

运动频率是指每周运动的次数。健身运动的健康效果，是每次运动对人体产生的良性作用的逐渐积累产生的，是一个量变到质变过程，所以要经常锻炼，或根据不同的运动目的，实施一定周期的运动。不能凭一时的兴趣，三天打鱼、两天晒网，也不能急于求成，运动频率过高。如果一次运动后，运动对机体的良性作用完全消退后再进行第二次运动，则前一次运动的效果不能被累积；如果一次运动后，运动对机体的良性作用还未出现，或者疲劳还未消除，就紧接着进行第二次运动，则会造成疲劳被累积。此种形式如长期下去还将对机体造成过度疲劳。可见对健身运动来说，运动频率要适宜，不能过大也不能过小。要根据运动目的和身体状况，正确设定运动频率。

如果以健康为目的，一般人的运动频率应以每周三次以上为适宜，同时还应结合每次运动强度、持续时间、个人身体恢复情况，以及对运动的适应能力等因素综合加以考虑，每次锻炼的运动量不大也可以增加运动频率，保证没有疲劳的累积，对身体健康是有益的。每天可锻炼一次甚至两次，使运动成为生活中的习惯行为。

就健康状况而言，体育活动可以说是一把双刃剑。随着活动强度或数量的增加，受伤的风险就越大，尤其是对许多有肌肉骨骼问题的人以及那些已经患有基础疾病的心血管并发症的人。在为健康结果确定最佳活动剂量时特别关注的是强度，因为它是导致活动引起的医疗并发症的主要因素。因此，剂量一反应评估不仅需要考虑剂量引起最大的健康益处，而且还要考虑剂量的风险分布。可能高强度的活动（跑步）会给特定的生物结果带来更大的好处，但是中等强度的活动（快走）会在高危人群中提供最好的整体健康效益，因为它的风险较低。在不同人群中，特别是在肥胖和老年人受伤风险增加的情况下，确定各种活动方案的风险分布是有价值的。

（二）运动健身过程

1. 准备活动

准备活动是指在比赛、训练和健身锻炼、体育课的基本部分之前进行的身体练习，也称为热身运动。其目的是预先动员人体的生理机能，克服内脏器官的生理惰性，缩短进入正式运动工作状态的时间，为即将进行的正式比赛、训练、健身锻炼、体育课做好机能上的准备。

（1）准备活动的分类。

根据准备活动的目的不同，通常将准备活动分为一般性准备活动和专门性准备活动。

① 一般性准备活动。

一般性准备活动是指与正式比赛或训练动作结构及生理特点不相似的活动。如比赛、训练、健身锻炼或体育课前进行的各种走、跳、跑、徒手操、压腿和游戏等身体练习，属典型的热身运动。其目的在于提高神经系统的兴奋性、升高体温增强机体的代谢水平和各器官系统的功能以及预防运动损伤。

② 专门性的体育活动。

专门性的体育活动是指与正式比赛、训练、健身锻炼或体育课的动作结构、节奏及运动强度相似的各种练习。如篮球运动员在比赛前进行的上篮跳跃等。专门性的准备活动的目的是提高参与运动中枢间的协调性，强化动力定型，为正式的比赛、训练、健身锻炼做好技术和机能的准备。

在健身锻炼中，一般以一般性准备活动为主，通过完成合理的准备活动，为正式锻炼奠定身体和心理上的基础。

（2）准备活动的生理作用。

① 提高机体的调节能力。

准备活动可适度提高神经系统的兴奋性，增强参与运动有关中枢间的协调性和内分泌腺的活动，使神经调节与体液调节协同调控全身各脏器的机能活动，确保正式练习时的生理机能迅速达到适宜状态。

② 提高机体的有氧工作能力。

准备活动可使肺通气量、心输出量、血流量和血流速度加大，氧运输能力增强，心肌和骨骼肌中毛细血管扩张，供血量增加，氧合血红蛋白解离加速血液释氧变快，有利于工作肌单位时间内摄取更多的氧气，以增强机体进入工作状态阶段时的有氧供能能力，降低血乳酸的产生。

③ 提高体温和代谢水平。

准备活动时的身体练习，使机体能耗增加，其能耗一部分供肌肉收缩，一部分转化为热能导致体温升高。体温的适度升高进而又可提高体内代谢酶的活性，加快物质的分解速度，保证运动中肌肉活动的能量供应。

④ 提高肌肉收缩能力。

由于准备活动适度提高了体温和神经兴奋性，从而可使神经冲动的传导速度加快，肌肉的兴奋性增强，肌肉的黏滞性降低，使肌肉的收缩速度加快，收缩力量增大，并能提高肌肉及韧带的弹性和伸展性，预防运动损伤。

⑤ 提高肌肉的散热能力。

准备活动的练习可增大皮肤的血流量，动员汗腺分泌活动，有利于机体散热，防止或减少正式比赛或练习时体温过高对机体造成的不良影响，如热应激伤害等。

⑥ 调整正式练习前的状态。

准备活动可改善大脑皮质的兴奋状态，提高反应速度，减少不良的练习前反应，使机体在正式练习前达到或处于良好的状态，为正式练习做好机能上的准备。

（3）准备活动的生理机制。

准备活动是在正式练习前进行的各种人为活动。通过预先进行的肌肉活动会在神经中枢的相应部位留下兴奋性提高的“痕迹”，产生痕迹效应。这一效应能使中枢神经协调在正式练习时处于良好的兴奋状态，从而改善神经协调的调节能力，提高内脏器官的机能，增强能量代谢，提高动作的熟练度和准确度。

（4）准备活动的生理负荷。

准备活动生理负荷的大小直接影响其作用效果。构成生理负荷的主要因素包括准备活动的内容、形式、时间、强度，以及与正式训练或比赛的时间间隙等。

准备活动的强度及运动量过大往往使机体产生疲劳，降低正式练习时的运动能力。一般情况下，一般性准备活动的强度为 $45\%V_{Omax}$，以心率 100～120 次/分钟为宜，持续时间 10～30 分钟；准备活动结束到正式比赛开始的时间间隙可根据痕迹在体内延续的时间长短来确定，通常两者之间的时间间隔不超过 15 分钟，在体育课或正式练习中以 2～3 分钟为宜。准备活动内容可因运动项目、训练内容而异。此外，准备活动还受练习者的年龄、训练水平、运动项目、季节气候以及自身状态等因素影响。

2. 运动性疲劳

（1）运动性疲劳的定义。

运动性疲劳是一种正常的生理现象，由运动负荷所引起，主要表现为机体工作能力的暂时性下降。运动性疲劳既是机体对运动负荷所作出的一种必然性反应，同时又是进一步引起机体产生适应性变化的有效刺激。适度的疲劳可以刺激机体机能水平不断提高，而过度疲劳则可能会造成各种损伤以致损害健康。

（2）运动性疲劳分类。

运动性疲劳可分为中枢性疲劳、外周性疲劳及全身性疲劳。前者侧重于中枢神经系统，特别是大脑功能发生的变化；外周性疲劳主要指外周神经及肌肉功能的减退，而全身性疲劳包括前两者，指机体各器官系统均发生较大变化，一般由长时间运动所致。

另外根据运动者的主观和客观感受，可分为生理性疲劳和心理性疲劳，前者可通过较客观的指标反映，后者则侧重主观感受，二者既有差异，又有较大的相关性。

（3）不同运动练习的疲劳原因。

运动性疲劳是一个极复杂的问题，由于运动的负荷和性质不同均会对人体功能产生不同影响。研究表明，在不同时间的全力运动时，疲劳发生的主要原因不同；在不同代谢类型的运动项目中疲劳的特点也不相同。

① 无氧练习。

最大无氧练习（如 100 米）的疲劳原因主要有中枢保护性抑制及能量物质磷酸肌酸的消耗。

近最大无氧练习（如 200 米、400 米），除了上述中枢和能量方面的原因，还有乳酸积累的原因。

次最大无氧练习（如 800 米），以乳酸堆积、pH 值下降为主要原因。

② 有氧练习。

最大（如 1500 米、3000 米）和近最大（5000 米、10000 米）有氧强度练习时，虽然氧气供应时间有所延长，但仍不能满足机体需要，无氧代谢比例还是比较高，故产生疲劳的主要原因仍为乳酸堆积、pH 值下降。

次最大有氧练习（如 30 千米以上长跑），随着运动时间的延长，疲劳的主要原因是由于肌糖原和肝糖原的大量消耗，血糖降低，体温增高所造成。而中小强度长时间运动，除了能量衰竭；还有内环境稳定性失调因素，如水盐丧失、激素水平变化；另外中枢抑制性递质的升高也是疲劳的原因之一，可见是多因素全身性疲劳。

③ 非周期性练习和混合性练习，其技术动作的不断变化是加深疲劳的重要因素。实验证明，习惯性的、自动化程度高的、节奏性强的动作不易疲劳，而要求精力高度集中以及运动中动作多变的练习，则较易产生疲劳，特别是中枢性疲劳。

③ 在静力性练习时，中枢神经系统持续兴奋，肌肉中血液供应减少以及憋气引起的血液循环下降是产生疲劳的主要原因，此时易引起无氧代谢加强。

（4）疲劳的产生机制。

运动性疲劳是一个复杂问题。由于体育锻炼的形式不同，产生疲劳的原因也不同。疲劳产生的原因主要有以下几种：

① 能源物质大量消耗。供给机体消耗的能源物质主要是三磷酸腺（ATP）、磷酸肌酸（CP）、糖原和脂肪，其中在运动中发挥重要作用的是 ATP、CP 和糖原。如果运动中这些能源物质大量消耗，体内能源物质供给不足，就可能造成身体机能下降。一般来说，在 10 秒钟以内的短时间大强度运动造成的疲劳主要是 CP 的大量消耗所致，而在长时间耐力性工作中造成肌肉的疲劳主要原因是肌糖原的大量消耗。

② 代谢产物堆积。在体育锻炼过程中能量物质大量消耗的同时，体内的代谢物也急剧增加，代谢产物的堆积可造成体内的代谢紊乱。在所有的代谢产物中，乳酸是造成身体疲劳的主要物质。乳酸是糖原在缺氧状态下的分解产物，乳酸在体内的堆积

可使肌肉和 pH 值下降，引起脑和肌肉工作能力的下降，特别是在无氧性工作中，乳酸的堆积被认为是疲劳产生的重要原因。除此之外，脂肪代谢产生的酮体，蛋白质代谢产生的氨类物质在体内的堆积都可以使身体疲劳。

③ 水盐代谢紊乱。在炎热的天气进行体育锻炼，身体大量排汗而不注意补充水，或补水不科学，都可造成身体的水盐代谢紊乱，使血浆渗透压改变，引起细胞内外水平衡失调，造成身体机能下降。

④ 保护性抑制。人体的各种体育锻炼都是大脑细胞发放神经冲动所支配的，神经细胞长时间兴奋，也会导致神经细胞的工作能力下降。为了避免进一步消耗，神经细胞会产生保护性抑制因而造成整体工作能力下降。另外，大脑细胞对单调刺激更容易产生疲劳，所以，在长跑等体育锻炼中，两腿周而复始的机械运动对大脑皮层的单调刺激极容易使神经细胞产生保护性抑制。

（5）疲劳的判断。

科学地分析体育锻炼的疲劳症状，及时判断疲劳的出现是防止过度疲劳，提高锻炼效果的重要保障，对体育锻炼者来说，应掌握一些常用的疲劳判定方法。

① 简易生理指标测定法。肌力是最常用的生理指标之一，体育锻炼后肌肉力量不增加，反而下降，说明机体产生疲劳，肌肉力量持续下降说明身体疲劳程度较深。心率是判断疲劳最简单的重量指标，体育锻炼后心率恢复时间延长，或者第二天清晨安静时心率较以前明显增加，表示机体产生疲劳。

② 主观感觉。主观感觉是自我判定身体疲劳的重要依据，如果锻炼后虽然工作能力下降，但却感到身体轻松、舒畅，食欲和睡眠情况较好，并有一种舒服的疲劳感，说明这种疲劳是体育锻炼的正常反应。如果体育锻炼后，感到头昏、恶心、胸闷、食欲减退，身体明显疲劳，甚至厌恶体育锻炼，说明身体疲劳程度较重，应及时调整活动量，或停止锻炼。

③ 　般观察。体育锻炼后可以让家人和同伴观察锻炼者的机体反应。运动后锻炼者面色苍白、眼神无光、反应迟钝、情绪低落，说明锻炼者的疲劳较重。

3. 恢复与提高过程

恢复与提高过程是指人体在健身锻炼、运动训练和竞技比赛过程中及结束后，生理功能逐渐恢复与提高的过程。运动过程中消耗的物质，只有在恢复期得到完全恢复，人体机能才得以提高；反之，将会出现过度训练或过度疲劳，导致运动能力下降，甚至出现运动性损伤。运动过程与恢复过程的合理安排及良好组合是机体对运动负荷产生最佳适应性变化的前提条件，在运动训练中，恢复过程与运动过程具有同等重要的作用，充分的机能恢复是取得良好锻炼效果的保障。

（1）恢复过程的一般规律。

恢复过程可分为三个阶段，即运动时的恢复阶段、运动后的恢复阶段及超量恢复阶段，各个阶段的时相见图 5-1。

第Ⅰ阶段，运动时物质的消耗过程占优势，恢复过程虽然存在，但消耗大于恢

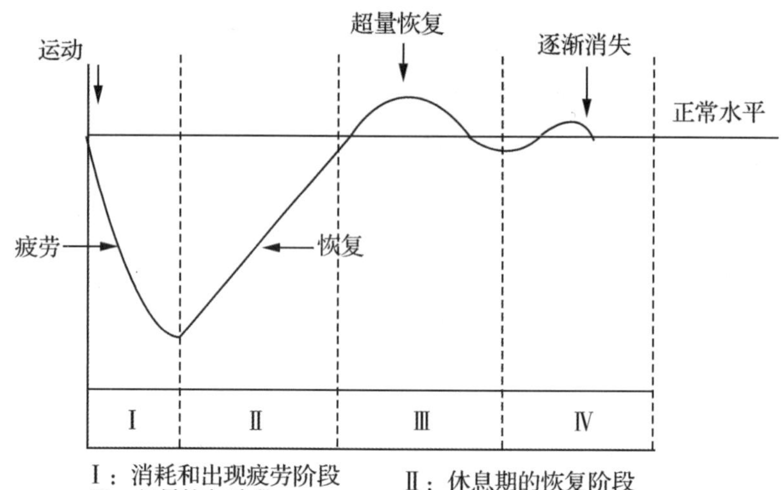

图 5-1　消耗与恢复过程

复，故能源物质减少，各器官系统的工作能力下降；

第Ⅱ阶段，运动后消耗过程减弱，恢复过程占明显优势，这时能源物质及各器官、系统的机能能力逐渐恢复到原来水平；

第Ⅲ阶段，在运动时消耗掉的能源物质及各器官、系统的机能恢复到超过原有水平，即超量恢复阶段；

第Ⅳ阶段，超量恢复逐渐消失，能源物质的贮备及各器官、系统的机能恢复到原水平。

超量恢复的程度及出现的时间与运动量有密切的关系。在一定生理范围内，运动负荷量越大，消耗的能源物质越多，出现超量恢复程度越明显，但出现的时间延迟；反之，消耗的能源物质亦少，超量恢复效果也就不明显，但出现得较早。

在超量恢复中，肌肉中磷酸肌酸、肌肉蛋白质、肌红蛋白、磷脂、酶活性等物质的超量恢复速度不同，如磷酸肌酸超量恢复比肌糖原早，蛋白质则更晚些，即所谓超量恢复的异时性原理。

① 运动时的恢复阶段。

运动时人体的能量消耗过程（分解过程）占优势，恢复过程（合成过程）也在进行，只是由于身体运动时间长、强度大，而消耗能量物质较多，身体各器官系统发挥最大的机能能力参与恢复（再合成），也满足不了消耗的需要，造成消耗多于恢复，体内的能量物质不断减少，身体活动的机能能力下降。

② 运动后的恢复阶段。

身体运动停止后能量物质的消耗过程减弱，恢复过程就明显占优势，这时各种能源物质和各器官系统的机能能力逐渐恢复到原来（运动前）的水平。

③ 超量恢复阶段。

运动实践证明，人体运动后的能量物质和各器官系统的机能能力，在有一段时间

里可以超过原来的水平，维持一段时间后又回到原来水平上。运动时消耗的能源物质及各器官、系统的机能恢复超过原有的水平，该现象称为超量恢复（over-recovery）或超量代偿。

人体在运动后的恢复过程中，体内被消耗的能量物质（ATP、蛋白质、糖和无机盐等）不仅能恢复到运动前的原有水平，而且在一段时间内可出现超过原有水平的现象，称为超量恢复。超量恢复的生理机制十分复杂，在生理学上主要是一种刺激与反应的关系而形成的，在一定的生理范围内，运动强度（刺激）越大，造成能量短缺，而引起相应的反射性能量补充，同时身体其他器官的机能状态也是如此。超量恢复是客观存在的规律，人体在进行运动健身、训练和比赛过程中，如何正确运用和掌握这个规律，是目前正在不断探讨的课题之一。

肌肉或者肌群在适当运动练习之后，会使肌肉产生适度的疲劳和形态功能等方面一定程度的下降。通过适当时间的休息，可以使肌肉的力量和形态功能等方面恢复到运动前的水平，并且在一定时间之内，还可以继续上升并且超过原有水平。随休息的时间延长，又逐渐下降回到原有的功能水平。如果下一次练习是在超量恢复的阶段进行的，就可以保持超量恢复不会消退，并且能逐步积累练习效果。如此，通过反复的肌力练习就可以使肌肉体积增大，肌肉力量增强。这就是“超量恢复”。

（2）超量恢复的意义。

① 正确运用超量恢复原理，能使身体锻炼、训练的效果更佳。一般来讲在超量恢复阶段进行下一次锻炼或训练效果最好，运动成绩提高最快。因为在这个阶段体内能量物质最充足，机能水平也高，并可以适当加大运动负荷，形成更高一层次的超量恢复。下次运动时间过早或过晚都会影响运动效果，甚至是无效。

② 在一定生理范围内，可以最大限度提高人体机能和健康水平。运动负荷是施加于身体的一种综合刺激，根据刺激与反应的生物学原理，在一定的生理范围内，运动负荷越大，人体的机能反应也越大，能量也消耗得越多，引起的超量恢复越明显，锻炼或训练效果就越好。所以，超量恢复是人体从事大运动负荷（极限负荷）的十分重要的生理学依据。

③ 不同性质的身体运动，可以引起不同营养物质和机能的超量恢复。力量性练习，主要是促使肌肉中蛋白质的超量恢复，肌纤维增粗，力量增大；速度性练习，主要促使肌肉中磷酸肌酸的超量恢复，肌纤维的收缩速度加快；耐力性练习，主要促使肝糖原的超量恢复，可以提高身体机能的耐久力。上述三种能源物质中，肌肉中的磷酸肌酸出现超量恢复最快，因此速度素质有时候提高较快，但消失也快；肝糖原较磷酸肌酸超量恢复慢；蛋白质的超量恢复出现最慢，但消失的速度也最慢。

（3）超量恢复的注意事项。

① 掌握恰当的间歇时间。身体进行不同性质的运动时或运动之后，要注意有严格的间歇时间。要强调是在超量恢复阶段进行下一次身体运动。有资料证明，跑 100 米后磷酸肌酸 20～30 秒可恢复一半，在 3～5 分钟时可出现超量恢复；在进行短时

间、大强度练习后，肌糖原约在运动后第 15 小时出现超量恢复；力量练习后蛋白质到第 3～4 天出现超量恢复；马拉松跑后，脂肪要在第 3～4 天出现超量恢复；大负荷的游泳练习后，整个身体机能在第 5～8 天才会出现超量恢复。

② 合理安排运动负荷。体育锻炼之所以能够增强体能，主要是由“超量恢复”的生理机能决定的。因此，如果只是“出工不出力”式地锻炼，则运动负荷的刺激难以促进机体产生相应变化而收到良好的锻炼效果；与此相反，如果锻炼的运动负荷超出了机体的承受能力，也会产生不良反应，如出现血压降低、脉搏急促而微弱、面色苍白、出冷汗、头晕、恶心等现象，影响身体健康。因此，运动负荷过大或过小都不利于增强体能和增进健康，只有适宜的运动负荷才能取得良好的锻炼效果。无论是哪种性质的身体运动都要在生理“极限”范围内进行大负荷练习，负荷过小，则练习无效果；负荷超生理“极限”，则可能伤害身体，影响健康。生理“极限”要根据个人的特点，做到心中有数。

③ 正确运用身体运动后的恢复手段。如果运动后恢复手段不得力，一方面形成不了超量恢复，另一方面可能形成疲劳积累，出现明显的机能下降，影响锻炼效果和身体健康。

④ 不得急于求成。初次起步参加身体运动，特别是青少年身体基础较差者，不得急于求成。在这种条件下，首先要掌握一些超量恢复的原理和相关知识；另外在追求超量恢复效果时，要注意循序渐进，掌握各种练习技能。

（4）促进人体机能恢复的措施。

① 运动性手段。

a. 整理活动。整理活动是指在正式练习后所做的一些加速机体功能恢复的较轻松的身体练习活动。通过整理活动，可减少肌肉的延迟性酸痛，有助于消除疲劳；使肌肉血流量增加，加速乳酸的利用；预防激烈运动突然停止可能引起的机体功能失调，如出现“重力性休克”等。

b. 变换活动部位或调整运动强度。研究证明，与安静休息相比较，活动性休息可使乳酸的消除快一倍。谢切诺夫在 1903 年进行测力描记实验中发现，右手握测力器工作到疲劳后，以左手继续工作来代替安静休息，能使右手恢复的更迅速更完全。他认为，在休息期中来自左手肌肉收缩时的传入冲动会加深支配右手的神经中枢的抑制过程，并使右手血流量增加。

② 营养性手段。

运动能力恢复的关键在于恢复机体的能量储备，包括肌肉及肝脏的糖原储备、关键酶的活性（维生素、矿物质）以及体液的平衡、细胞膜的完整性等。无疑，补充营养是恢复的物质基础。

a. 能源物质的合理调配。

按能量需求，在大多数项目运动员的膳食中，蛋白质、脂肪、糖的合理补充比例为 1.2∶0.8∶4.5。耐力性项目要求膳食中糖的含量较高，故三种物质的搭配比例为

1.2∶1∶7.5。而运动负荷量比较小的项目则为1∶0.6∶3.5，与普通人相近。

由于糖是体内最重要的能源物质，因此，运动中糖的适量补充，无疑是提高运动能力的一个促力因素。长时间运动、尤其是在激烈比赛时，应注意运动前、后和运动中补充糖。力量性项目则注意增加蛋白质的摄入量，对肌肉更新很重要。

b. 其他营养物质的补充。

维生素参与机体的各种代谢，运动员几乎对各种维生素的需求都明显增加，缺乏或不足时即可对运动能力产生不利的影响，表现为做功量降低、疲劳加重、肌肉无力等。故应增加摄入量，特别是维生素B1、B2、C、E等。这对抗自由基氧化亦有相当的意义。

参加运动训练使身体负荷加大，由于大量排汗使身体对钾、钠、钙、磷、镁、铁的需要量增加，因而必须从食物中补充。力量性项目对钾和钠的需要量明显增加，耐力性项目则对铁元素需求增多，有利于血红蛋白的合成和更新。

同时运动训练过程中应注意及时补水，或含电解质、葡萄糖的饮料。

③ 药物手段。

促进人体疲劳恢复的药剂很多，一般分为化学药物和中草药两类。化学类的药品有提高肌肉代谢作用的葡萄糖酸钙、次黄嘌呤核苷、三磷酸腺苷等。注意避免违反国际奥委会有关兴奋剂的条例。

应用中医药调理的目的在于，促进机体尽快恢复，提高免疫及抗病能力，改善代谢调节，提高训练效果。常用的中草药，如红景天、刺五加、人参、当归、生地、酸枣仁、阿魏酸、五味子等，应注意配伍适当。

④ 睡眠。

睡眠对功能的恢复是非常重要的，通过睡眠使精神和体力得到恢复。

⑤ 物理手段。

在大强度和大运动量训练之后，常采用按摩、水疗、理疗、吸氧及负离子、针灸、气功等医学物理手段加速机体恢复。

⑥ 心理学手段。

训练和比赛之后，采用心理调整措施恢复工作能力，能够降低神经损伤引起精神的紧张程度，减轻心理的压抑状态，加快恢复消耗掉的神经能量，从而对加速身体其他器官系统的恢复产生重大影响。

对身体起作用的心理手段、种类非常多。其中主要有：暗示性睡眠、休息，肌肉放松，心理调整训练（个人和集体的），各种消遣和娱乐活动，舒适的生活条件等。

二、运动处方

（一）运动处方的概念

健身运动处方是以提高体适能、促进身心健康，预防运动缺乏症为目的，针对个人的身体状况而制定的一种科学的、定量化的周期性运动锻炼方案。

WHO将“运动处方”定义为：对从事体育活动的锻炼者或患者，据医学检查资料、运动试验、体力测试等，按其健康、体力、心血管功能等状况，结合生活环境和运动爱好等特点，运用处方的形式规定适合个体的运动种类、时间、频率，及运动中的注意事项，以便个体有计划的经常锻炼，达到健身或治疗疾病的目的。即根据锻炼者的健康状况、体适能水平及运动目的而确定其适当的运动频率、强度、时间及运动类型、使锻炼者进行有计划的周期性运动的指导方案。这如同临床医生根据患者的病情开出不同的药物和不同的用量的处方一样，故称运动处方，或称为运动计划。

该定义包含了运动处方以下含义：

（1）明确了运动处方制订的程序，即：医学检查、运动测试、运动处方制订。

（2）明确了运动处方的制订者和实施对象。

（3）指明了运动处方的基本要素应包括：运动目的、运动项目、运动强度、运动时间、运动频率、运动注意事项等。

（4）运动处方的作用：健身、治疗疾病。

运动健身锻炼对增强体适能、预防疾病和促进健康等有良好作用。但是，并非所有人从事相同的运动都有同样好的效果。对于同一种运动负荷，在运动员、一般健康者和不同程度疾病患者中机体产生的反应差异是很大的。即使同一个体，在不同的时期、不同的机能状态下，对同一运动负荷的反应和效果也不一样。因此不同的个体应有适合其机能需要的不同的频率或间隔、强度、时间、运动形式、持续周期等。如何科学地指导人们进行运动锻炼，使其机体最大限度地保持或提高机能水平，预防某些疾病是健身教练和运动健身者本人应该掌握的重要内容。

（二）运动处方的基本要素

运动处方的基本要素包括运动目的、运动频率、运动强度、运动时间、运动类型、注意事项等。其中的运动频率、运动强度、运动时间、运动类型被称为运动计划的4要素（FITT）。

运动目的即根据个体不同的身体情况确定的运动目标。运动目的具有主观和客观的双重性。主观性表现为运动意向、愿望和兴趣，是以情绪为核心的主观意愿需要。而客观性则更多的是由于健康状况、疾病程度等身体客观状况产生的需求，把运动作为满足机体健康需要的一种手段。运动目的主要有以下几方面：

（1）促进生长发育。

（2）增强体质，防止疾病，促进健康。

（3）保持健康，延缓衰老。

（4）运动康复，治疗疾病。

（5）缓解压力，提高工作效率。

（6）丰富文化生活，调节心理状态，提高生活质量。

（7）增强专项体能，提高竞技水平。

（8）锻炼身体不同部位肌肉，塑造形体美。

（三）制订运动处方的程序和原则

1. 制订运动处方的程序

（1）进行一般调查和填写 PRA－Q 筛选问卷：一般调查包括询问病史及健康状况，如实填写 PRA－Q 问卷。通过调查和问卷初步筛选出怀疑有心血管疾病患者，可嘱咐其到医院进行运动试验复查。

（2）用 12 分钟跑等方法推测其有氧体适能水平。

（3）根据个人具体情况制订运动处方。

（4）对运动处方进行修改或微调，按计划活动一段时间后，根据参加者的生理反应和适应状况，再对计划作进一步的修改或调整。

（5）实施运动处方。

2. 运动处方的原则

（1）因人而异原则。

要根据每个参加锻炼者或病人的具体情况，制订出符合个人身体客观条件及要求的运动计划。

（2）有效性原则。

运动计划的制订和实施应使参加锻炼者或病人的功能状态有所改善。

（3）安全性原则。

按运动计划运动，应保证在安全的范围内进行，若超出安全的界限，则可能发生危险。在制订和实施运动计划时应严格遵循各项规定和要求，以确保安全。

（4）全面性原则。

运动计划应遵循全面发展身心健康的原则，在运动计划的制订和实施中，应注意维持人体生理和心理的平衡，以达到全面发展身心健康的目的。

（5）系统负荷原则。

系统负荷原则是指在从开始实施运动处方直至运动处方疗程结束的过程中，持续地、循序渐进地施以负荷，进行运动练习。经过较长时间，持续地承受一定的运动负荷，才能起到积极的治疗或预防效果；另一方面又强调要“遵循一定的顺序”进行运动练习，这样才能取得理想的效果，达到目的。

（四）运动处方的实施

在运动处方的实施过程中，应注意每一次训练课的安排、运动量的监控及医务监督。

1. 一次训练课的安排

在计划的实施过程中，每一次训练课都应包括三个部分，即准备活动部分、基本部分和整理活动部分。

（1）准备活动部分。

准备活动部分的主要作用是使身体逐渐从安静状态进入到工作状态，逐渐适应运动强度较大的训练部分的运动，避免出现心血管、呼吸等内脏器官系统突然承受较大运动负荷而引起的意外，避免肌肉、韧带、关节等运动器官的损伤。

在运动计划的实施中，准备活动部分常采用运动强度小的有氧运动和伸展性体操，如步行、慢跑、徒手操、太极拳等。准备活动部分的时间可根据不同的锻炼阶段有所变化。在开始锻炼的早期阶段准备活动时间为10～15分钟；在锻炼的中后期，准备活动时间可减少为5～10分钟。

（2）基本部分。

基本部分是运动计划的主要内容，是达到康复或健身目的的主要途径。运动计划基本部分的运动内容、运动强度、运动时间等，应按照具体运动处方的规定实施。

（3）整理活动部分。

每一次按运动计划进行锻炼时，都应安排一定内容和时间的整理活动。整理活动的主要作用是避免出现因突然停止运动而引起的心血管系统、呼吸系统、植物神经系统的不良反应，如头晕、恶心、重力性休克等。

常用的整理活动有散步、放松体操、自我按摩等。整理活动的时间一般为5分钟左右。

2. 锻炼中运动负荷的监控

在运动计划的实施过程中，应注意对锻炼者运动负荷的监控，根据运动过程中和运动后的反应情况进行调节，既保证有效性，又要保证安全性。

一般使用3种方法进行监控：心率监测、主观疲劳感觉和自我感觉与基础指标检查。

3. 运动中的医务监督

在运动计划的实施过程中，应对一般的健康人进行自我监督，对治疗性运动计划的实施应进行医务监督。

（五）运动处方的种类

运动处方的种类有多种，按不同的属性可分为：

1. 按锻炼的对象和作用分

（1）治疗性运动处方。以治疗疾病、提高康复效果为主要目的。

（2）预防性运动处方。以增强体质、预防疾病、提高健康水平为主要目的。

（3）健身、健美运动处方。以提高身体素质、运动能力、健美为主要目的。

2. 按锻炼的器官系统分

（1）心血管系统康复的运动处方。

（2）运动系统康复的运动处方。

（3）神经系统康复的运动处方。

(4) 呼吸系统康复的运动处方。

3. 按健康的构成分

(1) 改善身体形态的运动处方。身体形态主要通过身高、体重、坐高、胸围、腰围、臀围和皮褶厚度等指标反映。制订相应的运动处方，通过锻炼使形态得到改善。如增加身高运动处方、控制体重运动处方、改善胸围运动处方等。

(2) 增强身体机能的运动处方。身体机能是人体各器官、系统及整体所表现出来的生命活动现象。制订相应的运动处方，能增强各器官、各系统的功能，提高健康水平。如增强心血管功能运动处方、增强肺功能运动处方、促进消化功能运动处方等。

(3) 增强身体素质的运动处方。人体肌肉活动中所表现出来的力量、速度、耐力、灵敏度及柔韧性等能力统称为身体素质，它是人体为适应环境变化所存储的身体能力要素。为增强身体素质制订的运动处方，如增强力量素质运动处方、增强速度素质运动处方、提高耐力素质运动处方、发展灵敏性素质运动处方等。

(4) 调节心理状态的运动处方。健康的心理可以维持人的正常情绪，保持人的正常生理功能，以适应内外环境的各种刺激。制订有关的健心运动处方，通过锻炼增进心理健康。如培养意志品质运动处方、增进健康情感运动处方等。

(5) 提高适应能力的运动处方。适应是指与周围环境的关系发生较大变化时人体采取的一系列被动性与主动性调整，这些调整大部分属于保护性反应。通过提高适应能力运动处方的锻炼，可以提高人体对内外环境各种变化的适应能力，增强对疾病和有害生物因素的抵抗能力，以及对各种社会心理紧张刺激的应激能力。

(六) 常见的运动处方

1. 运动处方金字塔

运动处方金字塔是根据美国运动医学会 2010 年对一般大众人群所给的日常运动推荐值所制订的运动处方，其构成类似于金字塔，称为运动处方金字塔（图 5-2)。

运动处方金字塔是适用于指导一般大众人群的运动处方。

2. 提高有氧耐力的运动处方

(1) 运动目的。

改善心肺功能，提高有氧耐力，增强体质。

(2) 运动项目。

有氧慢跑、游泳、登山、自行车。

(3) 运动强度。

30～45 岁身体健康而未经过训练的人：心率在 140～150 次/分。50～60 岁的健康中年人在参加锻炼的初期，心率不应超过 140 次/分。

(4) 运动时间。

(1) 身体健康且经常参加锻炼者，每次持续运动时间 30～40 分。

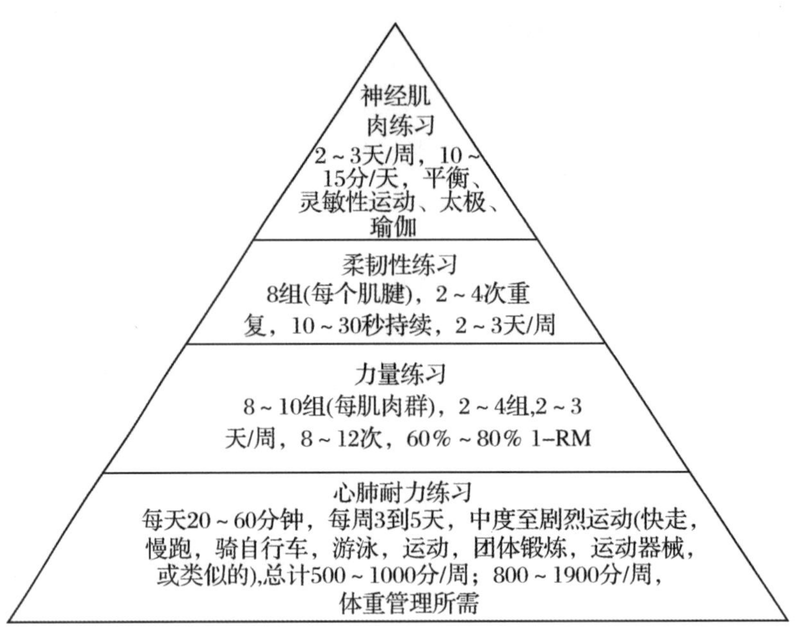

图 5-2 运动处方金字塔

（2）从未参加运动锻炼或者身体虚弱者，锻炼初级阶段每次运动时间可以适当减少，当身体适应后再逐渐增加。

（5）运动频率。

一般一周 3 次或者隔日一次，每周运动总时间不得低于 80 分。

（6）注意事项。

（1）老年人要避免在 22：00 到 8：00 这段时间进行运动，因为这段时间血液黏度增加。

（2）要充分做好准备活动。

（3）掌握好呼吸节奏。

（4）冬天运动时要注意保暖。

（5）患病时要注意休息。

（6）运动时要注意安全，防止运动损伤。

3. 提高肌肉力量的运动处方

（1）运动目的。提高全身肌肉力量。

（2）运动项目。① 上肢；俯撑、单杠垂体引体向上、双杠支撑臂屈伸。② 躯干；仰卧起坐、俯卧挺身、侧卧起坐。③ 下肢；蛙跳、单脚跳、深蹲。

（3）运动时间。20 次×3～5 组。

（4）运动强度。

①运动心率控制：130～150 次/分。②代谢强度：中到大。③用力级别：70%～80%1-RM（只能做一个的最大负荷）。

②运动频率。每周2～3次。

(6) 注意事项。① 防止过度疲劳。② 不要长时间憋气，呼吸与动作呈一定节奏。③ 按照上肢到躯干到下肢的顺序，不专做同一部位的练习。

4. 一般肥胖者的运动处方

(1) 运动目的。

减肥。其他还包括：

①改善内分泌系统功能，视神经一体液调节区域正常。

②通过有氧运动提高机体有氧代谢能力，提高物质代谢、能量代谢，促进脂肪有氧利用，降低摄食效率。

③改善新陈代谢紊乱，调节碳水化合物和脂肪代谢过程，使之达到体能稳态有序化。

④改善心血管系统和呼吸系统机能，提高心肺功能，增强体质。

(2) 运动种类。

①中低强度有氧耐力运动：如步行、跑步、骑自行车、游泳、划船等大肌肉群参加的长时间运动。慢速长跑是消耗热量最多、减肥见效最快的项目。

②低强度的肌肉力量练习：通过锻炼身体某一部分的肌肉，消耗局部脂肪，增强肌力，主要是进行四肢大肌群、躯干及腹部的局部运动。

③传统养身操：如养身气功、太极拳、太极剑、八段锦、瑜伽。

④各种球类运动。

(3) 运动强度。运动心率控制：110～150次/分。

(4) 运动时间。30～60分，其中达到适宜心率时间必须在30～40分以上，40分以上效果更好。

(5) 运动频率。每周3～4次。

(6) 注意事项。① 减肥运动不能急于求成，要持之以恒，运动强度不要太大，但时间要尽可能长。② 运动应与饮食控制结合。③ 运动量由小到大，循序渐进。

三、运动健身的安排

(一) 长期运动健身的科学安排

运动健身只有持之以恒，才能取得理想的健身效果。因此，锻炼者在体育锻炼前应根据自身条件、健身目的，制订出一个长期稳定而又切合实际的锻炼计划。在制定长期运动健身计划时，至少应考虑锻炼者的健身目的、年龄和季节等多方面的因素。

1. 根据健身目的科学安排运动健身

在进行体育锻炼前，每个人都有较明显的健身目的，这是人们科学安排体育锻炼的重要依据。如果是为了增强体质，提高健康水平，那么，安排体育锻炼的内容和时间就比较灵活一些，可以跑步、打球、练习武术等，时间可长可短。如果是为了提高肌肉力量，就应该以力量练习为主，每周训练3次，其余时间用于身体机能的全面发展。增加肌肉力量应有较科学、现实的目标，制定目标时不要太高，要留有余地。目标过高，肌肉力量增长过快，不仅对肌肉本身不利，反而会破坏机体的协调发展。如果以减肥为主要目的进行体育锻炼，就应该以有氧运动为主，运动的时间相对较长，以使体内的多余脂肪充分消耗，通过体育锻炼减肥，每月减体重2千克比较合适。如果女性为了保持优美的身材和体形所进行的体育锻炼，就应该多做一些健美操运动。

2. 根据季节科学安排运动健身

不同季节的气候条件对安排体育锻炼也有影响，锻炼者应考虑季节气候的变化规律安排体育锻炼，并应注意季节交替时体育锻炼内容的衔接。

（1）春季锻炼。

一年之计在于春，春季科学地进行体育锻炼可以为一年的体育锻炼和身体健康打下较好的基础。经过寒冷的冬季，身体各器官的功能包括肌肉的功能都处于较低水平，肌肉、韧带也较为僵硬，所以开春进行体育锻炼，主要是为了加强体内的新陈代谢为主，逐渐提高各器官的机能水平。体育锻炼的内容应以有氧代谢为主，运动强度要逐渐增加，运动形式多为长跑、自行车、跳绳、爬山、球类等。在春季进行体育锻炼时，要做好准备活动，充分伸展僵硬的韧带，以减少运动损伤。同时，要注意增减衣服，防止感冒。

（2）夏季锻炼。

夏季天气炎热，给体育活动带来很大不便，但如果夏季停止体育锻炼则破坏了体育锻炼的连续性。所以，夏季既要坚持体育锻炼，又要掌握锻炼的空间和时间。夏季最理想的运动是游泳，这项运动不仅可以提高身体机能，同时又可防暑解热。但并不是所有人都有条件或适合进行游泳运动。夏季供人们可选择的体育锻炼项目还有慢跑、散步、太极拳、羽毛球等。在进行这些项目的运动时，最好是在清晨和傍晚进行，运动后要注意水分的补充，以防身体脱水和中暑。

（3）秋季锻炼。

秋高气爽，是体育锻炼的大好季节。体育运动中许多重大的国际比赛都安排在秋季进行，说明秋季适合多种体育活动的开展，如篮球、排球、足球、长跑、武术、自行车等。一些冬季锻炼项目，如冬泳、冷水浴等，也应该从夏末秋初就开始准备，以便身体有一定的适应过程。秋季进行体育锻炼时，由于天气变化无常，早晚气温较低，锻炼时要注意及时增减衣服。另外，秋天的天气干燥。锻炼前后要补充水分，以保持黏膜的正常分泌和呼吸道的湿润。

（4）冬季锻炼。

冬季参加体育锻炼，不仅可以提高身体的一般健康水平，更重要的是可以提高身体的抗寒能力，预防各种疾病的发生，所谓的“冬练三九”就是这个道理。冬季体育锻炼的内容非常丰富，一般人可进行长跑、足球、拔河等，少年儿童可选择跳绳、踢毽子、跳橡皮筋；老年人可选择慢跑、太极拳、广播体操；北方还可练习滑雪、滑

冰。冬季锻炼时身体生理机能惰性较大，肌肉组织容易受伤，所以要做好准备活动。运动最好采用口鼻呼吸方式，吸气时，口不要开得太大，防止冷空气直接刺激口腔黏膜。

3. 根据年龄科学安排运动量

体育锻炼时，运动量是影响锻炼效果的重要因素。运动量过小，锻炼效果不明显；运动量太大，会对身体机能产生不利影响。并且，因不同年龄的人身体状况不同，体育锻炼的运动量也不同。

（1）处于生长发育时期的青少年，随着年龄的增加，身体机能不断提高，这就要求锻炼者的活动量不断增加，以使运动量不断适应日益提高的身体机能。如果青少年的活动量只是停留在较低水平，那么，所从事的体育锻炼就只能保持身体机能不下降，而无法有效地提高身体机能。

（2）成年人的身体机能较为稳定，进行体育锻炼主要是为了保持身体机能，预防种种疾病。在体育锻炼的开始阶段，活动量可逐渐增加，当身体机能达到一定水平后，就应保持原运动量。从青少年就开始进行体育锻炼者，到成年阶段，活动量也不要继续增加，因为在成人阶段，想较大幅度地提高整体机能是不现实的。

（3）老年人参加体育锻炼的目的是为了延缓衰老，所以，老年人体育锻炼时的活动量不要太大。体育活动的开始阶段，运动量可适当增加，当活动量达到一定水平后，运动量就应相对稳定。作为长期锻炼计划，老年人活动量的变化趋势应该是逐年减少的。这是由于经常参加体育锻炼的老人虽然身体机能比一般老人好，可以延缓他们的衰老过程，但并不能抑制人体的衰老过程。即使参加体育锻炼，老年人的身体机能也是逐年下降的。如果老年人的活动量常年不变，甚至增加，则很容易由于身体机能的不适应，而出现各种意外事故。所以对于老年人来说，切不要因为自我感觉较好，而随意增加运动量。

4. 中断运动健身后重新恢复运动

前面提到，要想取得理想的体育锻炼效果，必须坚持经常、系统的体育锻炼，但在实际生活中，往往会由于生病、受伤、家庭意外事件等这样或那样的原因而中断一定时间的体育锻炼。那么，再开始体育锻炼时，就要根据中断体育锻炼的原因、时间长短和锻炼者的身体情况，重新制定一个短时间的恢复性体育锻炼计划。

（1）由于身体状况而中断体育锻炼，如疾病、受伤等，在恢复锻炼时要注意活动量相对较小一些，恢复锻炼时多做一些轻微性活动，恢复时间也可长一些。如果是由于非身体条件而中断体育锻炼，活动量可大一些，适应性时间可短一些。中断体育锻炼的时间越长，其恢复时间就越长。

（2）在过渡性锻炼过程中，主要进行小强度体育锻炼，运动形式有慢走、慢跑、太极拳等，运动时心率以每分钟 120 次为宜，一般不超过每分钟 140 次。

（3）对年轻人来说，由于其身体机能好，代谢旺盛，过渡性锻炼的时间可短一些，一般有一周左右的时间就足够了。而对老年人来说，同样的原因中断体育锻炼，其过渡时间要比年轻人长一倍。

（二）一次运动健身活动的科学安排

体育锻炼实际是以每天为单元进行的，一般情况下，每天进行一次体育活动。每次体育锻炼活动，一般都要经过准备活动、运动强度逐渐增加、保持相对稳定的活动时间、身体疲劳与恢复等阶段，因此，体育锻炼者应学会科学地安排每次锻炼，以获得理想的健身效果。

1. 充分的准备活动

在每次体育锻炼前都要进行充分的准备活动，通过准备活动既可以提高锻炼效果，又可以减少运动损伤。准备活动分为一般性的和专项性的。一般性准备活动指在正式练习前所进行的活动量较小的全身性体育锻炼，运动形式主要是慢跑，同时可做一些伸展性体操和牵拉性练习，主要目的是使身体各器官活动充分为即将开始的体育锻炼做好准备。活动时间一般为5～10分钟，天气冷准备活动时间可长一些，天气热可短一些，如果活动的形式是散步，则可以不做准备活动。专项准备活动主要指一些与活动项目相似的准备活动内容，如踢足球前的传接球、射门，武术前的踢腿、劈叉等。专项活动的时间不要太长，但活动的质量要高。准备活动不仅使身体机能进入最佳状态，而且也要使心理活动达到最佳水平，准备活动结束时，应保证身体和心理的全面投入。

2. 运动强度逐渐增加

在正式进行一次体育锻炼时，活动量也要遵循循序渐进的原则，不要一开始就突然增加运动强度，这样会使身体出现一系列不适反应。这是因为人体的各器官都有一定惰性，在运动开始后的一段时间有一个逐步提高的过程。由于内脏器官的生理惰性比运动器官的惰性更大，所以活动一开始，肌肉能进行大强度活动，但内脏器官的活动并不能立即进入最佳状态，从而造成内脏器官与运动器官的不协调，出现各种不适症状。因此，活动开始后，运动强度要逐渐增加。

3. 足够的锻炼时间

以健身为主要目的的体育锻炼，应当以有氧运动形式为主，因此，运动强度不要过大，但要保证足够的锻炼时间。在体育锻炼中，运动强度并不是主要的，而运动时间是影响锻炼效果的重要因素，因此，体育锻炼者在安排锻炼时间时，应注意以下几个问题：

（1）为了保证基本的锻炼效果，每天锻炼的时间应至少在半小时以上。在运动强度与运动时间之间出现矛盾时，应首先考虑运动时间，如果每天锻炼不能保证半小时，即使强度增加，健身效果也不明显。

（2）如果锻炼者的工作、学习较忙，每天无法挤出整半小时的时间进行锻炼，可

以采取化整为零的办法，即每次锻炼 10 分钟，每天锻炼若干次，也同样可以取得较好的锻炼效果。对于初次参加体育锻炼或身体机能较差者，如果一开始不能进行持续半小时的体育锻炼，亦可采用此办法。

（3）保证足够的锻炼时间不是说每次锻炼的时间越长越好，不管从事什么强度的体育锻炼，即使是散步这种小强度的体育锻炼，锻炼时间也不要超过 2 小时，一般情况下，每天锻炼 1 小时效果最好，身体素质好的人，时间可长一些，机能差者，时间可短些。

4. 身体疲劳与恢复

人体经过体育锻炼一段时间后，必然会产生疲劳，疲劳是一种生理现象，任何体育锻炼都会产生疲劳，人体只有通过体育锻炼产生疲劳，才能出现身体机能的超量恢复。但是，疲劳的不断积累也可能造成身体的过度疲劳，后者会对机体产生不利影响。所以，了解锻炼时疲劳产生的原因，掌握疲劳诊断和消除方法，对提高锻炼效果具有重要意义。

体育锻炼后尽快地消除疲劳可以缩短身体恢复时间，有效地提高锻炼效果。常见的疲劳消除手段有：

（1）足够的睡眠。

体育锻炼中能源物质大量消耗，身体机能明显下降，充分的休息是保证疲劳尽快消除的重要手段，而休息的最佳手段为睡眠。因此，在体育锻炼后，要保证足够的睡眠，比不运动时睡眠的时间要长，否则，虽然体育锻炼很努力，但收效甚微。

（2）整理性活动。

在体育锻炼后可采用一些整理性活动，对促进身体机能的恢复有明显的作用。整理性活动主要包括一些小强度慢跑、伸展性练习、按摩等。

（3）营养补充。

运动中能源物质的消耗是疲劳产生的原因之一。因此，消除疲劳的前提是使消耗的能源物质及时补充。不同的体育锻炼形式补充的能源不同。一般来讲，力量练习后补充蛋白质，耐力练习后补充淀粉，而水果和蔬菜是各种体育锻炼后都应补充的“家常便饭”。

（4）其他。

在体育锻炼后还可以采用其他一些手段促进疲劳的消除，如温水浴、听音乐等，这些看似平常的方法对身体机能的恢复都有不可低估的作用。

第六章　健身现状与发展策略探讨

随着现代社会的快速发展，体育运动发展也更加呈现出多元化的态势。尤其是近几年来，休闲体育、群众体育等新型体育运动得到快速发展，并且随着全民健身计划及健身运动的实施和开展，大众健身运动在我国正如火如荼地开展着。本章就现代大众健身现状与发展策略进行研究，内容包括现代大众健身运动的发展现状，全民健身、群众体育的开展现状，现代大众健身运动发展的制约因素以及发展趋势与对策。

第一节　现代健身运动的发展现状

在当今社会里，大众健身运动不仅仅是一种健身运动方式，更是人们生活中不可缺少的一部分，甚至它本身就作为一种新的生活方式而存在。进入 21 世纪以来，国内外形势发展很快，一些与大众健身相关的社会因素也发生了很大变化：生活的富足和余暇时间的延长，给人们提供了更多的休闲锻炼的机会；激烈的社会竞争和都市“文明病”的流行，使人们对“健康第一”的认识进一步强化；而 2008 年北京奥运会的成功举办，更极大地激发了民众的体育热情。此外，生活的富足和余暇时间的延长，以及人们对“健康第一”认识的进一步强化等，各种因素都为大众健身运动的发展提供了良好的契机。所以，在这种新的社会背景下，认真地审视我国大众健身体育的发展现状，客观准确地判断我国大众健身体育的发展趋势，既是放眼未来，制定新时期我国大众体育发展战略的实际需要，又是与时俱进，满足人民群众日益增长的体育需求的具体措施，对于全面建设社会主义和谐社会，具有重要历史意义。我国大众健身的发展，其现状基本如下。

一、我国大众健身发展取得的成就

（一）健康观念深入人心，体育人口稳步增长

伴随着人民生活水平的不断提高，人们对健康长寿的追求更为迫切。“健康第一”“生命质量”等观念日益深入人心。健康观念和健身意识正在成为社会主导意识，体育锻炼人数增长迅速。体育健身运动以广大民众为参与主体，民众对体育健身运动的参与程度反映出这项运动向社会渗透的深度与广度，这就是体育人口的发展状况。体育人口是指经常参加体育健身运动，具有统计意义的人口占总人口的百分比，体育人口数量是反映人们参加体育健身运动的深度和广度的最为直接的指标，近年来，这项指标有了较明显的增长。调查表明，2000 年我国 16 岁以上城乡居民中有 35%的人参

加过一次或一次以上体育活动，比 1996 年增长了 0.65%；16 岁以上的体育人口为 18.3%，比 1996 年增长了 2.8%。这很好地说明了体育健身已为越来越多的群众所接受，成为一种文明的生活方式。

为了有效地推动《全民健身计划纲要》的实施和全民健身活动的广泛开展，我国每年举行一次“全民健身宣传周”活动，产生了广泛的社会影响，有效地增强了群众的体育健身意识。同时，随着我国民众生活水平的逐年提高，人们用于购买健身用品、参加健身培训、参与健身活动的投入也逐年增多，体育健身消费受到以中青年为主体的广大民众的青睐，体育健身产业及其相关产业有了飞速的发展。

（二）大众健身的物质条件显著提高

近年来，国家体育主管部门和社会各界加大了对体育场地设施建设的投入。从 1997 年开始，利用体育彩票公益金兴建“全民健身工程”，国家和地方共投入体育彩票公益金 3 亿多元人民币，共建全民健身工程 3 000 多项，建设全民健身路径近万条，其中地方投资建设的占 70%以上。根据 2004 年第五次全国体育场地普查的结果，我国有各类体育场地 85 万个，比 1995 年增加 38%。平均每万人拥有体育场地 6.58 个，人均体育场地面积为 1.03 平方米，分别比 1995 年增长 31.6%和 58.46%。同时，为了解决群众体育健身场地不足并充分利用现有体育设施为全民服务，全国现有各类体育场馆绝大多数公共体育场馆已向社会开放。1998 年和 1999 年共建“全民健身工程” 1 182 个，分布在全国 77 个城市，911 个社区，其中健身路径 1 426 条，其他体育设施 1 089 个。2000 年时国家体育总局又出资 3 240 万元，兴建了第三批“全民健身工程”和 2 200 多条“全民健身路径”。此外，近几年，发行体育彩票为全民健身活动开展所需的经费提供了有力支持。体育彩票公益金收入部分的 60%用于实施全民健身计划，使得各级机构的群众体育经费逐年增加，使得全民健身活动的经费问题得以较好的解决。

（三）群众性体育活动形成热潮

2004 年，根据国家体育总局群体司对 24 个省区市体育局群众体育处的调查，将省区市体育局群众体育处推荐的当地城市最普及的 10 个体育项目集合，城市中最普及的体育项目共有 38 个，按推荐省区市的频数计算，列在前 10 位的是：乒乓球、健身（美）操、太极拳（剑、扇）、篮球、羽毛球、（走）跑步、游泳、门球、健身秧歌、武术。列在 11～20 位的是：广播操、棋牌、木兰扇（剑、拳）、腰鼓、健身球、体育舞蹈、排舞、自行车、台球、毽球。列在 21 位以后的是：交谊舞、钓鱼、广场舞、冬泳、三大球类、太极柔力球、吉特帕（水兵舞）、舞龙舞狮、花毽、风筝、轮滑、练功十八法、益智球。2009 年 1 月，国务院决定自 2009 年起，每年的 8 月 8 日为全国的“全民健身日”；2009 年 9 月，国务院公布了《全民健身条例》，这是我国第一部全面、系统的全民健身事业发展的专门性行政法规，是我国全民健身事业法制化、规范化的重要标志，是加快全民健身事业科学发展、建立全民健身长效化机制的重要举措，是满足人民群众体育健身需求、促进体育事业协调发展的重要保障。

（四）大众健身的发展已纳入法制轨道

1995 年颁布了《中华人民共和国体育法》，标志着我国体育工作进入了依法行政、依法治体阶段，也从根本上确立了大众体育的发展地位和作用。同年，国务院下发了《全民健身计划纲要》（以下简称《纲要》），这是我国发展社会体育事业的一项重大决策，是促进全民健身事业科学发展的纲领性文件。

《纲要》对 2010 年前我国全民健身的目标、任务、对象、重点、对策、措施和实施步骤等进行了计划和部署，并辅以“全民健身一二一工程”，予以落实。《纲要》是与实现社会主义现代化目标相配套的一项增强国民体质的系统工程和跨世纪的发展战略规划，得到了党和国家领导人的高度重视。在党的领导下，在各级人大、政府的重视下，各级体育行政部门共同努力，在全民健身活动管理法制化的进程中取得了显著成果。

2009 年 1 月，国务院决定自 2009 年起，每年的 8 月 8 日为全国的“全民健身日”；2009 年 9 月，国务院公布了《全民健身条例》，这是我国第一部全面、系统的全民健身事业发展的专门性行政法规，是我国全民健身事业法制化、规范化的重要标志。《全民健身条例》的颁布和实施是新时期我国加快全民健身事业科学发展、建立全民健身长效化机制的重要举措，为人民群众体育健身需求的满足和大众体育健身事业的发展提供了重要的法规保障。

截至 2015 年，我国系统性的全民健身活动与组织活动开展了已有 20 年，2011 年 2 月 24 日，国务院发布《全民健身计划（2011—2015 年）》（国发〔2011〕5 号），提出到 2015 年形成覆盖城乡比较健全的全民健身公共服务体系。在各省（区、市）领导班子的带动下，由省级领导人担任主要负责人，由若干成员单位组成的省级全民健身工作领导协调机构，地级建立这种类型机构的占 98%以上，县级占 95%以上。大批街道、乡镇也建立了类似的机构。我国已经逐步建立起纵贯全省、地、县、乡，横跨行业系统、群众组织、社会团体，政府领导、体育行政部门组织、各方齐抓共建的新型社会体育组织领导机制。形成了法律保障、行政推进，用搞建设的思路走社会化的路子，用建设系统工程的方式来发展群众体育健身的新模式。

2016 年 6 月，国务院通过并颁布实施了《全民健身计划（2016—2020 年）》，为我国未来五年全民健身活动的开展提供了进一步明确的指导意见和目标。

此外，随着国家《全民健身条例》进入实质性的论证和立法阶段。《体育法》的进一步贯彻落实，这些法律法规使我国的全民健身事业进入一个新的更高层次的发展阶段。人民健身权利的法律保护保证了大众健身的法制化，是促进大众健身活动和大众健身事业发展的重要法制基础。

（五）大众健身的组织工作更加完善

国外经验证明，体育健身运动需要有一定的组织保证。随着体育体制改革的不断

深化，体育社会化程度的不断提高，逐步形成了中央、省、市（地）、区（县）、街道（乡镇）的体育社团的层次结构，基本覆盖了全国城乡的广大地区。体育社团的类型包括了体育总会、群众体协、项目体协等。至今，我国社会体育已经初步形成了一个以体育社团为主线，以基层体育指导站、活动点为点的点线结合，覆盖面广的社会化群众体育组织网络。

（六）社区体育和老年体育发展迅速

社会主义市场经济体制的确立，打破了原有计划经济体制下福利型、统一性的“单位大众体育”模式，取而代之的是以地缘联系为纽带、以业余自愿为前提的社区体育。城镇社区体育最具中国特色的是“晨练”。据对全国 144 个街道、乡镇调查，平均每个乡镇街道社区有体育锻炼站点 2.8 个，平均每个活动点 136 人，并有增长速度逐年提高的趋势。随着我国医疗卫生事业的发展和人民物质生活水平的提高，我国人口的平均寿命也大大地延长了，老年人口已逾 1.3 亿，超过人口总数的 10%，已进入老龄化国家阶段。老年人对健康有怀旧感，对长寿有紧迫感，且闲暇多，参加锻炼比例高。据 2001 年抽样统计，在城市晨晚练者中，老年人约占 63.3%，已成为大众体育锻炼队伍的主力军。

（七）学校体育发展迅速

国家体育总局积极配合教育部改革学校体育，修订国家体育锻炼标准，将实施《标准》作为学校体育考试的一项内容，并会同教育部共同制定了《少年儿童体育学校管理办法》《体育传统项目学校管理办法》等法规文件，进一步加强对青少年的素质教育，培养学生德智体全面发展。学校体育是我国国民体育的基础，学校体育在我国全民健身体系中具有重要的战略地位。此外，学校体育在推动群众体育的发展方面起着重要的作用。在我国体育人口的组成成分中，学校学生占了很大一部分。由于学生在学校受到了良好的体育教育，这些学生毕业后就可以成为社会上群众体育的指导人员和骨干力量，推动全民健身服务的开展。因此说，学校体育的发展程度，也反映了我国群众体育的普及水平。

2016 年，为进一步促进学校体育发展、改善在校学生的体质和提高其身心健康水平，国务院办公厅于 5 月 6 日印发了《关于强化学校体育促进学生身心健康全面发展的意见》（国办发〔2016〕27 号），强调发挥体育在推进素质教育中的综合作用。到 2020 年，“体育教学质量明显提高，学生体育锻炼习惯基本养成，运动技能和体质健康水平明显提升，规则意识、合作精神和意志品质显著增强，基本形成体系健全、制度完善、充满活力、注重实效的中国特色学校体育发展格局”。指明了我国校园体育发展的重要目标和方向。

新时期，强化学校体育对于促进教育现代化、建设健康中国和人力资源强国，实现中华民族伟大复兴的中国梦具有重要意义。以学校体育教育来扩大体育人口，使在校学生建立健身体育意识，并在毕业后能持续参与各种形式的大众健身活动，形成良好的社会健身文化氛围对于我国大众健身发展意义重大。

（八）民族传统体育继续发展，新兴的体育旅游逐渐兴起

我国居民体育锻炼参加人数最多的项目是武术、秧歌舞、太极拳（剑），等等，放风筝、踢毽子的也为数不少。他们多半采用体现民族健身传统的项目，反映丰富心态的娱乐性、休闲性项目，配以音乐的文艺体育相结合的项目，不需要严格的场地设备的非竞技性项目。同时，由于闲暇时间的增长，激活了假日经济，也带动了旅游市场。经过几年的磨合，人们的消费取向逐渐成熟，开始由观光转向休闲，由被动赏景转向主动参与，体育健身日益成为旅游的一大卖点。

二、我国大众健身发展中存在的问题

改革开放几十年来，我国大众体育和大众健身的发展取得了巨大的成就，但由于众多原因，在发展过程中也存在一些问题，基本如下：

（一）大众健身设施条件较差

就当前来说，在我国城市，体育场馆等体育活动场地一般都具备了，但是，到体育场馆锻炼身体的人并不多。而在一些农村地区，由于经济发展水平较低，基础设施建设严重不足。同时，我国各类体育场馆不但数量少，而且开放率低，全部向居民开放的只有44.1%。另据对北京、天津、上海三地抽取各级各类学校调查，学校体育场馆全部向社会开放率为56.7%，部分开放率为28.4%。目前，学校体育场馆开放的主要对象是本校学生，其次是有组织的运动会、体育活动，有组织的训练。可见体育场馆没有得到充分和科学的利用。近些年来，国家为体育锻炼场地投资经费总计达百亿元之多。这类大型的体育场馆只是进行竞技比赛，未能充分考虑一般百姓从事体育活动的需要，人们只是“旁观者”，不是“参与者”，因此造成体育比赛场地多，利用率低，而为大众提供体育健身活动的场地和器材太少，大大阻碍了大众健身运动的发展。

（二）大众健身运动发展区域不平衡

我国是一个发展中的国家，地区之间、城乡之间经济存在着发展的不平衡性。西部落后于东部、农村落后于城市。东部和沿海地区及城市参加体育健身活动的人较多些，而在西部地区和广大农村，特别是比较边远地区的农民就更谈不上健身的问题。据资料表明，在发达城市与不发达城市之间进行比较，他们在健身意识、体育人口、体育健身场所、体育消费水平等方面都存在着较大的差异。例如，在体育活动占闲暇时间的比例项目调查中，上海市为38.3%、山东省33.3%，而四川省则为29.8%，存在较大的地区间差异。在体育健身频度的选择上，广州市有41.3%的人选择每周锻炼3次以上，35.1%的人为每周1～2次；北京市为29.4%人3次以上，36.3%为1～2次；四川省则只有18%的人选择3次以上。说明了在西部地区一方面人们的体育锻炼意识比较落后，另一方面也表明了一种与经济实力发展趋势相吻合的特点。我国尚

属社会主义的初级阶段，在城镇居民已进入“小康型”和“后小康型”发展阶段时，广大农村还处于“温饱型”或“由温饱向小康型”的过渡时期。西部落后地区甚至还没有解决温饱问题。因此，农村体育相当落后，据抽样调查，体力劳动消耗很大的农民中有近一半认为体育锻炼没有必要，经常锻炼者只占总人口的3.4%，有的乡村甚至还没有锻炼群体。

（三）大众健身运动指导员数量不足，质量不高

进行有组织、有计划、有指导的体育锻炼是大众体育现代化的重要标志。资料表明，国外一些健身运动开展较好的国家，对体育指导员的配备十分重视。例如，日本的14种体育设施，有22%配备了专门的体育指导人员。在我国，群众健身活动发展很不平衡，体育指导员的人数还极为有限，即使有，也只是临时请的体育老师或体育教练，一般没有经过专门系统的培训。而一般情况下，有组织指导者、管理者，健身活动就开展得好些。所以，加强对大众体育的科学指导，培育社会体育指导人才，是大众体育发展的根本任务之一。

（四）参与大众健身的人群结构不合理

资料表明，经常参加体育活动的人员为“老、少”人群，即为老年人和在校学生，而中青年则相对较少。我国体育人口年龄结构呈马鞍型，青少年与老年人群体育人口比例显著高于中年人群。在我国现实社会中，身强力壮、年富力强的25～50岁年龄段的青壮年劳动力人口是参加健身活动最少的人群。根据近几年全国人口普查结果显示，我国在25～50岁这一年龄段的青壮年劳动力人口约为5.5亿（农村约4.5亿、城市约1亿），这部分人是社会的脊梁，家庭的中坚，社会、家庭不仅需要他们的知识、本领和能力，更需要他们的身心健康。然而他们在事业、家庭等方面疲于奔波，很难再有精力顾及自己的健康，他们缺少老年人那种充裕的闲暇时间和青少年学生上体育课的条件及活泼好动的行为。除此之外，影响人们参加健身锻炼的原因还有自身懒惰，但更重要的是外部原因所致，如工作紧张、人际关系、场地器材、家务、辅导孩子等。我国各年龄阶段的人群对健身意识都存在观念上的问题，这是一种对社会、对人生缺乏责任的生活态度。健康非个人私事，它是关系到社会发展和民族兴衰的国家大事。

（五）体育消费水平差异显著

但由于受传统观念和经济收入等因素的制约，目前我国人民的体育消费意识尚处于觉醒阶段。有资料表明，发达城市与发展中城市之间体育消费水平有显著差异。此外，在体育消费观念和水平上也存在着极度的分化现象。城市高收入阶层和白领阶层，参与体育娱乐活动的层次较高，也意识到了健康的重要性，有了花钱买健康的观念，保龄球馆、高尔夫球、网球等活动成为他们的时尚。而工薪阶层和低收入阶层要为生活努力奔波，工作压力大，没有时间进行体育锻炼；而且也没有相应的消费能力去进行体育锻炼。

(六)健身运动的负荷较低,效果不显著

由于传统文化的影响,养生是我国居民体育锻炼的基本出发点。锻炼者中以治病和长寿为目的的占总数的64.3%,他们多半采用太极拳、民族舞、散步,甚至是弹唱、聊天来健身,因而运动强度小,身体负荷低。据调查,参加中等强度和高强度锻炼的只占锻炼者总数的7.74%和8.44%。而西方国家大众体育锻炼采用的是对抗性强和相对激烈的竞技性项目,其运动负荷较高,强身效果较明显。

(七)大众体育发展处于孤立状态,且水平较低

大众健身活动、学校体育和竞技体育,三者相互结合,互为促进,是加快体育运动发展的必然要求。大众健身活动应该是学校体育的延伸和继续,是竞技体育的基础。而目前我国大众健身活动,多半在非体育场地,采用非竞技项目;运动员封闭训练,难得与百姓和学生一见。学校体育场馆对居民紧闭大门,生怕扰乱了校园的宁静,这种相互封闭、相互割裂的体制与现代大众健身活动的发展很不相称。同时,比赛本身是体育运动技能发展到一定程度的必然要求,但我国的大众健身活动竞技性较低,很少有比赛机会。据调查,除门球、网球和节日长跑等已形成了比赛制度以外,其余绝大部分项目均处于自娱自乐状态。

(八)部分群众健身意识误区较多

目前,尽管我国人民的健身意识在整体上有较大的提高,但是部分群众的体育思想仍然非常落后,亟待改进提高,这部分群众在健身意识方面存在的问题有:① 老年人保健意识。大多数年轻人认为健身锻炼是中老年人的事,自己身体强壮不需要锻炼。② 药补意识。认为锻不锻炼对身体无所谓,只要进食补药就能健身。③ 非体育性的娱乐意识。用打扑克、玩麻将来代替体育锻炼。④ 被动的欣赏意识。自己不参加健身只欣赏体育比赛,充当体育观众。⑤ 唯竞技意识。认为参加体育锻炼仅仅是为了参加某项比赛并取得名次。

进入21世纪以来,我国经济增长速度较快,但国民整体的健康素质状况却欠佳,尤其是和发达国家相比,差距就更加明显。这种堪忧的状况已经影响到我国的社会主义建设,更严峻的问题是我国将进入老龄化社会,如果没有较好的社会健康水平,不仅会严重阻碍社会主义现代化建设的进程,而且还将给个人和家庭造成许多难以解决的困难和矛盾。从现在起到21世纪中叶,是我国社会发展的关键时刻。因此,动员全国人民和全社会不失时机地开展以健身锻炼为主要手段的健身活动,使经常参加体育锻炼的人数不断增长,使体育锻炼成为我国人民生活的自觉需求,使我国国民体质和群众体育的主要指标在21世纪中叶达到或超过中等发达国家水平,是全面落实国民素质建设,加快经济建设和社会发展步伐,建设有中国特色社会主义的重要保障。

第二节　全民健身与群众体育的开展现状

一、我国全民健身的开展现状

当前，随着全民健身理念的不断深入，我国健身运动日益流行起来，这对于人们的体质增强，精神文化生活的丰富，以及和谐社会的建设都具有非常重要的意义。目前我国全民健身的发展现状主要体现在以下几个方面：

（一）政府越来越重视全民健身

近年来，我国政府部门及领导每年都会听取《全民健身计划纲要》的实施工作汇报，并根据计划纲要的实施情况作出相应的指示。全国各省市相关部门也加大了宣传与推广健身运动的力度，并成立了与此相关的组织机构，加大了社会主义物质文明与精神文明建设的力度。由此可见，健身运动越来越受到我国政府部门的高度重视，这对于健身运动的发展是极为有利的。

（二）全民健身意识逐步增强

为了更好地促进我国全民健身活动的开展，实现《全民健身计划纲要》中规定的目标，我国每年都举行一次“全民健身宣传周”活动，这有效地促进了人们健身意识的提高，激发了人们自觉参与运动健身的积极性和兴趣。每年我国各个地区都会开展各种体育节、各种类型的体育运动会等，这对于推动我国健身运动的发展具有重要的意义和作用。总之，在这样的背景和形势下，人们的健身意识也在潜移默化中得以增强。

（三）全民健身队伍不断壮大

近些年来，我国全民健身活动得到了广泛的发展，这极大地促进了群众体育工作队伍的建设，省级体育行政部门中群众体育干部的数量占干部总人数的比例逐渐增加，在省、地、县体育事业单位中，从事群众体育的人员也在增加，省级体育总会中的专职人员与兼职人员有更多的增加，此外，乡镇、街道专职体育工作人员都有较大幅度增加。这说明我国全民健身队伍在不断壮大。目前，我国初步形成了以体育行政管理人员为主导，以体育社会团体人员和乡镇、街道体育干部为主线，以社会体育指导员为主体的群众体育工作队伍。

（四）全民健身的组织网络逐步完善

随着体育体制改革的不断深化，体育社会化程度的不断提高，逐步形成了中央、省级、市（地）、区（县）、街道（乡镇）的体育社团的层次结构，基本覆盖了全国城乡的广大地区。据调查统计，全国省以下各级体育社会团体、团体会员、个人会员在数量上都有所增加。

体育社团类型结构包括了体总、群众体协、项目体协、行业体协等。全国体育社会团体的种类逐年增加。城乡社区体育指导站和活动点是群众体育健身活动的基本阵地。据调查统计，全国城市和乡镇的体育指导站都在不断增加，在指导站参加活动的人数也不断增多，我国社会体育已初步形成了一个以体育社会团体为线，以基层体育指导站、活动点为点的点线结合、覆盖面广的社会化的群众体育组织网络。

（五）全民健身的场地和经费不断增多

为了解决群众健身场地不足并充分利用现有体育设施为全民健身服务，全国不断增加各类体育场馆，而且绝大多数公共体育场馆已向社会开放。

国家鼓励从中央提存的体育彩票公益金中提取一部分用于发展群体事业，其中相当大一部分用于购置器材与设施建设的“全民健身工程”。还通过创建体育先进县活动，调动各级政府和社会投入建立“两场一房一池”的资金，以及社会、集体和个人兴建体育场馆、设施的投资，其数额就更加可观。这些建在群众身边的体育设施，既大大方便了群众参加体育健身活动，又有效地缓解了体育健身场地、设施的不足。群众说这是“政府为老百姓办的好事、实事”，称之为“民心工程”。

近些年来，国家制定了一些有利于全民健身活动的政策，发行体育彩票并把彩票公益金中收入部分的一半以上用于实施全民健身计划，使得各级群体经费逐年都有增加，国家和地方共投入体育彩票公益金达几亿元。许多退休领导干部表示一定要把彩票公益金用好，特别是要把这些取之于民的体育彩票公益金真正用在为人民办实事上，从而推动全民健身活动的有效开展。

（六）全民健身的激励机制更趋完善

为表彰和鼓励基层开展群众体育工作的积极性，推动全民健身工作的开展，从中央到基层运用激励机制并逐步成为制度，形成一套表彰体系。命名了全国体育先进县，命名了全国城市体育先进社区；表彰了获全民健身宣传周优秀省、优秀单位；与教育部（原国家教委）联合表彰了推行《全民健身计划纲要》的先进单位、先进工作者；表彰全国群众体育先进省、市，全国群众体育进步省、区，全国群众体育先进单位、先进个人；与农业部、中国农民体育协会联合表彰“亿万农民健身活动”先进乡镇；与国家民委联合表彰民族体育模范集体、模范个人等。

二、我国群众体育的开展现状

与以往相比，我国的体育设施建设有了明显的进步，体育场馆的数量和质量得到了明显的提升，这为人们参与体育运动提供了一定的物质保障。目前，我国很多城市都具有一定质量的体育活动场地和设施，但是，到体育场馆参与身体锻炼的人并不多。而在一些农村地区，由于经济发展水平较低，体育基础设施建设就更加落后，参加体育健身活动的人更少。

目前，学校体育场馆开放的主要对象是本校学生，其次是有组织的运动会、体育

活动，有组织的训练。可见体育场馆没有得到充分和科学的利用。

近些年来，随着我国健身运动的不断发展，在群众体育发展中的资金投入不断增多，我国群众体育设施与建设得到了显著的改善，大型体育场馆在竞赛之后发展群众体育方面的利用率不断提高，人民参与群众体育健身活动的物质条件得到了较大的改善。但就全国范围来看，我国仍然存在人均可利用体育设施较少、体育场馆面向人民群众开放率低、大众健身场地太少的问题，严重阻碍了我国群众体育运动的持续发展。

第三节 制约现代健身运动发展的因素分析

一、文化因素

人的意识是客观存在的反映，客观存在决定着人的意识，而传统思想文化影响着这种反映的全过程。因此，大众参与健身的意识不仅决定于有形的社会政治经济结构，而且还受制于无形的思想文化传统结构，如民族文化的价值取向、思维方式等。探讨我国社会大众参与健身意识的历史文化背景，认识中国传统文化对当代大众参与健身意识的积极影响和消极作用，对21世纪弘扬民族文化传统，构建和谐社会环境，推进全民健身计划和促进整个体育事业积极健康发展有着重要的现实意义。

（一）中国传统文化对大众参与健身意识的积极影响

中华民族文化传统根源于勤劳、善良的华夏儿女孜孜不倦的创造性劳动，体现着对真、善、美的不懈追求，这是其绵延千年生生不息的根本动因。运用马克思主义辩证法的眼光，通过对中国传统文化中对大众参与健身意识影响的积极因素的挖掘，紧密地把握民族传统文化的深刻内涵，吸取精华，剔去糟粕，与时俱进，从而有利于我们用积极的、科学的态度和方法参与体育运动，从而推进健身运动以及整个体育事业的健康发展。

（二）中国传统文化对大众参与健身意识的消极影响

任何事物都具有正反两个方面，这是马克思主义哲学的重要思想。随着当今全球化浪潮的不断涌现，世界多元文化交流的加强促使我们在迎接外来体育文化挑战的同时，也必须清楚地认识到中国传统文化的消极因素对当代大众体育参与意识的负面影响。

我国传统文化思维方式的封闭性、经验性使大众参与体育运动时缺少创新及科学指导。意识思维是人脑的机能，是人类在改造世界过程中运用智慧所需的形式。不同民族由于地理气候的差异，经历不同的改造世界的途径和采用不同的手段方法，从而也就形成了多样的思维方式。

中国文化传统中的封闭性思维特点主要体现在人们的思想往往局限于某种固定的

模式之中，缺乏与外界进行物质信息的交流和发现、接受新事物的主动积极性。长达几千年的中国封建专制主义的政治制度，扼杀了中华民族的进取精神和自由精神，遗留下某种程度上的守旧、服从和奴性。同时，民族文化传统深深影响了中华民族的性格与气质，形成了过分内向、含蓄、好静、习惯于忍让、依赖的性格特征，使得文化继承中保守有余而进步、创新不足。加上中国传统文化的经验性和模糊思维特点，重经验直观，轻理性和精确性，使人们对体育经验材料进行搜集、分析、选择、整理时只是把握体育的大致轮廓，获得初步的感性经验，这也是我国体育发展落后的重要原因之一；同时，“述而不作，信而好古”的思维方式在我国文化传统中已经形成了巨大的历史惯性，对当代人们体育思想行为方面产生了巨大的影响。

因此，人们往往对体育的认识仅仅限制在十分狭窄的范围之中，忽视体育与社会之间纷纭复杂的联系，而这种封闭性思维方式对于体育文化的传播、发展、推陈出新、借鉴外来科学的体育经验等都产生了巨大的阻碍作用。而且，我国长期缺乏对大众健身活动经验的科学总结、提炼，健身训练方法科学指导和管理不足，大众体育参与时很大程度上停留在经验这一层面，缺乏创新意识和运动的科学常识。

二、政治因素

政治是开展大众健身活动的最基本的社会保证。政治作为一种社会现象，它是随着国家的产生而产生的。它是一个国家的上层建筑，是统治阶级赖以指导和组织整个社会生活和经济生产的枢纽，对人类社会及其社会现象，包括体育现象，具有重要的影响。

我国是社会主义国家。国家性质决定了我国体育的出发点和归宿是为人民服务。而党和国家也一直非常重视人民的体育活动。新中国成立初期，毛泽东就提出“发展体育运动，增强人民体质”。邓小平同志在 20 世纪 70 年代也曾说过“中国的体育就是群众体育”。1995 年，国务院颁布了《全民健身计划纲要》。《全民健身计划纲要》颁布两个月后，紧接着全国人大全票通过了《中华人民共和国体育法》，它明确规定：国家推行全民健身计划。这为推进全民健身和维护人们参与体育的权利提供了法律保证。20 世纪 90 年代中后期，我国的大众健身活动已初具规模。而我国政府也进一步加强对大众健身活动的推广。在 1997 年 11 月底的全国体育发展战略研讨会上，伍绍祖同志提出，我国体育事业的发展目标是：“人人享有体育权利，全民参与体育健身，提高国际体坛竞争能力，全面推进体育进步，为逐步实现体育现代化而努力奋斗。”随着社会的发展和形势的变化，党和国家对人们的生活质量越来越重视，积极发展大众健身运动。

三、经济因素

大众健身运动的发展需要一定的物质基础，这一物质基础就是经济因素。任何一种精神文化现象的出现，都是在满足了人们基本物质需求的基础上开始发展的。物质

资料的生产活动是人类最基本的实践活动，而作为精神文化的大众健身，它的发展是以社会的物质资料生产的发展为基础的。同时，随着大众健身的兴起，体育产业的发展被注入了强势的发展动力，体育经济成为国民经济的重要组成部分。根据西方社会的发展经验来看，体育产业已经成为西方主要发达国家国民经济的新增长点，并大有成为支柱产业之势。我国体育产业的发展虽然较为缓慢，但群众对健身娱乐、竞技观赏和体育用品的消费需求越来越旺，体育产业规模迅速扩大，在扩大内需、促进经济增长方面有着重要的作用，并表现出极大的增长潜力。而且，随着体育产业的快速形成和发展，不仅拓展了第三产业的领域，也在一定程度上提高了第三产业的增加值，起到了优化产业结构的作用。体育产业是一个上游产业，它既能带动和促进第二产业中的一些相关行业的发展，也能带动和促进第三产业中一部分行业的快速发展，所以，体育产业的发展，对整个国民经济总量扩张和结构改善都有一定作用。

四、教育和科技因素

社会成员良好的法制观念和道德观念以及体育的权利意识和参与意识是推动体育现代化的内在动力，而社会成员的这种良好品质是以受教育程度为保证的。同时，社会成员的科学文化素质是保障实现体育科学化和高水平化的前提。在现代化过程中那种见物不见人的急功近利做法，往往会使我们走很多弯路，延迟现代化的实现。因此，可以说教育和科技的普及是健身活动现代化的重要环节。

第四节 现代健身运动的发展趋势与对策

一、现代健身运动的发展趋势

21 世纪的头二十年，是我国各项事业必须紧紧抓住并且可以大有作为的重点战略机遇期。因此，我国大众健身将保持一个持续、快速、健康的发展态势。与此同时，人民参与体育活动的物质条件将会越来越好，大众体育和大众健身运动在人们生活中的位置将会变得更加突出，人们参与体育的程度将会更加普及。其发展趋势具体表现在如下几个方面：

（一）大众健身产业化发展空间广阔

随着我国经济、社会的发展，人们将会更加注重生活质量的提高，大众健身运动作为一种提高生活质量的积极有效手段有着广阔的市场需求。目前，我国体育健身产业市场已初具雏形，之所以作这样一个判断，主要基于以下几点：① 社会上对健身、健美、保健、娱乐有着广泛的需求，城乡居民购买健身、健美、保健、娱乐等方面服务的动机和欲望逐步增强；② 在全面建成小康社会进程中，国民的经济收入水平将会稳步增加，具备了一定的购买能力；③ 体育健身产业存在着劳务化商品和消费者这一构成市场的基本要素。由此可见，我国体育健身市场的形成和发展，是社会发展规律所决定的。

此外，在信息时代经济水平和文明程度进一步提高的状况下，人们对自身健康状况的改善将会更加重视。同时，随着人民消费水平的提高和消费观念的转变，家庭体育消费也将大幅度地增长，社会体育健身消费中蕴藏着的巨大潜力将逐步获得释放。

向体质与健康投资，搞体能储备将成为一种社会风尚。由此带来的体育健身、体育娱乐、体育康复、体育表演等巨大的体育消费市场，将大大推动体育产业的发展，并且带动相关产业的发展。

2010 年之后，我国体育健身产业快速发展，在对更好的生活质量的追求下，人们积极参与各种内容和形式的体育健身活动，同时，社会政治、经济、文化的发展为体育产业的发展提供了良好的环境，经济的发展带动了体育设施的建设，为人们参与体育活动提供了便利。国家政府大力推进精神文明建设，体育作为国家精神文明建设的重要组成部分，人们参与体育活动受到法律、法规的保护。大众健身的法制化、产业化发展和大众健身设施的完善使国民从事体育健身的人数大大增加。

2014 年 10 月 20 日，国务院以国发〔2014〕46 号下发了《关于加快发展体育产业促进体育消费的若干意见》。该文件指出，到 2025 年，体育产品和服务更加丰富，市场机制不断完善，消费需求愈加旺盛，建立布局合理、功能完善、门类齐全的体育产业体系。为近年来我国体育产业总体规模不大、活力不强，体制机制不健全等问题的解决提供了重要发展建议和发展策略。

目前，我国社会体育市场还处于发展的初级阶段，它是由我国尚处于社会主义初级阶段，人民生活还是处于总体小康水平所决定的。在未来的发展中，我国的体育产业将获得较大发展，逐步成为新的经济增长点。

（二）健身俱乐部将广泛兴起

随着大众健身运动的蓬勃开展，越来越多居民的体育健身消费观念发生了重大变革。俱乐部是为健身爱好者提供全面体育服务的经营性组织，它的运转主要依靠利益机制；在组织结构上，比起现有的体育行业协会、体育单项协会要简单得多，合理得多；在具体事务的操作上，效率也要高得多，有利可图就干，反之就可以不干，这样就可以摆脱我国目前绝大多数体育组织“造血”不足的困境。

我国体育产业化发展的一个必然趋势就是俱乐部的兴起和发展。在市场经济条件下，体育健身运动也逐渐向商业化方向发展，而俱乐部是在市场经济体制下衍生出来、又能够充分满足健身爱好者的要求的新的消费场所。同时，俱乐部也是一个兴趣集团，参加者的目的非常单纯，彼此间没有或很少有利益的纠葛和权力的争斗，可以最大限度、极其灵活地满足成员训练、比赛、交流的需要，体育锻炼成为满足个人兴趣的一种享受，认识社会的一个窗口，宣泄情绪、缓解压力的一个渠道，当然也是强健体魄的一种最积极、最有效的手段。

（三）大众健身的生活化发展

步入 21 世纪，我们生活在一个竞争更为激烈的时代，必须要更加全身心地投入

工作和学习之中，这是事业和成功的需要。而身体作为知识、能力、精神和道德的载体，其先决地位更为突出。就当前时代来说，在人民生活水平普遍实现小康以后，“健康第一”“健康来自锻炼”“健身是投资人力资本”“健身是储蓄健康”等观念将会更加深入人心，人们将会在“以人为本”的“科学发展观”指导下，重新审视“发展”的最终目的，人们将更加关心健康长寿，更加注重生活质量，更加主动地加入健身、娱乐行列。因此，健身将成为更多人的一种生活方式，成为一种更为普遍的社会现象。

总的来说，随着人民生活水平的不断提高和余暇时间的不断增多，社会体育将走进更多的家庭，成为人们生活中的一部分；人们将逐步增加体育健身支出，提高体育消费水平。随着社区建设和社区服务的加强与完善，人们体育锻炼的环境与条件将不断完善。休闲娱乐类的体育活动将有更大的发展，社会体育活动更加贴近生活，贴近民众。

（四）社区体育将成为大众健身的主流

社区体育是指人们在共同生活的一定区域内，以辖区的自然环境和体育设施为物质基础，以全体社区成员为主体，以满足社区成员的体育需要，增进社区成员的身心健康，巩固和发展社区成员感情为主要目的，就地就近开展的区域性群众体育。随着社会经济的发展，人们物质生活水平的提高，广大群众自然会对精神文化生活提出更高的要求。而在人们的日常生活中，社区作为最具活力的群众团体，往往在文化体育事业方面存在着一定的共性。这种共性推动了社区文化的繁荣发展，而社区体育作为社区文化的重要组成部分也随之迅速兴起。社区体育是大众健身事业的基础，它的繁荣往往关系到整个大众健身事业的发展。随着城市经济体制改革的不断深入，社区功能的不断提高，人们自身需求的不断增长，居民的体育利益取向将呈多向化、社区化趋势。

（五）大众健身的社会化趋势

在新的历史条件和新的政策下，我国的体育健身运动将成为更加广泛开展的一种社会事业，从而走出一条社会化之路。

一种新型的国家调控、依托社会、服务群众、充满生机和发展活力的大众健身管理体制和良性循环的运行机制，将随着我国社会主义市场经济体制的形成而逐步建立起来。大众健身一直由政府部门包办的局面将逐步被突破；企事业单位、街道办事处、农村文化站和社区仍将在大众健身发展中起到积极的组织作用；各级大众健身指导中心将逐步建立健全起来，培养壮大一支有组织能力和技术水平，面向社会、服务群众的大众健身指导员队伍；社会大众体育组织将会有较大的发展，各种体育协会、俱乐部、辅导站等将会承担起大众健身的大量组织工作；同时大众健身的市场将被培育起来，群众将逐步适应体育娱乐消费，进行体质与健康投资。由此，我国大众健身将出现一个崭新的局面，大众健身的社会化程度也将大大提高。健身体育精神一直是我国大众健身所提倡的体育精神，这一概念也普遍被人们接受，同时也是大众健身社会化程度的集中反映。不同年龄、性别、职业和体质特点的社会成员将以各种不同的方式参与到大众健身中来。

（六）大众健身运动与内容将更加丰富

历届奥林匹克运动会的比赛成绩都充分表明，我国的竞技体育发展已经位于世界前列，我国已经是一个体育强国。然而，与此相对应的大众体育的发展却远远落后于发达资本主义国家。随着人民健身意识的增强和政府的大力宣传，大众体育必然成为体育领域的新热点。对于个体来说，他们更讲究锻炼的科学性和现实效果。人们根据自己的工作性质、时间和身体健康状况在进行相关知识的学习或咨询后，制订符合自己要求的体育活动计划，以全面增强身体功能，保持旺盛的精力。而且，随着我国世界体育文化的相互影响和国际交流的增多，西方流行的现代竞技体育项目将逐渐被锻炼者特别是中青年锻炼者所采用，大众健身的内容更加多样化，现在人们更加重视余暇活动内容的选择。大众健身在兼顾传统体育和民族体育内容的基础上将更多选择如跑步、游泳、球类运动、韵律操等。同时发展一些适合国情、具有东方人特色的健身内容体系。另外，体育场馆开放度加大，居民小区健身角、健身路径等锻炼设施的增多，使人们的锻炼内容不断扩充。伴随经济条件的改善，追求自然的生态运动、与旅游相结合的休闲体育将更加盛行，体育比赛和交流表演等活动也将日渐频繁。

（七）学校体育发展迅速

学校是以传授文化知识为主的地方，同时也应该是培养体育人才的摇篮，更应该成为健身运动的重要基地。学校特有的体育运动氛围是其他地方所难以比拟的。学生时代是一个人接受各种教育，培养各种兴趣，树立各种观念的最佳时期。学校教育应该充分把握这良好的时机，进行体育健身乃至健身体育意识的培养。以此让学生们及早地坚定人生的体育信念，为日后的健身体育行为打下坚实的基础。对于大学生来说，如果体育只是一种被外在力量强加于身的东西，就不可能激发其自觉锻炼的兴趣，也就不可能使其转化为日常生活中不可分割的一部分，也就很难达到终身健身的目的。另外，应注重培养终身健身能力。以往学校体育以传授运动技能为主，学生在校经过十几年的体育学习后，许多人都不会自我健身，不会运用适当的运动方法，不能掌握适当的运动负荷来达到健身目的，导致很多人对健身逐渐失去兴趣，最终告别了身体锻炼。出现这种现象的原因是学校体育教学中忽视了对学生健身能力和习惯的培养。培养体育的锻炼习惯，不仅是一般的学习过程，而且要强调养成锻炼习惯的过程。因此，不仅要在体育课中进行体育教学，还应课内外相结合，校内外配合，共同实施。当学生体育锻炼习惯初步形成后，还应根据他们的实际情况不断提出新的要求，使其逐步得到巩固。总之，学校的体育教育关键在于让广大学生培养一种主动进行体育健身的思想观念。因为主动的健身行为代表了一种积极的体育健身态度，而这种态度是与终身健身行为相吻合的。

（八）大众健身科学化程度将显著提高

随着《全民健身计划纲要》的深入实施，参与体育活动的人将会越来越多，为了提高体育活动的质量，全面提高我国人民的健康素质，必然要提高社会体育的科学化水平。社会体育科学化是发展社会体育和提高社会体育活动质量的前提。《社会体育指导员技术等级制度》和《国民体质测定标准》是促进社会体育科学化的两项基本制度；科学技术将渗透到社会体育的更多环节，运动要讲科学将成为更多人的锻炼共识；社会体育管理与决策的科学化、民主化的程度越来越高；科学技术和人才在体育发展中的地位越来越突出；科技含量高、适应性强的体育健身方法、体育健身器材等将不断涌现；社会体育的信息化水平将有较大幅度提高；社会将出现更多的开具运动处方的保健机构，为人们提供科学健身服务。

此外，我国已形成国民体质测试制度，制定了一套科学实用、简便易行的各种年龄的体质监测标准。国家体育总局会同教育部、卫生部、国家计委等11个部门分别于2000年和2005年进行了两次覆盖人群最广的国民体质监测。通过监测，不仅可以为每个社会成员的科学健身锻炼和开具运动处方提供依据，而且对完善国民体质监测网络，建立国民体质测试数据库，提高社会体育的科学化水平大有裨益。

（九）大众健身的法制化将进一步加强

随着人们法律意识的逐步提高，维权意识的增强，人们将会利用法律武器来维护自身参与体育活动的权利。社会体育的法规制度体系将逐步完善，借以保障全体国民享有基本体育服务。我国的大众体育工作将在更大范围内实现依法行政，依法治体。

20世纪90年代中期以来，我国已颁布了《中华人民共和国体育法》《全民健身计划纲要》《公共文化体育设施条例》《国家体育锻炼标准》《社会体育指导员技术等级制度》《国民体质测定标准》等体育法规制度，与其相配套的法规制度将会进一步完善。例如，在社会体育场地设施建设管理方面、社区体育管理方面、体育社团组织的建设与管理方面、社会体育市场建设与管理方面，等等。尽管我国的社会体育达到法制化水平还有很长的一段路要走，在构建“和谐社会”的大背景中，社会体育法制化、规范化进程必将加快，借以实现我国社会体育的科学发展。

此外，伴随劳动工时制度的改革，家务劳动社会化程度的提高和交通效率的改善，就业者将获得更多的余暇时间和锻炼机会。社区健身设施的兴建与逐步完善，使居民锻炼更为便利。与此同时，国家制订的以青少年儿童为重点的全民健身计划的逐步推行，为学生参加社区体育和消费性体育活动增加了机遇。可以预见，我国体育锻炼者队伍老龄化的现状将逐步得以改善，大众健身参与者的年龄呈现均衡化发展趋势。

综上所述，在全面建成小康社会的进程中，随着我国经济、社会的发展，城乡居民闲暇时间的增加，他们健身娱乐的需求将会彰显。为适应这种发展态势，大众健身作为一种满足居民健身、娱乐的积极健康手段，将会融入每个国民的生活。同时，健身娱乐市场也将会成为我国市场经济的重要组成部分和发展新热点。

二、现代健身运动的发展对策

（一）强化各有关部门的职责

首先要强化体育行政部门的组织工作，并充分发挥各级工会、共青团、妇联、各行业和社会各界办体育的积极性，在各级人民政府的领导下，大力发展各具优势和特色的地方大众健身事业。各级体育行政部门要切实把推行大众健身计划作为工作重点，主要领导要亲自抓，统筹规划，研究解决实施中的问题。

（二）各级政府增加对大众健身的投入

各级政府要增加对全民健身的投入，并鼓励厂矿、企业、个人等社会力量资助支持大众健身事业。国家体育总局在继续利用体育彩票公益金抓好大众健身工程建设的同时，实施“雪炭计划”，扶贫帮困。从2001年开始，集中一定数量的体育彩票公益金，对三峡库区、革命老区、老少边穷地区和遭受自然灾害严重的地区，援建公用体育健身设施，建设一批具有一定规模和影响的形象工程。

（三）加强以学校为重点的青少年体育工作

各类学校要坚持德智体全面发展的方针，注重学生的身体健康，保证学生每天有不少于一小时的体育锻炼时间，按照教育性、科学性、趣味性、全面性的原则，坚持寓学、寓练于乐，使学生掌握基本的运动技能，养成锻炼身体的良好习惯。加强以乡镇为重点的农村体育工作：要建立以乡镇为龙头，村民委员会为基础，农民体协为纽带的组织网络，大力开展“因地制宜、科学文明”，贴近广大农民的体育活动。加强以社区为重点的城市体育工作：要充分利用社区内各单位人才、资源和场地等条件，建立各类体育协会、健身俱乐部等便于居民就近就便参加体育活动的组织；社区体育要坚持业余、自愿、小型、多样的原则。加强城市街道和农村乡镇体育指导站（中心）建设，做到“有人员、有阵地、有经费、有活动”；并建立健全群众体育社会团体和组织，形成社会化的大众健身组织网络。重视军队体育，增强官兵体能，活跃部队文化生活，提高部队战斗力。

（四）对老年人、残疾人体育保持关注

要依托社区开展老年人、残疾人体育，发挥社区体育组织在老年人、残疾人体育活动中的优势。积极为老年人、残疾人提供优先优惠服务。

（五）加强相关法律法规的建设

积极制定社会体育工作、体育社会团体、体育场地设施建设与管理及保障不同人群参与体育活动等方面的法规制度。加强体育法制宣传和执法力度，保障人民群众合法的体育权利。继续加大大众健身宣传工作的力度，各级体育宣传主管部门要推动和协助新闻媒体报道大众健身工作开展情况、典型经验和典型事例，重大活动要集中报

道，扩大影响。

施行国民体质监测制度，开展国民体质测定和监测工作，力争将国民体质监测指标纳入国家社会发展综合评价指标，并定期公布国民体质状况，发挥国民体质测定与监测工作的社会效益，争取逐步使国民体质测定标准成为学校和行业招生、招工的基础指标。

（六）积极推进群众体育科技进步

在继续开展国民体质监测系统研究基础上，有针对性地进行科学健身方法和手段的研究。重视群众体育研究成果的推广、应用与普及工作，反对伪科学。加快培养社会体育指导员的步伐，不断扩大队伍，对在营利性体育健身场所从事体育组织和指导工作的人员，逐步实行职业资格证书制度。

（七）加快体育健身场地设施建设和开放

地方各级人民政府要集中一定财力与物力，有计划地建设社区、乡镇和居民区公共体育设施。全国公共体育场馆设施要做到全部用于开展大众健身活动，有条件的学校做到体育场馆在课余时间向社会开放。

第七章　健身发展总路径研究

全民健身已成为我国当前重点推广和普及的一个重大策略，其目的就是促进全体国民的身心健康水平得到提高。而在发展健身运动方面，健身路径是其中的一个非常重要的途径和方式，它既能够为人们参与体育锻炼和体育健身提供便利，同时还能够更好地促进全民健身的推广和发展。本章就全民健身发展总路径进行研究。

第一节　我国全民健身的发展不平衡问题

一、全民健身发展的区域差异

根据地理位置，我国可以分为三个部分，即东部、中部和西部。下面对于我国全民健身发展的区域差异进行阐述。

（一）参与程度的差异

根据相关调查可知，处在不同区域的人们在参与全民健身互动方面存在一定的差异性。在人们的闲暇时间中，体育活动所占有的时间比例，我国东部地区最高，其次是中部地区，西部地区则排在最后。对于闲暇时间中人们选择体育活动的数量方面，东部地区也远远高于中西部地区。

（二）价值观念差异

在健身消费、健身意识、参与程度等方面，我国东部地区明显好于西部地区。生活在东部地区的人们大都将身体锻炼作为日常生活的一个重要部分。而西部地区的人们尚未能够形成强烈的健身意识，对于全面健身的重要性也没有形成充分的意识。从家庭年体育消费支出比例的差距也可看出东部、西部在体育价值观念和态度上，存在明显差异。

二、全民健身发展的城乡差异

（一）参与程度差异

全国体育人口数量之所以偏少，其原因是农村体育人口比例低。我国城镇中参加过体育活动的人口比农村人口参加过体育的活动者多。且随年龄增长，参加体育活动者比例呈明显下降趋势。在参与体育活动方面，随着年龄的增长，我国城镇人口在各个年龄阶段的比例呈现起伏发展的趋势，并且老年人的参与比例比较高。而农村人口中体育参与者在不同年龄段的比例均明显低于城镇人口，且随年龄增长，这种差距越

拉越大，并呈现起伏下降的趋势。由此可以看出，在体育人口的数量、比例，人们参与健身活动的范围、活动频率等方面，城镇的情况都明显好于农村。

（二）观念态度差异

体育活动价值观念与健身态度对人们健身行为具有极重要的决定作用。增进健康的方式，余暇生活中健身活动的地位，健身消费支出等是人们体育价值观与健身态度的具体体现。

根据相关研究资料表明，在体育活动与健康的关系的认识方面，我国城市居民与农村农民存在明显差异，城市居民认为增进健康应注意参加体育活动，而持相同观点的农民非常少。对于体育活动，城市居民将其作为最喜爱的业务活动，而农村农民却很少这样认为，体育消费支出城镇居民同样高于农民。

（三）健身活动差异

在健身项目选择上，城乡居民在健身活动中所选择的运动项目种类较多，方法也大体相同。城乡居民选择最多的健身项目都是散步、跑步、球类运动等。

在健身项目选择上城乡最突出的差异有两方面。一是，对于需要较高消费的运动项目，在农村被选择的程度要比城镇低很多。

二是，城市居民喜欢参加带有趣味性、消遣以及健美型的运动项目；农民则喜欢参与具有乡土特色的娱乐性以及民族传统健身项目。

三、全民健身发展的职业群体差异

（一）参与程度差异

根据相关调查显示，在参与体育锻炼的群体之中，工人参加体育锻炼的人口要比其他群体高。管理人员参与体育锻炼的人数比较多，其次是服务人员，再次是教科文人员，农民参与体育锻炼的人数所占比率最少。体育人口中有职业的占一半以上。在各种职业中，工人在各职业人口中体育人口比例最高，其次是服务人员和管理人员，再次是教科文人员，最少的是农民。

根据相关统计表明，工人和管理人员群体在参加体育活动次数、时间及强度上明显高于服务人员、教科文人员和农民。文化层次较高的教科文人员参加体育活动的人数比率处于较低位置，反映出他们除工作负担较重外，健身条件较差、健身意识不足，需要在这些方面加以改进。

（二）参与动机差异

各职业群体参加体育活动的动机，共性是增强体质，增进健康，消遣娱乐，精神和情绪的调养，与朋友、同事之间的交流，满足已养成的健身习惯，提高自己的运动能力等。存在的群体差异主要表现在，工人觉得与家人接触和陪子女参加体育活动，也是使自己具有健康身体的一个重要原因；管理人员和服务人员认为，利用体育康复保健则与美容、减肥、健体密不可分。

（三）健身活动差异

跑步是各职业群体共同喜爱的项目。此外，工人比较热衷于练习武术、打台球、太极拳和气功等活动；管理人员喜欢保龄球、旅游、民间舞蹈、网球等活动；教科文人员喜欢跳绳、体育舞蹈活动。对趣味、消遣和健美型的运动项目，城市职业群众参加人数多，对乡土特色的娱乐型和民族传统健身项目农民参加人数多。轻微活动性质的项目受到老年人的喜爱；轻松、徐缓、愉快的运动项目深受中年人的喜爱；青年人则喜欢那些比较激烈的竞赛性质的比赛项目；脑力劳动者喜欢娱乐型、智力型和健美型的运动项目，体力劳动者则喜欢那些动作柔慢且持久的耐力项目。

第二节　我国全民健身路径工程的建设与发展

一、我国全民健身路径的建设历程

我国全民健身路径工程的建设，主要经历了以下三个发展阶段：

（一）第一阶段

第一阶段是产生和探索阶段，时间为 1996 年 9 月到 1997 年年底，我国全民健身路径主要是从群众体育中产生出来的，来源于社会体育实践。第一条健身路径为 1996 年 9 月广州天河体育中心的建成，它所占有的面积不大，比较简单容易建设，投资不大，实用并且美观，便于群众开展锻炼，具有健身性、科学性以及趣味性等特点。第一条健身路径的出现就彰显出了非常旺盛的生命力，受到体育锻炼者的广泛欢迎和喜爱。

健身路径之所以能够得以产生，既有深刻的社会经济原因，同时也有社会体育方面的原因。20 世纪 90 年代中期，我国经济改革与发展获得了非常大的成就，人民群众的生活水平得到了极大的提高，生活质量得到改善，对于健身的需求也是越来越高。传统单调的群众体育锻炼的方式和匮乏的群众体育锻炼的器材设施以及场地已经远远落后于群众体育实践的要求。同时，如何对体育彩票公益金的经济价值和社会效益进行充分发挥，如何使群众健身的要求得到最大限度的满足，这些都是政府体育部门的领导层需要思考和运筹决策的重要问题。健身路径的产生，正是同这一时代的需要相适应。国家体育总局不失时机，看准了这一有前途的发展方向，开始组织专家进行调研，并积极进行社会实践和理论探索。

（二）第二阶段

第二阶段作为试点和开始推广阶段，时间为 1998－2002 年。国家体育总局在 1997 年快速启动了试点工作和推广工作，并在短时间内得到了广大人民群众的欢迎和拥护。全民健身路径工程概念的产生，使得健身路径的发展平台得到拓宽。这为更多

的人群以及多层面的锻炼者提供了具有选择性的舞台和器材设施。这一阶段的发展时间约为4年。在此期间，在国家体育总局群众体育司的组织下，一些专家编写了《全民健身路径锻炼游戏竞赛方法》，北京市体育局组织专家制作了《北京市全民健身路径器材使用指导》的音像光盘，北京电视台进行了播放。2000年，全国健身路径群众性比赛开始由国家体育总局群众体育司和社会体育管理中心举办。以上这些措施在对群众正确使用健身路径进行指导和推广方面具有非常积极的作用。

（三）第三阶段

第三阶段是全面发展阶段，时间为2003年至今，我国全民健身路径工程首先是从城市社区开始的。2003年，北京、广东、上海、天津等经济发达地区率先把全民健身路径工程向农村乡镇推进，村一级的健身路径工程已有一定数量。2004年伴随中国农村体育年，全国绝大多数省市区均开始启动健身路径工程走向农村乡镇的战略规划。根据相关资料调查显示，北京地区仅13个郊区县就配建健身路径工程达到4140个，能够配建健身路径工程的村就已经达到了40%。

二、我国全民健身路径工程的几个特征

（一）“全民健身路径工程”的特点

（1）体育彩票公益金是“全民健身路径工程”投资的来源。

（2）全国以及各省、区、市体育行政部门作为投资与管理的主体。

（3）将城市社区作为主导，逐步向着农村乡镇推进。

（4）体育彩票要树立公益性事业的形象，做到“取之于民，用之于民”，人民群众通过购买体育彩票，政府从体育彩票公益金中抽出一部分用于人民群众健身场所的建设，进而形成一个良性互动。

（5）同社区建设、城市建设以及农村乡镇的规划相配套，作为美化环境，形成文明健康的社区的重要内容之一。

（二）“全民健身路径工程”的发展特征

我国全民健身工程主要有四种模式，分别是健身路径工程、全民健身活动中心、“雪炭工程”以及全民健身活动基地。正是因为这四种模式的存在使得我国建设全面小康社会的体育健身设施的多元化的发展模式的格局已经显现出来。

就目前来看，“全民健身路径工程”主要是按照以下三个模式来进行建设的：

（1）城市社区和农村乡镇配建项目。

（2）健身广场配建项目。

（3）公园配建项目。

健身路径工程发展到今天出现了新的特征。

（1）投资的规模增大、资金来源的模式不断创新。

（2）投资的总体格局发生性质性变化。

(3) 东、中、西部地区发展投资和配置模式呈现多元趋势。

根据相关调查数据来看，主要呈现以下特点：

① 国家体育总局将投资的重心侧向于西部地区，但地方配套投资东部和中部要远远高于西部。

② 在投资以及配套模式方面，东部、中部和西部地区呈现非常明显的区别。

(4) 国家对西部的关注度越来越大。在全民健身工程投资方面，国家体育总局已经开始向着西部地区倾斜，这也充分体现出了对于西部地区，中共中央、国务院进行大力支持的决心和力度。

(5) 全民健身路径工程快步向农村拓展成为新的发展走向。在我国实现全面小康社会的群众体育方面，其中的一个重要任务就是确保农村和农民能够享受到城市居民同样的体育设施以及健身条件。全民健身工程开始向着农村进行拓展，其所具有的社会影响和效果也在不断加强，这对于我国体育人口以及全民族身体素质的提高都具有非常重要的意义。

(6) 在采购方式方面，全民健身路径工程开始从计划配置逐渐过渡到市场运作。2001 年以来，国家体育总局关于健身路径工程采购方式，实施了生产厂家申请、投标、组成专家评审团、招标认定的方式，突破了过去的计划配置模式，进行了市场运作的有效探索。在健身路径工程采购方面，招标、投标的科学性、公正性以及透明度的提高，为其建立了良好的市场运作环境，使得各个生产厂家之间的竞争更加合理、良性。根据市场规律，促使健身路径工程采购工作更加有序、合理的发展，能够为政府的采购行为的公正性提供重要保证，也较好地刺激了生产厂家在产品质量、产品结构、产品价格之间的良性竞争。

三、我国全民健身路径工程发展中的几个问题

(1) 尚未全面形成多元化的投资来源，虽然相关部门都开始对全民健身路径工程的建设投入资金，但对于大多数中西部地区来说，其主体经费依然来源于体育彩票公益金，这也说明了健身路径工程的公益性以及市场化结合的运作模式依然还有很长的道路需要进行探索。

(2) 健身路径工程在我国东、中、西部分布严重不均，尽管国家加大了对西部地区的投资力度，但是西部地区路径工程的覆盖率仍然很低，设施的数量与人民群众日益高涨的健身需要还存在较大差距，解决这一问题除了地区性经济开展的不平衡之外，中、西部地区在寻找适合地区性发展道路方面应该进行积极主动的研究和探索。例如，在器械的多元化方面、发挥地区资源和材料优势、民族特色等方面都有极大的发展空间。

(3) 健身路径工程设施的质量需要得到进一步提高，种类和功能依然需要进行不断开发和完善。在群众利用健身路径健身过程中，由于器械和设施的质量问题造成伤害事故的情况仍有发生。健身路径工程面对很大的人群，需要满足各个年龄、性别、

职业、区域等特点的人群的健身需要，在器械和设施的种类、功能、趣味和安全保障等方面还有较大的差异。同时，尚未针对健身路径工程建立其完整、科学、及时的售后服务体系。

（4）健身路径工程尚未建立良好的管理体系，群众在对路径工程进行科学使用方面依然存在较大的问题；在合理地配置健身路径工程以及有效、合理使用方面，依然缺乏科学的指导和研究；与之配套的相应社区体育组织、社会体育指导员、开展全民健身路径工程的游戏竞赛活动等还很匮乏。

（5）在健身路径工程的选择以及规定时间方面尚未完善，依然存在健身路径锻炼与扰民的相关问题。解决群众健身的就近、方便问题与有利于每一群众的公共利益和权益的矛盾还需要进一步探索和缓解。

第三节　我国全民健身的宏观发展路径

一、宏观法规和政策保证

《全民健身计划纲要》的颁布，对群众体育的立法工作给予了足够的重视，初步形成了具有中国特色的群众体育法规以及政策体系，为实施全民健身提供了重要的政策和法律保证，很好地促进了全民健身活动的开展和实施。

（一）对全民健身加强法规建设的意义

（1）加强全民健身法规建设是更好地开展全民健身工作的需要。

（2）加强全民健身法规建设是对体育立法工作进行完善的需要。

（3）加强全民健身法规建设是建立全民健身管理体制的需要。

（二）对全民健身法规体系加强建立的具体方式

1. 加快全民健身立法，对全民健身法规体系进行不断建立和完善

建设全民健身法规要将重点放在以下几个方面：

（1）对《中华人民共和国体育法》进行修订和完善。

（2）制定《中华人民共和国体育社团条例》。

（3）加快体育健身市场的立法进程。

（4）尽快出台《全民健身条例》。

《全民健身条例》的出台，其迫切性和意义主要体现在以下几个方面：

① 党和国家要通过采用法的形式将发展全民健身事业，提高人民健身水平的一贯方针固定下来。

A. 在促进全民健身事业发展方面，党中央、国务院要始终将其作为国家政治生活中的一项重要任务。

B. 在促进全民健身事业发展方面，党和人民都要始终将其作为国家社会事业发

展的主要内容。

② 在促进全民健身事业发展方面，我国积累了非常丰富的经验，并出台了很多有关全民健身的法律和法规，这也标志着对《全民健身条例》进行制定的条件已经基本成熟。

A. 具有中国特色的全民健身事业发展的经验为《全民健身条例》的制定提供了客观基础。

B. 已经颁布实施的诸多全民健身法律和法规，为《全民健身条例》的制定创造了新鲜经验。

C. 国家层次的、综合性立法的缺乏，使得各地全民健身事业的协调、全面发展受到了影响。

③ 在全民健身事业发展过程中存在的问题进行解决，实现全民健身事业得以全面协调发展，急切需要加快立法的步伐。

在全民健身事业发展过程中，主要存在以下几方面不容忽视的问题：

A. 人民健康素质需要得到进一步提高。

B. 公共体育资源严重不足，存在很多欠账。

C. 全民健身事业经费短缺，增长速度过慢。

D. 区域、城乡之间发展极不平衡，差距越来越大。

E. 国有体育资源利用率不高，社会效益差。

④ 加快制定《全民健身条例》，保障全面建设小康社会奋斗目标中的体育目标实现，保障人民群众体育权益。

A.《宪法》和《体育法》，既为《全民健身条例》的制定提供了立法依据和立法基础，同时也要求制定《全民健身条例》将《体育法》的规定进一步具体化。

B. 制定《全民健身条例》，更好地为实现全面健身小康社会的奋斗目标中的体育目标提供保障。

2. 不断深化改革，建立与社会主义市场经济相适应的全民健身管理体制

改革的目的是为了发展，而加强法制建设同样也是为了发展。通过加强全民健身法规建设，构建能够适应社会主义市场经济的全民健身管理体制。在当前社会主义市场经济体制下，对资源进行配置主要是依靠经济规律的运作以及法律手段的保障。在开展全民健身活动中，要勇于进行探索，将那些僵化、陈旧的体制摒弃掉，在全民健身法制的有力保障下，最终建立新的和适应社会主义市场经济发展的充满生机和活力的全民健身管理体制。

3. 根据国情，增强全民健身立法的可操作性

要从全局，从人民的根本利益，从体育事业发展和体育深化改革的需要出发，来进行全民健身立法。要对我国的基本国情进行考虑，不能脱离我国现有的具体实际，要同全民健身发展的客观规律相吻合。对其中一时拿不准的，或缺乏十分把握的，可

以先搞暂行法规，通过试行，在总结经验的基础上，不断完善，从而保证法律的稳定性、科学性、权威性。

作为我国的体育基本法，《体育法》只能对我国体育事业发展的一些基本方针、原则和措施进行确定，并不能对当前不断变化发展的诸多具体问题进行硬性、详细的规定。因此，不断建立易于操作的全民健身法规制度是促使全民健身计划得以推进的重要保证。

二、四种解决途径和“五种建设模式”

为了更好地解决群众健身场地不足的问题，主要有四种解决途径，具体如下：

（一）建设“全民健身工程”

1. 全民健身工程实施的具体意义

（1）实施“工程”进一步体现了党和政府对人民群众身心健康的关心和重视，是实践“习近平新时代中国特色社会主义”的重要思想，推动群众体育事业不断向前发展的需要。

（2）实施“工程”是构建群众性体育服务体系的需要，促进了《全民健身计划纲要》阶段目标的实现。

（3）实施“工程”树立了体育彩票“取之于民，用之于民”的良好公益形象。

（4）实施“工程”较好地满足了广大群众就地就近开展健身活动的需要，有力地推动了社区体育的发展。

（5）实施“工程”拓宽了建设群众体育场地设施的投资渠道，推进了体育社会化和产业化进程。

（6）建设全民健身活动工程是创建群众体育组织和活动基地的需要。

2. 建设全民健身工程的主要模式

根据项目种类、特色、人口和地区规模等，可将“全民健身工程”建设大体划分为“全民健身路径”“全民健身中心”“雪炭工程”和“全民健身活动基地”以及“农民体育健身工程”等几种模式。

（1）“全民健身路径”。

“全民健身路径”又可分为两种类型，一是以室外综合健身器材为主要内容的普通型“全民健身路径”，主要用于群众开展一般性的健身活动；二是以运动项目为主体的专项型“全民健身路径”，其可用来开展各种专项运动。

（2）“全民健身中心”。

“全民健身中心”的建设是第二种模式。

在建设全民健身中心方面，可以根据地域范围或人口数量将其划分为以下四个层次。

第一个层次是建设居民小区级的全民健身中心。

第二个层次是建设街道级的全民健身中心。

第三个层次是建设市辖区级的全民健身中心。

第四个层次是建设城市级的全民健身广场、体育主题公园等。

通过对以上四个层次的“全面健身中心”的建设，逐渐形成具有分明层次，合理规模，综合性的群众体育健身设施体系。

对全民健身中心进行构建，能够在一定程度上弥补全民健身路径在功能、管理等方面的不足，既把体育场地建在老百姓身边，又适应了工薪阶层的消费水平，在管理上能够形成微利状态的良性循环；不但能积极引导居民体育健身消费，还有利于拉动经济增长。

(3)“雪炭工程”。

建设“雪炭工程”是第三种模式。

“雪炭工程”具有比较大的政治影响，具有明显的社会效益，能够强有力地推动经济欠发达地区体育事业的发展。今后这类工程要由国家体育总局和各地共同兴建。

(4)“全民健身活动基地”。

“全民健身活动基地”是第四种模式。

这种模式主要是通过对自然环境加以充分利用，最大程度地开发体育资源。此类工程既可以构建国家级的，也可以建设省级的。随着经济和社会的发展，在具备了成熟条件的前提下，可以通过利用西北的沙漠和黄河建设沙漠探险漂流活动基地；利用西南的山川，建设登山探险活动基地；利用东北的冰雪，建设冬季冰雪活动基地；利用海洋，建设海上活动基地等。这样因地制宜，充分发挥各地的自然环境优势，会产生较好的效果。

(5)“农民体育健身工程”。

“农民体育健身工程”是使广大农民受益的大好事，也是落实习近平新时代中国特色社会主义思想，在抓好农民体育健身工程、社区和居民小区健身场地和设施建设的同时，吸引社会资本参与运营便民利民的社区（县级）健身中心、健身休闲步道、多功能健身场地等设施。“农民体育健身工程”的实施，将大大改变我国农村体育长期缺乏场地设施的现状，进一步推动农村体育事业的发展，必将成为社会主义新农村建设的一个亮点。

3. 实施全民健身工程的基本要求

(1)“一个坚持”。

在建设全民健身工程中，要坚持为人民服务，为社会主义现代化建设服务的方针，坚持以满足最广大人民群众的体育健身需求作为出发点，以代表广大人民群众的利益作为原则。

(2)“两个维护”。

① 维护体育彩票“取之于民，用之于民”的公益形象。

② 维护政府的“为民形象”和体育部门的“健民形象”。

(3)“三个保证”。

① 保证建设质量。

② 保证满足广大人民群众体育健身的最大利益。

③ 保证可持续发展。

(4)“四个更新”。

① 更新观念。

② 更新思维。

③ 更新知识。

④ 更新工作方法。

要想将新思维、新观念和新知识转化为工作成果，就必须要通过新的工作方法来进行实现。这就要求我们对新的工作方法进行研究，解决好过河的桥和船的问题。

(5)“五个关系”。

① 处理好政府与企业的关系。

② 处理好近期与长远的关系。

③ 处理好硬件与软件的关系。

④ 处理好社会效益与经济效益的关系。

⑤ 处理好群众体育与竞技体育的关系。

(6)“六个意识”。

① 牢固树立形象意识。

② 牢固树立责任意识。

③ 牢固树立创新意识。

④ 牢固树立品牌意识。

⑤ 牢固树立服务意识。

⑥ 牢固树立忧患意识。

(二) 开放现有体育场馆，尤其是抓好学校体育场馆向社会公众开放工作

开放现有体育场馆，需要注意以下几个问题：

(1) 以学校体育场地向社会公众开放为重点。

(2) 尽快制定开放现有体育场馆的配套政策法规。

(3) 积极探索各种体育场馆开放的模式。

(三) 利用自然环境

现代人的生活理念是回归自然，通过户外活动，沐浴阳光，亲近自然。江河湖海、山峦、沙漠、森林、绿地等一切自然资源，是天然的锻炼场所，如果能加以合理利用和开发，就可在全民健身活动中发挥重要的作用。

利用自然环境关键在于引导和教育。要通过各种渠道和方式，向人民群众宣传利用自然环境开展体育活动的意义和方法，鼓励他们积极利用周边自然环境、结合个人

特点选择合适的锻炼手段，提高锻炼的效果。

（四）利用城市园林资源

利用城市园林资源，大力提倡体育设施与园林相结合，具体又有两种形式：一方面，可以建设各种以体育为主题的公园。现在北京、天津、上海、江苏、广东、重庆等许多省市都已经建成，效果很好，受到人民群众的普遍欢迎，也提高了一个城市的品位；另一方面，除了有古建筑、古文物的公园，不要破坏已经形成的人文景观，其他公园都可以把体育、休闲的功能加进去，使公园成为人民群众健身的场所。

各地进行城市规划时，应该注意征求体育部门的意见，各种公共场所的设计与修建应尽可能考虑满足群众健身、休闲的需要。

总之，只要我们坚持走“开放、建设、开办、开发、利用”的道路，经过长期不懈的努力，就可以使我国群众体育设施形成点面结合的网络化结构，为人民群众的健身活动提供充足的场地设施。

三、中国特色的群众体育组织体系

（一）构建中国特色群众体育组织体系的基本思路

构建中国特色群众体育组织体系的基本思路可以概括为：“以《体育法》和《全民健身计划纲要》为依据；以运动健身项目为主线；以区域站点为基础；以学校、社区、乡镇为重点；以社会指导员为骨干；以属地管理、自愿参加为原则；以非营利性为主体；以法规制度为保障；以不同人群参与为特色；以社会化为方向；以体质监测体系为亮点，形成纵向相对独立、没有上下领导关系，横向加强联系、各方有交流，覆盖面广、包容量大、网络化的群众体育组织框架”。

目前要积极推进项目管理中心集团化，进行协会实体化改革，对中华全国体育总会下以大量各种体育俱乐部为基础的项目协会、人群协会、行业协会和地方协会的社会化的组织体系进行健全。网络化、社会化的组织框架建设，为了我们建设更高水平的“小康体育”提供了重要的组织保证。我们必须坚持“一手抓繁荣，一手抓管理”的方针，既要注重大力发展各级各类群众体育组织，更要注重不断完善管理机制，将它们在群众体育活动开展中的组织和指导作用予以充分发挥出来，在组织建设方面也要进一步进行深化改革，努力革除制约群众体育发展的体制性障碍，探索并建立政府管理、行业自律各种组织依法运作的客观管理体制。

（二）构建中国特色群众体育组织体系的措施

1. 重视基层和民间体育项目协会以及各种群众健身俱乐部的建设与管理

（1）加快体育俱乐部发展和加强体育俱乐部管理的必要性和急迫性。

对于加快体育俱乐部发展以及加强体育俱乐部管理的必要性和急迫性可以从以下几个方面进行理解：

① 是社会经济发展和体育改革的必然趋势。

② 是提高全民身体素质的必然要求。

③ 是扩大体育消费，拉动内需，推动国民经济发展的重要举措。

④ 是适应社会民间组织管理的需要。

(2) 加快体育俱乐部发展，加强俱乐部管理的基本思路。

① 以青少年业余俱乐部和群众健身俱乐部建设为基础，推进各类体育俱乐部的全面发展。

② 以青少年和老年人为重点，带动全民参与体育俱乐部锻炼。

③ 从加强群众身边体育场地建设抓起，夯实广大群众参与体育俱乐部活动的物质基础。

④ 以体制、机制、法制建设为核心，保证体育俱乐部快速、健康、持续发展。

2. 加强社会体育指导员和体育经纪人等专业人才队伍的建设和管理

在群众体育工作开展方面，社会体育指导员、体育经纪人等专业人员是生力军，他们是群众体育工作的播种员、指导员、宣传员，对于这支队伍我们要给予关心和爱护，促使这支队伍不断壮大。为了更好地适应和满足全民健身小康社会对体育发展的具体要求，就必须要对社会体育指导员和体育经纪人的培训、审批、监管等一系列制度改革进行大力推进，构建高效、灵活、科学合理的运行机制和管理体制。同时，对于他们的利益也要给予充分的关心，为他们创造更好的工作条件，要以表彰奖励等激励机制调动和保护他们的积极性，激发他们的工作热情。

3. 依法加强对体育社会团体的管理

各级体育部门依法加强对体育社会团体的管理，是保障其健康发展和社会稳定的一项重要工作。地方各级体育行政部门应对民间体育组织的申请登记、政治思想工作、党的建设、财务和人事管理、研究活动、对外交往、接受境外捐赠资助、照章开展活动等切实负起责任。各级各类体育社会团体不得设立地域性分支机构，不得从事营利性经营活动。严格禁止民间体育组织间建立垂直或变相垂直领导关系和组织网络。严格禁止设立气功功法类、宗族类和不利于民族团结的民间体育组织。各级各类体育组织要坚决贯彻公安部《群众文化体育活动治安管理办法》的规定，依法开展群众性体育活动，自觉维护社会治安秩序和公共安全，保护公民、法人和其他组织的合法权益。

四、四类活动与三类指导

（一）搞好“四类活动”

(1) 搞好具有影响力、感召力、轰动效应的“品牌”活动。

(2) 搞好具有特色的活动。

(3) 搞好广场和公园体育活动。

(4) 搞好民族民间传统体育活动。

(二) 抓好“三类指导”

(1) 抓好对户外体育设施鉴赏活动的指导。

(2) 抓好对健身站点健身活动的指导。

(3) 抓好对营利性体育场所体育活动的指导。

第四节　我国全民健身的发展走向

一、全民健身事业的重难点将是全面实现小康社会的艰巨任务

青少年是全民健身事业的重点，农村则是其难点。现阶段，我国青少年的体质和身体玩的“天性”正在退化，丧失了在玩的过程中进行自我锻炼和自发学习的机会，这对于正处在生长过程中的孩子来说是一个莫大的损失，也对孩子的身心健康造成了一定程度的影响。为此，加强青少年体育组织建设，创建青少年体育俱乐部和青少年户外体育活动营地，继续加强国家级和省、地市体育传统项目学习是全民健身事业重点。从多种渠道来为青少年参与体育运动提供更多的体育活动场地，提倡在社区试点建设满足青少年参加体育活动的公共体育设施，组织丰富多彩的青少年体育竞赛活动，组织专家编写具有知识性、趣味性、吸引力的健身知识读物，举办“全民健身大讲堂——校园行”活动，与教育部、团中央共同组织举办“全国亿万青少年阳光体育运动会”等全国性青少年体育活动，都将是未来全民健身工作的当前和长期措施。

相对来说，我国农村人口多、底子薄、难度大，采用特殊的方式，按照国家统筹城乡发展，实行“工业反哺农业、城市支持农村”的方针，从 2006 年开始，国家体育总局便实施农民体育健身工程建设。这一建设工程也将是一项长期而艰巨的任务。

二、公共体育设施将以建设与开放并举为发展方向

促使我国公共体育设施建设水平得到全面提升，建设和开放是未来发展的两个重点。我国公共体育设施建设在相当长的一个时段是以全民健身工程为龙头，求实创新推进全民健身工程建设。

一方面，推进农民体育健身工程得以更好更快地建设、丰富路径工程器材种类，探索路径工程创新发展之策，继续推进“雪炭工程”“全民健身活动中心”“全民健身户外活动基地”建设，加强对体彩公益金使用和全民健身工程器材质量的监督管理，使我国公共体育设施建设水平再上台阶。另一方面，推进学校体育场馆向公众开放，推进社会体育场馆向青少年学生开放，将是全面提升我国公共体育设施使用效率的重要措施。

因此，实现上述两个开放，将极大提高我国有限的体育场馆的使用率，对于缓解和改善我国人均体育场地的尴尬局面起到重要的作用。

三、全民健身工作将步入法制化轨道

目前全国已经有20多个省市区的人大常委会通过了省、直辖市、自治区等地方性《全民健身条例》。国家《全民健身条例》也已经进入实质性的论证和立法阶段。与此同时，我国的《体育法》也开始进入调研、讨论和论证阶段。这些法律法规的出台，必将使我国的全民健身事业进入一个新的更高层次的发展阶段。

四、体育健身产业将促进经济的不断发展

随着社会的进步与发展，未来学家预测到，发达国家将进入休闲时代。在美国，专门提供休闲的产业会占到其国民经济50%的份额。休闲时代也正大步向我们走来。我国体育健身和体育休闲产业将以前所未有的跃进姿态成为我国经济增长的新的生长点。

休闲娱乐、体育健身、体育旅游、运动康复、新型户外运动、体育竞赛和体育表演以及相关的体育健身产业和附属健身服务业等都将极大激活体育消费市场。全民健身在为人们带来快乐和健康的同时，也会更好地推动我国社会主义物质文明和精神文明的建设。

五、全民体育健身向艺术化方向发展

（一）全民健身艺术化发展的必然性

1. 全民健身进一步发展的需求

目前，我们正处于全民健身计划的第三期工程，这一时期《全民健身计划纲要》确定的发展目标是：经常参加体育锻炼人数进一步增加；城乡居民身体素质进一步提高；体育健身设施有较大发展；全民健身活动内容更加丰富；全民健身组织网络更加健全；全民健身指导和志愿服务队伍进一步发展；科学健身指导服务不断完善；全民健身服务业发展壮大。进一步推进全民健身的一个比较实际的问题就是增加体育人口，要动员全体国民参加健身活动，除了加强宣传，增强健身意识外，选择一些群众喜爱的、老少咸宜的、富有乐趣的大众化健身项目来吸引大家参加是至关重要的。

据统计，我国体育人口参与体育活动项目的前10位是：长走与跑步；羽毛球；游泳；足篮排球；乒乓球；体操；登山；舞蹈；台球、保龄球；跳绳。与往年相比，体育人口在活动内容上保持了相对的稳定性。只是气功、太极拳、武术、地掷球等项目参加人数有所减少，而参与球类、舞蹈等娱乐、审美性强的项目，以及登山活动人数有所增加。特别是我国城乡全民群众体育活动点所从事的体育锻炼项目，前5位为健身健美操、武术、秧歌、交谊舞、广播操，这表明人们参与健身运动以及对全民健身项目的选择都不再只是纯粹意义上的强健体魄，而更多地融合了娱乐和审美的情趣，艺术性体育项目将会吸引更多的人参与到健身运动中来。

2. 社会文化发展的必然性

文化是人的生命活动发展的特殊方式，它体现了人掌握了自己同自己、自己同社会和自然界关系的程度，因而人类的衣食住行、社会生活、科学技术、思想观念、体育运动方式等都属于文化概念之列。世界文化发展遵循着一个宗教文化—科学文化—艺术文化的发展规律，体育运动的发展也应该符合这个必然性，也要经历一个宗教体育—科学体育—艺术体育的过程。在当今科学技术高度发展的社会，典型的科学体育把人的主观能动性提高到可以征服自然并支配自然的高度。在更高、更快、更强精神鼓舞下，现代体育表现为一个不断向人的生理极限冲击的过程，科学化训练的水平不断提高，运动员对运动负荷的承担能力也不断突破，体育竞赛成为表现一个人、一个团体，乃至一个国家繁荣昌盛的舞台。但是，凡是现实的都是合理的，凡是合理的都是现实的。恩格斯对黑格尔这句充满辩证思维的名言给以准确的理解，现实并不等于现存，现实的属性仅仅属于那些同时是必然的东西。体育运动的发展也必将冲破科学体育的樊篱，由必然王国走向自由王国，走向艺术体育。

3. 人的全面发展的需求

人类社会的进步和人类文明的发展，从最根本的意义上讲，是为了人。人的全面发展是人类全部活动的最高目标，也是培育“四有”公民的终极目的。人的全面而自由的发展是一种历史的发展，是人类自身发展的一种最高追求。体育的发展归根到底是为了培养全面发展的人。人们在空闲的时候，要求进行一些轻松愉快的活动，也是一种积极的休息方式。比起以往枯燥乏味的身体锻炼方式来说，选择具有艺术性的健身方式，的确是其乐无穷的，既锻炼了身体，又获得了精神享受。

在群众体育活动中寓健身于娱乐中，利用艺术因素提高审美趣味，也是发挥体育在精神文明建设中的作用的一个重要方面，也有利于培养人的全面发展。艺术性的健身项目和艺术化的健身方式，不仅能增强体质，还可以从感情上丰富人的精神。通过艺术化的体育运动，人的认识能力、创造能力、审美能力都能得到提高。人的全面发展离不开体育，体育运动的艺术化既给人以美的感受，同时也给参加锻炼者以极大的吸引力，为全民参与健身产生积极影响。健身运动要把人的全面发展摆在核心位置，始终围绕这一核心开展工作，就必然会向着艺术化的方向发展。

（二）全民健身艺术发展的趋向

1. 体育项目的艺术化

（1）艺术性体育项目的蓬勃发展。

艺术性体育项目是体育与多种艺术相结合的体育项目。它是体育运动项目的组成部分，是艺术、美学、娱乐在体育运动中发展的必然结果，是人们自愿参与、自主选择的以身体参与为主要手段，以娱乐身心、缓解压力、调节情绪为主要目的的一种既具有观赏价值又具有体验型愉悦的身体活动方式。

艺术性体育项目根据体育项目所含艺术元素比重可分为引进艺术的体育项目、艺术体育项目、亚艺术体育项目和潜艺术体育项目（见表7-1）。

表7-1 艺术性体育项目的具体分类

具体项目	艺术性			
	艺术体育项目	潜艺术体育项目	亚艺术体育项目	引进艺术的体育项目
种类	（1）艺术体操 （2）团体操 （3）健美操 （4）花样滑冰 （5）花样游泳 （6）花样跳伞 （7）花样轮滑等	（1）舍宾 （2）冲浪 （3）瑜伽等	（1）竞技体操 （2）跳水 （3）武术 （4）单板滑雪 （5）马术等	（1）街舞 （2）秧歌舞 （3）形体姿态舞 （4）体育舞蹈 （5）土风舞 （6）迪斯科等

（2）传统体育项目的艺术演化。

近年来，传统体育项目也有艺术化、审美化的发展倾向，这主要表现为两个方面。

一方面表现为体育项目成为文艺表演活动，供观众欣赏，满足其观赏的需要。另一方面是指体育项目的创新式发展。如三人制篮球赛、五人制足球赛、软式排球、软式网球、模拟高尔夫、慢式乒乓球等。

（3）新型艺术性运动项目的出现。

高节奏、高强度的工作使追求健康、时尚、美丽为目的的现代人，越来越不满足于现有的健身方式，各种新型艺术性的运动项目应运而生，吸引了越来越多的人加入到健身的行列中来，如极具形象性的芭啦芭啦舞，动感十足的尊巴舞，美国快餐圈舞，极具养生意义的太极柔力球等。此外，还有各种新兴的户外活动，如攀岩、马术、蹦极、高尔夫球等运动深受健身者们的喜爱，一些地区也开展水上篮球、赛龙舟、骑独轮自行车等，深受年轻人的喜爱。另外，还有很多样式各异的操类项目，深受各个年龄爱美女士的追捧，如球操、纱巾操、扇子操等。

2. 全民健身形式的艺术化

社会的进步，物质文明的高度发展，使人们对精神享受的追求日益明朗。为健身而健身的锻炼方式，纯粹的强健体魄的健身形式已不再适应于当代社会。随着全民健身计划的深入贯彻实施，人们健身意识的逐步提高，加之经济收入的不断增加，追求身心健康将是人们参与健身运动的深层次的目的。艺术化的健身形式将日益成为人们参与健身的首选。

六、与全民健身有关的国民体质系统建设将进一步加强

（一）国民体质系统建设的必要性

（1）国民体质系统的建设是对《中华人民共和国体育法》和《全民健身计划纲

要》进行贯彻落实的必要措施。

（2）国民体质系统的建设是全民健身活动科学化的必然要求。

（3）国民体质系统的建设是全民健身活动深入发展的重要手段。

（二）国民体质系统建设的有效措施

1. 树立新的健康理念

（1）树立新的健康观念。

（2）确立新的大卫生观。

（3）崇尚新的生活方式。

（4）注意疾病的新发展。这主要包括两个方面：一是注意死因谱的变化，在建国初期，对人的健康造成危害的主要是由病毒、细菌等微生物所引起的疾病，如霍乱、鼠疫、肺结核、天花等，排在人类死因的第一位，随着现代医学科技的发展，目前以上这些病因所造成的疾病都得到了有效的防治，而在当今造成人类死亡的主要因素有心脏病、脑血管病、恶性肿瘤、意外死亡等；二是要注意病因的变化，根据研究表明，疾病的产生除了与理化和生物因素等有关之外，吸烟、心理紧张、环境污染、行为习惯等因素也是非常重要的影响因素。如今新的慢性非传染性疾病所带来的危害并未能得到人们的足够重视，如肥胖、高血压、冠心病、糖尿病等，这些疾病在发达国家已经成为危害人们健康的主要疾病。随着我国经济的发展，生活水平的提高，社会心理压力的增大，如果人们不重视这些疾病的危害，不采取措施消除导致这些疾病的危险因素的话，这些疾病将成为未来危害我国人民健康的主要疾病。

2. 建立国民体质监测制度与网络

国民体质监测系统要充分发挥作用，必须要依靠一定的组织措施和制度保证。没有制度作保证，就不能充分发挥其作用；没有组织措施作手段，发挥其作用只能是一句空话。因此，要建立国民体质监测制度与网络。

（1）建立国民体质监测制度是根本保证。

（2）建立国民体质监测网络是重要手段。

3. 创建科学的健身指导系统

（1）加强社会体育指导员队伍的建设。

社会体育指导员是开展全民健身活动的重要保证。以数量论，我国的社会体育指导员远不能满足全民健身活动的需要；以质量论，社会体育指导员的素质更需要进一步提高。另外，需要建立社会体育指导员的再培训制度，为已取得社会体育指导员资格的人，提供培训和再提高的机会。

（2）建立科学的健身系统。

我国地广人多的基本国情，要求建立国家、地方、社区等不同层次的科学健身系统，既满足不同层次的需要，又便于管理。科学的健身系统包括科学健身专家委员

会、科学健身计算机系统、科学健身热线、科学健身网站等。

4. 加强体质学的研究

(1) 充分重视体质的作用。

随着现代科学技术的不断发展，及其生产方式和生活方式节奏的不断加快，高度紧张的脑力劳动成分在增加和沉重的、以肌肉紧张为主的体力劳动成分在减少，这一生产方式的特点对人的体质提出了新的要求。国民体质是人力资本的重要组成部分，也是国家经济和社会发展的物质基础。体质水平的高低与运动水平之间存在着密切的关系。在一定程度上可以说，当代的奥林匹克体育竞赛，实质上就是提高青少年体质水平的科学技术的竞赛。人群（尤其是青少年人群）的体质和他们的科学技术认知量，是提高运动技术水平的重要基础。

当社会的政治、经济、自然条件等因素发生变化时，它对人的体质起着十分敏感的影响。生产和科技的发展，取决于人对社会作出贡献的大小，人的素质不单纯以知识结构为标志，也是知识、道德、体质的结合体，从某种意义上讲，人的第一存在价值还是健全的、能适应社会生产劳动的体质。

(2) 加强体质学的学科建设。

加强体质学的学科建设需要做好以下两个方面：

① 加强体质学研究人才的培养。

② 加强学术交流。

第五节　国外全民健身发展对我国的启示

一、加强体育设施的投资与建设

国际大众体育宣言中指出：要建立适合人们需要的、足够的、向所有人开放的体育与娱乐设施。纵观工业发达国家的大众体育事业，无一不与经济充实密切相关。丰富、充足的体育场（馆），是吸引大众从事健身运动的最基础条件。

二、完善健身计划，坚持健身体育锻炼

国际上大众健身开展的目的如下：

一是通过大众体育促使人们在整个生命过程中积极、自觉地投入到体育运动中，以达到增强体质、愉悦身心、提高生活质量的目的，这是它的宗旨。

二是以减少国家为健康投资的明显的功利目的。

欧美发达国家大众健身的兴起与西方“现代文明病”的出现紧密相连。西方科学主义作为一种社会现象，其基本特征便是它的功利性，资本家所关注的是经济效益，当然也就无暇顾及大众健身。但是，当工人的健康影响到他的利益时他们也就对人的躯体进行研究了。因此说，开展大众健身，强化国民健身意识，既是现代生产和现代

社会政治、经济生活的客观要求，也是人类社会发展的必然需要。许多人认识到，自己的健康要靠自己来维护，于是寻求精神上和生理上均能受益的锻炼途径。随着双休日带来的自由时间的增加，以及老龄化、都市化社会的进一步发展，越来越明显地体现出体育运动的重要性。现代医学研究证实了体育锻炼对全面健康的独特作用，而且还可以节省保健医疗费用的开支。因此，各国政府都在积极宣传引导，使健身体育思想深入人心，鼓励民众积极参加体育锻炼，以防病健体。同时可以摆脱沉重的医疗负担。

第八章　健身公共服务体系动力机制的理论

本章将对全民健身公共服务体系动力机制的概念等基本理论进行研究，分析公共服务提供与生产的区别以及供给模式的多元化发展趋势，奠定构建全民健身公共服务体系动力机制的理论基础。

第一节　相关概念的界定

一、全民健身公共服务产品

公共产品是经济学上的概念，是指由政府（公共部门）所生产和提供的，用于满足全体社会成员共同需求的产品或劳务，公共产品可分为纯粹的公共产品、准公共产品和混合产品，纯粹的公共产品具有两个基本特征，即非排他性和非竞争性（边际生产成本和边际拥挤成本为零）。在现实社会中，纯粹的公共产品非常稀少。所以，政府提供的产品中更多的还是仅具有公共产品部分特征的产品，主要为准公共产品（具有利益外溢性特征的产品）和混合产品（具有排他性、边际生产成本和边际拥挤成本都为零或具有排他性、边际生产成本为零但边际拥挤成本不为零的产品）。随着科学技术水平的不断进步，许多曾经公认的公共产品的排他性从技术上日益变得可行，排他的成本也日益降低。如有线电视设备的出现使对公共电视用户收费成为可能。如此一来，判断某种产品是否属于公共产品或者某种物品是否应该由政府供给时，首先判断产品是否具有非竞争性，然后再进一步分析它是否具有非排他性。若该产品有非竞争性，且具有非排他性，则该物品必然成为公共产品。若从技术上看，它具有排他性，就要进一步分析，该产品的排他成本是否高，如果很高，该产品亦为公共产品。若排他成本较低，则该产品属于排他但非竞争性产品。对于这类产品或劳务，可让市场经营，但政府有必要采取补贴或直接提供方法进行一定程度的干预。如果该产品没有竞争性，又没有非排他性，则该产品必为纯粹私人产品。纯粹的公共产品由政府部门提供，纯粹私人产品可以由市场机制来实现供求平衡。

依据上述公共产品的概念及判别方法，本研究认为全民健身服务产品可分为三类：第一类是可以由市场提供的全民健身个性化服务，属于私人产品，如经营性体育健身娱乐会所等。第二类是由政府提供的全民健身基础服务，属于纯粹公共物品，如室外健身路径，健身公园、广场等。第三类是可以由市场经营但政府有必要补贴或出台鼓励政策扶持的低收费健身服务，属于准公共产品。如公共体育场馆、青少年俱乐部、社区俱乐部、非营利体育组织、民办非营利企业等提供的健身服务产品。全民健身公共服务主要是第二类和第三类产品。

二、全民健身公共服务的概念及类别

（一）全民健身公共服务的概念

公共服务一词已相当广泛地被使用，但对公共服务的含义，学者们却有不同的解释，构建全民健身公共服务体系及其动力机制势必要厘清公共服务的概念。查阅文献，学界存在着如下一些关于“公共服务”概念及其内涵的解释方法，即“物品解释法（视提供公共物品为公共服务，从公共物品推演公共服务，如马庆钰、高新才等）、价值解释法（运用公共资源，回应社会公众需要，实现公共服务的公共价值，如李军鹏的界定）、内容解释法（从公共服务的内容界定公共服务，并且从不同层面界定了不同层次政府公共服务的具体内容、形式等）、利益解释法（视公共服务是实现公众利益的过程，从公众利益出发界定公共服务）、主体解释法（公共服务的主体是政府，具体实施者是政府工作人员，很多学者从公共服务的供给主体出发界定公共服务）、职能解释法（公共服务是公认的政府职能之一，将公共服务视为政府职能进行界定）”等。

综合分析上述观点可见，虽然认识公共服务的视角不同便有不同的解释方法，但是这些解释中存在着相同之处，即公共服务是指政府及其公共部门运用公共权力，通过多种机制和方式的灵活运用，以提供各种公共产品为载体，以维护与促进公平为宗旨，以发展和维护公共利益为目标的公共行为的总称。全民健身公共服务则是指政府及其公共部门运用公共权力，通过多种机制和方式的灵活运用，为社会提供全民健身公共服务产品，以满足国民健身需求的公共行为。

（二）全民健身公共服务的类别

依据我国现行的统计口径，公用事业、居民和服务业；卫生、体育、福利救济业；教育、文化、广播电视事业；科学及技术综合服务业被列入社会公共服务业的统计范围。全民健身是体育的重要组成部分，全民健身公共服务属于社会性公共服务。在政府实践过程中，根据公共服务具有的公益性和可经营程度的不同，将公共服务分为基本公共服务和非基本公共服务两类，后者又可分为准公共服务和经营性公共服务。基本公共服务是政府法定义务，是政府应依法为社会提供的公共服务，如社会公众最基本的健身条件——全民健身路径等，该类公共服务应由政府直接供给；准公共服务是既可以由政府提供又可以由社会机构提供的公共服务，如体育场馆，该类服务可以采用政府、市场等多元化供给方式；而经营性公共服务是完全可以通过市场机构提供的公共服务，如健身休闲娱乐，该类服务应在政府主导下采用社会供给的方式。

依据上述分类，本研究将现阶段全民健身公共服务分为三类：一是基本公共服务，如为提高国民身体素质开展的国民体质监测等公共服务。二是尚需政府采取多种措施给以支持的准基本公共服务，如非营利组织提供的满足人民群众日常体育健身需

求的各类服务。三是经营性公共服务，如提供体育休闲娱乐、体育竞赛表演、体育用品消费、体育中介等的体育产业服务。

三、全民健身公共服务体系的概念

2010年12月25日，国务院颁布的《全民健身计划（2011—2015年）》文件中首次提到全民健身公共服务体系。此前2010年10月9日，国家体育总局宣传司在人民网、新华网等各大重要网站发布的《全民健身计划（2011－2015年）》（公开征求意见稿）有关名词解释中对全民健身公共服务体系做了如下解释："全民健身公共服务体系是指各级政府为保障人民群众基本体育权益，满足日益增长的体育服务需求，投资兴办的以公共体育场地设施、公益体育组织网络、群众性体育活动系统、公益社会体育指导员队伍、健身指导及信息服务系统为支撑和运作评估为基本框架的覆盖全社会的体育健身服务体系。"它是社会公共服务体系的组成部分，是全民健身服务体系的主要组成部分。检索已有文献，对全民健身公共服务服务体系的定义还未涉及，但相关体育公共服务的概念已有论述，体育公共服务是指"满足社会公共需求，具有非竞争性和非排他性公共物品的体育服务"。根据公共服务的概念，导出公共体育服务的定义为"公共组织为满足公共体育需要而提供的公共物品或混合物品"。

已有研究对公共体育服务存在以下共识：① 将上位概念界定为"公共服务系统"。② 将需求主体界定为人民群众。不同之处是：① 公共服务目的不同，一类是满足人民群众基本体育需求，一类是满足人民群众体育领域的全部需求。② 公共服务供给主体有别，一类认为是政府，一类认为供给主体是"政府为主的公共部门"，还有一类为"政府、企业、非营利组织"。查阅文献认为全民健身公共服务体系框架的研究较为一致，学者对全民健身体系的结构进行了理论构建和解释，子系统虽略有不同之处，但总体来说认为全民健身体系主要包括组织管理体系、舆论宣传体系、健身活动体系、监测评价体系、政策法规体系、物质保障体系、健身指导体系等。各子系统之间相互联系、相互制约共同形成一个有机整体。

经过改革开放30多年的发展，公众对全民健身公共服务需求的层次化、多样化水平在提高，政府作为公共服务供给的主体很难单独履行公共服务供给的全部责任。公众健身需求的多元化要求公共服务供给主体结构多元化，强调公共部门、私人部门、非营利组织均可成为公共服务的供给者，从而把多元竞争机制引入到公共服务的供给过程中来，提高全民健身公共服务质量。因此，依据新公共管理理论，综合已有的相关概念，结合我国实际，拾遗补缺。我们将全民健身公共服务体系定义为：为保障人民群众基本体育权益，满足日益增长的体育服务需求，政府及其公共部门运用公共权力，通过多种机制和方式的灵活运用，为国民提供的健身服务系统。

第二节 公共服务的生产与提供

公共服务的生产与提供是两个不同的概念，最早对这两个概念进行区分的是著名公共财政经济学家理查德•马斯格雷夫，之后被以文森特•奥斯特罗姆为代表的制度分析学派所继承并加以明确化，把市场机制引入公共服务供给之中，公共服务主体分为公共服务安排者和生产者，并且安排者和生产者并不一定一致，必要时可以采用安排者和生产者相分离的方式。安排者是主导公共服务供给质量、数量、成本以及资金提供的主体，公共服务的安排者一般是政府。生产者是实现公共服务供给的主体，即将资源转化为公共服务或公共产品的过程。政府安排但并不意味着政府是生产公共服务的最佳选择，这是公共服务安排者和生产者分离的重要依据。公共服务安排者和生产者之间的联系和区别如表 8-1 所示。

表 8-1 公共服务的生产和提供

公共服务单位安排者	公共服务的生产者
通常情况下是政府来整合民众的需要	政府组织，私人组织或者自愿组织
政府通常拥有强制权力来获取资源以及组织消费	为公共服务安排者生产产品或服务
给公共服务生产者付费	获取来自于公共服务安排者的资金
收集有关公共服务的意见和建议	向公共服务安排提供有关信息

传统观念认为政府既是公共服务的安排者又是公共服务的生产者，但随着市场分工的专业化以及人们对公共服务质量要求的提升，公共服务由政府生产的观念逐渐转变。公共服务民营化倡导者萨瓦斯最早提出了公共服务安排和生产分离的概念，认为公共服务可以在政府安排主导下指派或者择优选择生产者供给。也就是所谓的政府在公共服务中应该“掌舵”，并非一定要“划桨”。那政府是否一定要提供某类公共服务或者一定要将某类公共服务安排给市场机构生产呢？这是公共服务安排与供给的决策问题。在政府决策公共服务供给时，除了考虑法律、民生等基本问题以外，征税和支出的平衡以及公共服务供给成本是决策的重要依据，决定了某类公共服务供给的规模及水平，也决定了是否选择社会力量参与公共服务供给。采用市场化公共服务供给时，政府并非完全脱离了公共服务供给，政府肩负着公共服务供给安排、生产者选择、监督管理等监管责任和成本。而政府集公共服务安排者和生产者于一体，则会存在管理成本以及供给成本，并且政府独自供给会产生专业化程度不足、垄断和官僚成本。上述两类成本的对比，是决定公共服务安排和生产是否分离的基本依据。

根据公共服务安排与生产分离的理论和实践，公共服务可以通过政府提供、市场提供、社会提供等多种方式实现，各种供给方式存在不同的优势和劣势。完全由政府供给公共服务（也称为直接供给方式），易产生垄断和效率低下；完全由市场主体供给公共服务，则易产生企业唯利是图，导致公共服务质量低下。为此，理论界与实务

界的探讨从未停止，历史上也产生了各种争辩，直至新公共管理理论出现，公共服务供给主体多元化逐渐得到了认可，通过供给主体多元化模式的实现，转变政府垄断公共服务供给下动力不足、效率过低的局面，也实现多元化主体有序竞争的格局。全民健身公共服务包括多种类型，供给主体、供给方式也存在多元化的可能，为此，本研究基于以往理论研究的成果和实际操作的经验，通过实现供给主体多元化，构建全民健身公共服务供给的强大动力机制。

第三节　公共服务的供给模式

20 世纪 70 年代后期，面临着财政危机、信任危机、管理危机的福利国家，为了摆脱种种危机，开始削减政府预算和支出，将许多公共服务项目向私营部门和非营利部门转移，政府直接提供的公共服务减少，管制相应增加，新公共管理理论应运而生，公共服务市场化改革成为主导，出现了公共服务中政府由“划桨者”转向“掌舵者”的职能和角色转变。政府通过规范市场秩序、充分运用预算安排和政策安排形成经济刺激，创造一个有效率的市场，使非营利组织、私人部门参与公共产品的生产。萨瓦斯曾把公共服务提供方式归纳为十种形式：“政府服务、政府出售、政府间协议、合同承包、特许经营、政府补助、凭单制、自由市场、志愿服务、自我服务”。公共服务的供给方式与公共服务供给过程中的角色分工相结合，从而形成公共服务供给多元化的制度安排。

第四节　全民健身公共服务理念的转型

公共服务理念是全民健身公共服务的基本认识和主旨思想，全民健身公共服务理念是对全民健身公共服务实践和理论的抽象化体现。科学的理念是全民健身公共服务的重要指引，对于正确引领全民健身公共服务的发展方向、凝聚全民健身发展的持续动力、提升全民健身公共服务的质量具有重要意义。

一、全民健身公共服务理念内涵的国际比较

全民健身公共服务是伴随公共服务体系建设、服务型政府建设兴起的，而国际上公共服务理念和服务型政府建设的理论研究与管理实践相对较早，国际上也将体育公共服务纳入政府公共服务体系建设之中。

（一）公共服务理念

伴随西方行政管理的改革、发展以及理论研究的进步，20 世纪 80 年代，欧美等西方国家出现了借鉴私营部门管理方法的“新公共管理理论”，即强调政府“应掌舵而不是划船”，但是在“以人为本，以公民为本”理念的指导下，“谁来掌舵”的问题又出现了，于是美国学者又提出了“新公共服务”，将社会公民视为行政管理的首要

服务对象。

公共服务理论的出现旨在体现社会公民的主体，将行政管理与服务、税收与公共支出等公共管理手段作为社会服务的重要工具。国内学者高培勇通过研究提出了我国公共服务体系建设的理念，他认为“公共服务的主要提供者是政府，公共服务要均等地提供给全体社会成员，公共服务的供给行为要规范等。”这代表了国内理论界对公共服务理念的认识，其中也反映了政府为社会均等提供公共服务的理念。为此，总结国内外公共服务理念的研究发现，公共服务的根本理念是提供公共服务满足社会公民的基本需求。

（二）全民健身公共服务的理念

国外全民健身公共服务一般融入整个社会公共服务体系之中，“美国总统健康与体育委员会”是政府国民健康管理的重要机构，它通过调动社会各个方面的力量，共同为社会提供健康、卫生、运动等综合性公共服务，从而提高公民的健康水平，其中体现的是整合社会各方面资源的理念。德国政府本着自主、合作的原则，发动遍布全国的体育俱乐部推进全民健身的工作开展，通过俱乐部为社会提供全民健身公共服务，其全民健身公共服务是政府支持、社会组织供给的模式，其公共服务理念不拘泥于服务形式，通过不同的途径和方式供给全民健身公共服务。新加坡政府重视并主导全民健身公共服务体系建设，制定了旨在推进全民健身的《2030年体育远景规划》，明确了健身指导者、商业企业、健身公众、宣传媒体、体育官员、体育设施管理者等不同主体的职责；通过《新加坡体育设施发展总体规划》(SFMP）满足全民健身空间的需求，建设体育城（KSC)、区域综合体育中心和大量社区体育场馆，形成全民健身公共服务体育场馆网络；新加坡全民健身公共服务体系呈现出面向大众、责权清晰、社会参与的特征。以美国、德国、新加坡为代表的全民健身相对发达的国家，其全民健身公共服务体系相对完善，集中体现出以人为本、服务大众的全民健身公共服务理念，并且形成了政府主导下凝聚社会力量发展全民健身的模式，为我国全民健身公共服务理念的转变提供了借鉴。

国内有关全民健身公共服务体系的研究，起源于公共文化等方面服务体系的认识，而且隶属于体育公共服务体系的理论框架。对于体育公共服务的理念，国内学者已有研究。如潘雪梅、樊炳有认为，我国体育公共服务体系的发展理念为以人为本、诚信正义等，还提出了追求目标、发展动因、均衡节点和现实基础等观点。其实，上述观点反映的是体育公共服务的发展理念，但尚未形成全民健身公共服务的理念。比较国内外全民健身公共服务的研究，都将以人为本、满足公众基本需求视为公共服务的核心理念。但这是全民健身公共服务目标层次的理念，即全民健身公共服务目标是以人为本、满足社会成员需求，而当前政府、社会所忽视的是全民健身公共服务供给层次的理念，即如何供给全民健身公共服务的观点和思想，也是制约全民健身公共服务体系完善和动力机制保障的重要原因。

二、我国全民健身公共服务的理念

在上文分析的基础上，本文通过研究认为我国建立全民健身公共服务大体育观的供给理念，以完善和补充全民健身公共服务的目标理念。

全民健身公共服务大体育观是指对全民健身公共服务的认识、职责和供给等方面全面、系统、综合性的理念。在全民健身公共服务的认识方面，将全民健身视为政府公共服务体系、民生服务工程、公民健康卫生服务体系等方面的重要组成部分，是体育强国建设、人力资源强国建设的重要基础，是关系社会成员身体健康、生活幸福的重要基础性服务，是人们的根本性需求。在全民健身公共服务职责划分方面，承接对全民健身公共服务的认识，并非将全民健身公共服务视为体育行政部门一家的职责和任务，而是重视全民健身公共服务的广泛性和基础性，需要树立地方政府是全民健身公共服务第一责任主体的意识，整合财政、卫生、文化、教育等多部门的力量，保障全民健身公共服务的供给。

在全民健身公共服务的供给方面，充分认识到政府是全民健身公共服务供给的主导者，同时，更要善于借助于社团组织、私营企业等社会各方面的力量，形成全社会共同支持和促进全民健身公共服务发展的局面。当前，我国全民健身公共服务供给水平较低，尚未满足人们日益多元化的健身服务需求，其根本原因，就在于公共服务理念滞后于全民健身的发展，滞后于经济社会的变革，对全民健身公共服务的认识不足、职责划分不清、供给方式落后。为转变这一不利局势，我国全民健身公共服务应树立大体育观，明确政府发展全民健身公共服务的主体责任，提高政府职能部门之间的协同性。但也应避免踏入误区，将大体育观作为政府包揽全民健身公共服务各个方面工作的理念，实质上这是不合理也是不现实的，大体育观在明确政府全民健身公共服务主体责任的基础上，更加强调发挥各种社会资源、社会力量的作用，形成全社会推动全民健身的局面。为此，完善我国全民健身公共服务体系，亟须树立公共服务大体育观，整合政府、社会各方面资源，调动社会各界积极性，形成全民健身可持续发展的根本动力。

三、全民健身公共服务理念的本土实践及其贯彻

全民健身公共服务大体育观是全民健身公共服务体系建设的引领，在形成全民健身公共服务正确理念的同时，尚需将理念与全民健身公共服务实践密切结合，将大体育观应用到全民健身公共服务供给之中。下文将对应全民健身公共服务体系的主要内容进行理念应用探讨，根据相关研究，全民健身公共服务体系的主要内容主要包括政策法规、场地设施、体育组织、体育活动、健身指导等方面。

（1）提高全民健身服务政策法规的全面性与全局性。

应用全民健身公共服务大体育观，全民健身公共服务政策应体现出高度性，即认识的高度、职能划分的高度。从健康中国、体育强国、人力资源强国、文化强国建设

的角度出发，重新认识全民健身公共服务体系建设的重要性，通过政策法规的制定与实施，将全民健身公共服务上升为国家战略与行为。改变“体育一家办体育”的局面，通过政策法规，明确地方政府主管本地全民健身公共服务的职能，切实实现全民健身“三纳入”（纳入发展规划、纳入财政预算和纳入《政府工作报告》），统筹体育、教育、文化、卫生等相关部门积极行使本部门职责，参与到全民健身公共服务体系建设之中。

（2）强化全民健身公共服务场地设施建设的基础性与融合性。

应用全民健身公共服务大体育观，应体现全民健身场地设施建设与经济社会发展、城乡建设相融合，场地设施开放与居民需求相融合。截至2010年，我国“人均体育场地面积约1.2平方米，总体数量超过100万个”，总体来看我国体育场地设施供给水平较低，并且全民健身公共体育场地设施增长的速度有限，为此，各地政府应在政府主导下，融合社会力量建设全民健身场地设施，将全民健身场地设施建设与城区建设、新农村建设相结合，鼓励社会投资建设体育场地，加大体育彩票的支持力度，在公园、广场等建设健身设施等，以保障社会公众对体育场地设施的需求。

同时，加大已有体育场地设施的开放力度，建立开放制度、公示制度、监督制度，促进公共体育场馆、学校体育场馆免费或优惠向社会开放，适度补贴社会私营体育场馆向大众开放。

（3）促进全民健身公共服务体育组织的多样化。

应用全民健身公共服务大体育观，应广泛发挥社会组织的积极性，将全民健身组织发展到群众身边，便于社会大众就近、方便开展健身活动。结合国家社团组织改革的要求，降低体育社团组织的准入门槛，促进小型化、多样化社团组织的建设与发展，使体育社团组织成为全民健身的重要阵地，广泛影响、发动群众开展全民健身活动。

在体育社团组织的基础上，发挥其他类型社会组织的积极性，鼓励其开展体育健身活动，形成各种类型社团组织共同推进全民健身的广泛统一战线。

（4）坚持全民健身公共服务体育活动的综合性。

应用全民健身公共服务大体育观，应体现全民健身体育活动的综合性，即不受体育活动形式的限制，鼓励开展多种多样、丰富多彩、科学有效、深入人心的健身活动。

一方面，通过全民健身公共服务体系建设，提供基本的全民健身活动，同时不限制活动形式，鼓励社会大众根据个人爱好、个人特点、地区特色等开展丰富多彩的体育活动；另一方面，提高全民健身活动的科学性和有效性，将体质监测、医疗卫生、健身指导等与健身活动综合为一体。

（5）彰显全民健身公共服务健身指导的公益性。

应用全民健身公共服务大体育观，应实现全民健身公共服务健身指导的志愿性，即扩大全民健身指导员的范围，在志愿指导的基础上实现常态化、持续化和制度化。

以社会体育指导员从事全民健身指导为主，同时引入其他有特长的社会组织、志愿者参与全民健身指导，政府采取健身指导奖励措施（如颁发健身指导奖章、评选社会优秀志愿者等），在全民健身指导中形成竞争、合作、共赢的局面。

树立全民健身公共服务大体育观，是促进全民健身公共服务体系完善、提高全民健身公共服务供给水平的重要理念转变。树立全民健身公共服务大体育观，应实现全民健身公共服务政策法规的全面性与全局性、场地设施的融合性、体育组织的多样化、体育活动的综合性和健身指导的公益性，形成“政府主导、部门协同、社会参与”全民健身公共服务的供给模式。在全民健身公共服务大体育观的指导下，我国全民健身公共服务体系建设必将步入一个崭新时期。

第九章　创新社会管理与全民健身志愿服务

第一节　创新社会管理内涵与路径诠释

一、创新社会管理的提出

社会管理是人类社会必不可少的一项管理活动，可以说古已有之。社会的有序运行，需要科学的管理。

在原始社会，人类尚处于氏族公社阶段，阶级尚未产生，国家（政府）也未建立，氏族成员之间基本是一种平等关系，他们共同对本氏族的大小事务进行管理。这实际上是一种自主管理。自国家出现后，中国传统的社会管理一直是皇权至上的一元统摄与基层社会自治共存的模式。这种社会管理模式一直维系至清末，乃至民国仍大行其道。新中国成立后，这一模式被打破。随后，随着公有制与计划经济体制的建立，我国的社会管理模式演化为“总体性社会”下的“人民公社”与“单位”制，直至改革开放后。虽然，通过人民公社制度与单位制度实现对社会的管理，社会的组织、化程度化得到了显著提高，有利于党和政府对社会的整合与控制，保持社会稳定。但同时也造成政府权力无限扩张、管理成本过高、社会组织和公民个人自主性低、社会缺乏活力等弊端，从长远看，并不利于人的自由全面发展和经济社会持续快速健康的发展。

改革开放以来，随着社会主义市场经济体制的建立、发展，人民公社制度与单位制度的消解、社会流动的加快、社会问题与社会事务增多、社会组织的兴起，国家与社会也日益分离，一个相对独立于政府与市场的社会领域逐步形成，利益分化与多样化导致的社会问题与冲突渐显，对我国既有的社会管理提出了挑战。为构建和谐社会，需要创新社会管理的理念、方式、体制与机制，才能适应社会发展的需要。

党的十九大报告指出，社会主要矛盾已经由“人民日益增长的物质文化需要同落后的社会生产之间的矛盾”转化为“人民日益增长的美好生活需要和不平衡不充分的发展之间的矛盾”。并且指出，人民群众对美好生活的需要日益广泛，不仅对物质文化生活提出了更高要求，而且在民主、法治、公平、正义、安全、环境等方面的要求日益增长。为了有效回应这些新需要，解决社会的新矛盾，十九大报告在加强和创新社会管理领域，提出要建立共建共治共享的社会治理格局，并且提出了社会管理的制度建设、提高四化水平和加强四个体系建设。

二、创新社会管理的内涵与路径

社会管理的概念源于前苏联和东欧社会主义国家，在国内始见于《社会管理：某些理论与实践问题》（王思斌等译，1987）一书。

但是，对于何为社会管理，迄今为止学术界尚无统一的定义。目前，学者们普遍认为应从广义和狭义两个层面去认识社会管理。广义的社会管理指整个社会的管理，即指包括政治、经济、思想文化和社会生活各子系统在内的整个社会大系统的管理。狭义的社会管理，主要指与政治、经济、思想文化各子系统并列的社会生活子系统的管理，一般与政治管理、经济管理相对，指的是社会公共事务中除了政治事务和经济事务以外的那部分事务的管理与治理。时下，学者们一般倾向于从狭义的层面上来界定社会管理的含义。郑杭生教授认为，社会管理，在中国语境下，是指执政党和政府与其他社会主体，运用法律、法规、政策、道德、价值等社会规范体系，直接或间接地对社会不同领域和各个环节进行服务、协调、组织、监控的过程和活动。

创新社会管理的关键是“创新”。那么，什么是创新社会管理？所谓创新社会管理，简言之，就是对社会管理的创新，指的是紧紧围绕社会管理的目标，在现有社会管理条件下，综合运用各种资源和力量，依据政治、经济和社会的发展态势，尤其是依据社会自身运行规律乃至社会管理的相关理念和规范，研究并运用新的社会管理理念、知识、技术、方法和机制等，对传统的管理模式及相应的管理方式和方法进行改造与完善，建构新的社会管理机制和制度。

对于当下我国社会管理面临的各种挑战，单一依靠党与政府的力量显然无法应对，这在客观上要求建立一个能够整合各种力量的社会协同机制，能充分发挥执政党、政府、社会组织及公民的多元力量积极地和创造地参与社会管理。即“党委领导、政府负责、社会协同、公众参与”的社会管理格局。一方面是强化政府的社会管理职能，另一方面是强化各类企事业单位的社会管理和服务职能。引导、支持社会组织、人民团体参与社会管理和公共服务，发挥群众参与社会管理的基础作用，实现社会有序、稳定、和谐发展（见图9 1）。

创新社会管理既是对全社会的管理，也是全社会共同参与的管理。社会管理的多元协同机制，必须厘清社会管理的四个主体要素，即执政党、政府、社会组织（非政府组织）、社会公众（公民）各自在社会管理中所扮演的角色，及其互动协同关系。

（一）党委领导

当下，政治已离不开政党。在现代民主社会制度下，政党通常发挥利益表达与综合功能、政治录用和社会化功能。作为我国唯一的执政党，中国共产党在社会管理格局中处于领导地位，这是由党的性质决定的，也是最具中国特色的内容。党对社会管理的领导主要是政治领导，主要表现在：

其一，针对社会管理面临的新形势、新问题，立足国情，放眼世界，集中全国各族人民的智慧与建议制定创新社会管理的方针、路线与政策，并通过法定程序使之成

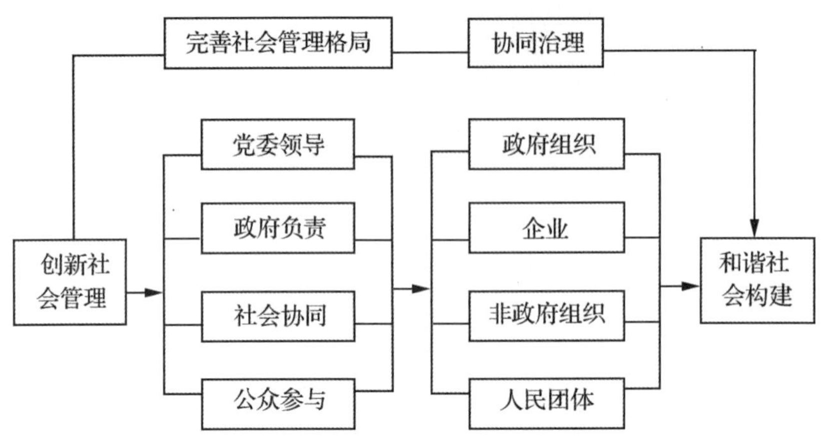

图 9-1　社会管理创新格局及参与主体

为国家意志和主张。

其二，使创新社会管理始终沿着社会主义方向进行。一方面，在领导社会管理的实践中，根据“总揽全局、协调各方”的要求不断完善党的领导。另一方面，在引进国外社会管理经验时党要作出准确的判断，以做到科学借鉴。

其三，支持政府依法管理各项社会事务，履行社会公共服务的职能；引导社会组织、民众积极有序地参与社会管理。

（二）政府负责

“党不是政权本身，不能取代政权机关的职能”。虽然党领导社会管理，但落实社会管理还需由政府负责。

第一，政府实现执政党关于社会管理的各项主张。虽然，在发达国家社会组织承担了众多的社会管理职能，但当下，在我国社会组织发育不成熟的条件下，对社会管理主要还是依靠政府组织。

第二，政府是社会管理的推手。国情世情在变，社会管理亦须变。虽然，当下社会组织、公众、企业等社会力量正积极参与社会管理，但政府是其能否形成合力，发挥综合效应的关键所在。

第三，政府是社会管理的投入主体。社会管理要有大量的人力、财力、物力作支撑，虽然这些投入社会、企业及民众可承担一部分，但毕竟非常有限。目前，我国在社会管理方面的投入政府仍居绝对主导地位。因此，政府要履行好发展经济的职能，为社会管理提供强大的物质基础。

第四，政府负责社会政策的制定与执行。社保、医疗、社区服务、就业、教育、住房等各项关乎民生的法律和制度均为社会政策内容。“从总体上说，社会政策目标与社会管理目标是一回事，二者没有严格的区分。”因此，和谐社会的构建，创新社会管理目标的实现，关键取决于政府对社会政策的制定和执行。

第五，政府培育其他社会管理主体。一方面要改善社会组织的制度环境，制定法

律法规促进其成长、增强其力量。另一方面要鼓励社会组织参与社会管理与服务，并为其提供政策与法律支持。

（三）社会协同

社会协同中的"社会"指的是社会组织。社会组织（social organization）是人们为实现特定目标、基于一定的利益需要而建立的有明确规范协调的进行共同活动的群体。在我国主要有三大类，即社会团体、基金会和民办非企业单位。

在创新社会管理中，社会组织是政府的亲密伙伴和重要助手。诚如，罗伯特·D·帕特南所言，"公民社团有助于民主政府的效率和稳定……社团组成的密集网络增进了政治学家所说的'利益集结'与'利益表达'"，正是这建立在组织化基础上的公共精神和公共利益的追求，使社会组织具有较强的资源动员、整合及利用能力，并在政府和社会（公众）、政府和企业、企业和社会（公众）以及各种不同社会主体（公众）之间，搭建了一个沟通、合作的桥梁，可以弥补社会管理中政府"失灵"与市场"失灵"的缺陷。

社会组织协同社会管理方式有二。一是组织协同政府进行社会管理。如，直接承担政府赋予的部分职能，参与政府的服务项目竞标，接受政府的委托项目等，社会组织在此方面均具有天然优势。由于行业组织比较完善，在一些发达国家许多原由政府管理的事务转由行业组织自律管理。如，行业组织内从业人员的资格认定，行业内规则、标准、管理以及相关问题的处理等。此方面经验值得我们借鉴。政府应为社会组织协同社会管理创造条件，努力形成政府与社会组织良性互动的局面，政府逐步将一些具体的事务性工作交由社会组织经办，并最终从中抽离出来。二是各类社会组织之间进行协同社会管理。尽管不同的社会组织之间的功能和服务差别显著，但是，"社团把多数人集结在一起，促使他们精神饱满地奔向由它指明的唯一目标"。如，在2008年的汶川地震抗震救灾中，来自物资捐赠、环保、医疗、心理咨询、教育等各个领域的社会组织，成为政府的得力助手，生动展现了协同工作的良好效果，有力推动了抗震救灾的有序进行。

（四）公众参与

社会管理的开展，最终要落实到具体的人，即社会公众。没有社会公众的广泛参与和积极支持，就没有真正的社会管理。因为，"只有个人才能对自己的利益作出最佳的判断"，它是衡量现代民主政治发展水平的一个重要视角和维度，也是衡量一个国家政治文明程度的重要尺度。公众参与是一个非常广泛的领域，但归根到底而言，主要有两类：一是参与社会公共政策制定，使社会政策更加符合民意和公众利益；二是参与志愿服务，承担社会责任，主要是培育公众的公民意识、公共精神，通过动员与组织群众参与各种社会种类的志愿服务，实现自我管理、自我服务、自我发展。

通过以上对创新社会管理的内涵解读可知，创新社会管理需要有多元化的力量，尤其是需要社会协同、公众参与。否则，就不能称之为社会管理。在"党委领导、政府负责、社会协同、公众参与”的创新社会管理格局中，经过长期探索和实践，目前总体而言党委领导和政府负责已经比较扎实。而社会协同和公众参与还更多地存在表面化、形式化。由于社会力量主要通过社会组织（非政府组织、志愿组织）体现，因此，发展社会组织也就成为创新社会管理的最为重要的路径。创新社会管理的核心要义是最大限度地利用社会自身力量，实现政府与社会力量在社会管理上的对接。这就需要引导各类社会组织加强自身建设、完善管理、增强服务社会的能力。

第二节　创新社会管理与全民健身志愿服务的理论关联

一、全民健身志愿服务是创新社会管理应有之义

从对象看，社会管理就是政府依法对社会事务、社会组织和社会生活的规范和管理。全民健身志愿服务既是一项社会事务，也是一项社会生活，同时又与社会组织密切联系。

（一）全民健身志愿服务是社会事务的一部分

以习近平新时代中国特色社会主义思想为指导，全面贯彻党的十九大和十九届二中、三中全会精神，认真学习贯彻习近平总书记关于体育工作的重要论述，按照党中央、国务院关于加快推进体育强国建设的决策部署，坚持以人为本、改革创新、依法治体、协同联动，持续提升体育发展的质量和效益，大力推动全民健身与全民健康深度融合，更好发挥举国体制与市场机制相结合的重要作用，不断满足人民对美好生活的需要，努力将体育建设成为中华民族伟大复兴的标志性事业。

一般而言，社会事务具有明显的时代特征。不同的经济社会发展阶段，会出现不同的社会事务；同一社会事务在不同的社会发展阶段亦会呈现不同的发展特征。志愿服务是社会现代化进程中的产物，国外体育志愿服务的发展已有100多年的历史，在对于促进体育赛事（会）及大众体育的发展起了极为重要的作用。在我国，体育志愿服务的发展则仅为20年左右，且其发展主要集中于体育赛事（会），而在社会体育、全民健身领域的发展则明显不足，全民健身志愿服务距离广大人民群众日益增长的体育健身需求尚有较大差距。为配合《全民健身条例》的有效实施，2019年7月国务院近日印发的《关于实施健康中国行动的意见》中明确指出，为不同人群提供针对性的运动健身方案或运动指导服务，努力打造百姓身边健身组织和“15分钟健身圈”，推进公共体育设施免费或低收费开放。

（二）全民健身志愿服务是社会生活的重要内容

在前工业社会和工业社会，体力作为生产力重要组成部分的年代，体育一直与生产密切联系。体育被认为是培养使用体力的生产者，增强劳动力，进而提高生产力及增加产量的一个很重要的手段。时下，随着人类向后工业社会的迈进，人类的生产已

越来越不再依赖人体肌肉产生的功率直接进行物质生产，体力在生产力等经济发展因素中的作用和地位飞速下降的时候，体育也正从生产走向生活，从工具变为玩具。二战后，随着以原子能、电子计算机、空间技术和生物工程的发明和应用为主要标志的第三次工业革命的发展，使人类社会生活和人的现代化向更高境界发展，并促进了社会经济结构和社会生活结构的变化。由此，西方发达国家兴起一股被称之为“第二奥林匹克运动”的大众体育热潮，体育进入千家万户，成为人们日常生活中一个极为重要的组成部分。

时下，随着我国正从传统社会向现代社会迈进，国民生产总值的稳定增长，城镇居民收入的持续增加，恩格尔系数的不断下降，我国城镇居民的社会生活，正由生存型向发展型转变。在此背景下，体育（全民健身）活动渗透到人们的日常生活中，并与人们的日常生活紧密结合，成为衣、食、住、行以外的第五大生活基本要素。与衣、食、住、行等生活基本元素需要有配套的社会服务一样，全民健身活动同样需要有对应的社会服务。因此，当全民健身活动走进人们生活，成为人们生活重要组成部分时，全民健身志愿服务活动也就应运而生地进入了人们的体育生活。对此，发达国家大众体育兴起与发展的历史经验业已证明。

（三）全民健身志愿服务需要发展社会组织

创新社会管理需要社会协同，公众参与，培育社会组织。由于志愿服务组织具有资源整合的功能，从国内外志愿服务发展的历程来看，各类非政府组织（志愿服务组织）对于志愿服务的有效开展起到了至关重要的作用。目前世界各国均存在各种各样的志愿组织，它们中的一些已跨越了国家的界限，在为本国国民提供志愿服务的同时，也为他国提供志愿服务。如，英国约有 70 万个志愿者组织。其中一些，不仅在英国家喻户晓，而且在国际上知名度也很高。如，英国海外志愿服务社每年大约派出 1800 多名志愿者为 60 多个国家服务。

二、全民健身志愿服务是创新社会管理的重要内容

（一）全民健身是公共服务体系的子系统

习近平总书记指出，全民健身是全体人民增强体魄、健康生活的基础和保障，人民身体健康是全面建成小康社会的重要内涵，是每一个人成长和实现幸福生活的重要基础。公共服务的种类与内容繁多，依据其功能，公共服务大致有三种：其一是维护国家安全及正常运转的公共服务，如国家安全、行政管理和国防外交等；其二是为经济建设服务的公共服务，如政府为促进经济社会发展进行的相关基础设施建设、维护公平的市场竞争秩序等；三是社会性公共服务，如教育、社会保障、公共医疗卫生、科技、环境保护、公共体育，等等。当下，从我国的国情及体育发展的实际来看，公共体育是政府履行公共服务职能的重要内容。因其具有增强国民体质与促进大众健康、推动社会主义精神文明建设、优化人们生活方式、振奋民族精神与增强民族凝聚

力、提高国家的国际影响力等功效，这些均为公众的共同需要和社会的共同追求服务。全民健身服务是公共体育服务的核心内容之一，是公共服务体系中的一个子系统。政府发展全民健身事业的目的就在于通过其增强国民体质与促进大众健康、推动社会主义精神文明建设、优化人们生活方式，是其履行公共服务职能的表现。

（二）全民健身志愿服务是全民健身服务的子系统

当下，随着社会经济迅速发展，使政府需要面对与解决的各种重大公共问题或公共事件层出不穷。受公共服务供给能力的有限性限制，政府难以全面满足全社会的公共需求。这使得“政府已经无法成为唯一的治理者，它必须依靠与民众、企业、非营利部门共同治理与共同管理”。即，政府负有为社会提供公共服务的责任，但这并非意味着所有的公共服务都必须由政府提供。“公共服务的精神并非只限于那些正式为政府工作的人们，即并非只限于那些被我们视为公务员的人们，普通公民也希望有所贡献。”因此，如果“把政府的大多数服务性活动重新交给较小的单位进行管理，很可能会促使那种因中央集权而在很大程度上蒙遭扼杀的公共精神得到复兴。”

同样，作为一项社会公共服务，全民健身服务理应由政府供给，但不是唯一主体。改革开放后，随着我国经济的发展，社会力量的增强，我国正经历一个由政府高度集权的“大政府、小社会”逐步向政府部门、经济营利部门、社会第三部门等共同发展的“小政府、大社会”的政府职能转变的过程。汪波认为，全民健身服务应主动适应这一变化，积极构建政府、市场及社会组织多元供给全民健身服务体系。即政府部门提供的“公益性”服务体系；私营部门提供的“市场化”服务体系；“第三部门”提供的“非营利性”服务体系。其中，全民健身志愿服务即为“第三部门”或称非政府组织、志愿服务组织提供的服务之一。

综上所述，全民健身志愿服务、全民健身服务、公共服务、社会服务之间的关系可如图 9-2 所示。在创新社会管理体系中，全民志愿服务是社会管理不可分割的重要组成部分。

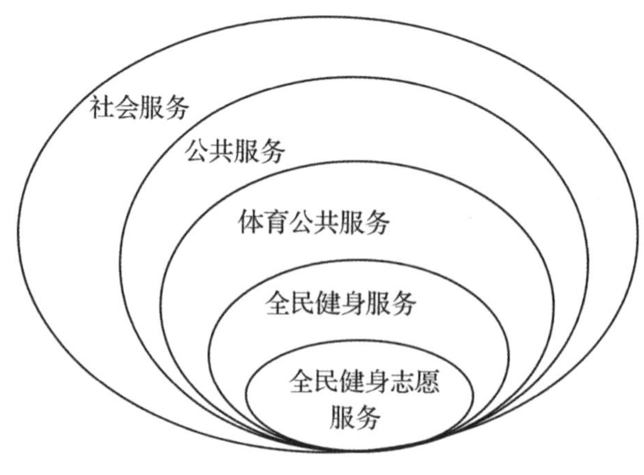

图 9-2　全民健身志愿服务与各类服务的关系

三、全民健身志愿服务与创新社会管理的目标追求一致

“求治去乱”是中国传统管理思想的核心观念，以至“经世致用”一直是我国古代学术发展的传统。清末严复介绍国外社会学时，即将其看作一门“研究社会治和乱、兴和衰的原因，揭示社会所以达到治的方法或规律的学问”。对此，郑杭生教授认为这是具有中国气派的社会管理学视角的定义，中国传统“求治去乱”的社会管理思想是中国传统社会上至皇帝、大臣，下至普通老百姓对社会管理“求治去乱”现实诉求的反映。

虽然，现代社会的社会管理与古代社会有较大差别，但其目标一致——“求治去乱”。创新社会管理的最佳状态是善治，善治即是使公共利益最大化的社会管理过程和管理活动的社会管理，就是政府依法对社会事务、社会组织和社会生活的规范和管理。在过去相当长的一段时间内，统治一直是政府社会管理方式。创新社会管理就是要从统治向治理转变。统治与治理有较大的差别，统治的主体是公共权力部门，权力从上而下的传达，基本模式就是“我命令你必须服从”。而治理，其主体是公共权力部门，但更多的是民间组织、企事业单位；权力的运行也有自上而下，但更多的是平行、协商、对话，取得共识。其本质是政府与公民对社会公共生活的合作管理，若达到这一理想状态，也就实现创新社会管理的终极目标——求治去乱，即整个国家的长治久安。

全民健身是当代社会必不可少的重要事务，人们生活的重要内容之一，开展全民健身志愿服务活动，就是动员社会力量，包括各类社会组织、公民、企事业单位参与社会事务、社会组织和社会生活（体育事务、体育组织、体育生活）的过程。其本质就是政府与公民对体育生活的合作管理与服务，满足民众的体育健身需求，促进社会和谐，是实现国家长治久安的重要内容之一。

四、全民健身志愿服务与创新社会管理的价值取向相同

公平正义历来都是崇尚民主的人民的理想和追求。改革开放后我国社会存在的各种矛盾与冲突，从根本上讲，都源自公平失衡、正义失范。首先是收入分配不公。城乡差别、行业差别、地域差别造成的收入差距也超出了公众的容忍度。1978 年我国基尼系数为 0.18，2000 年为 0.4011，超过国际公认的 0.4 警戒线，2008 年则达到 0.475 左右，进入世界上贫富差距大的国家行列，居民收入达到高度不平等状态，其后果将会导致社会两极分化，严重影响社会稳定。其次是发展机会不平等。主要表现在受教育机会不平等、成功机会不平等、获取利润和财富机会不平等。三是权利保障不平等。主要是政治权利保障不平等，有钱、有权者不但掌握更多社会资源，而且拥有更多话语权，工人、农民政治权利保障有所弱化；权势对人格尊严侵害；社会对弱势人群的关怀不够。四是法治不彰导致的不公正。如，依法行政不理想，执法不公、权大于法等问题没有得到根治；对黑恶势力打击不力，公平正义伸张难；个人法律维权成

本过高；司法腐败直接导致社会公正最后防线的失守。

当下，社会各种不公平现象在我国社会各领域均有所反映。在公共体育服务领域（全民健身服务）同样如此，突出的表现在政府对体育公共产品的供给存在重竞轻群、厚城薄乡、东沛西乏、漠视弱势等问题。公平正义是全部规则和制度合理合法的基本前提，是协调社会关系、平衡各种利益的根本依据。创新社会管理的根本在于促进公平正义，通过制度安排改善民生，让发展成果惠及全体人民。向民众提供全民健身公共服务（产品）即为其中之一。

全民健身公共服务的供给是政府的责任。但是，现实中全民健身公共服务的供给经过政府决策程序后，无论是数量还是质量最终都不能完全反映民众的需求，尤其是一些弱势群体的需求会被忽视，存在“政府失灵”现象。虽然，在现代社会，除了政府外，市场也是全民健身公共服务的重要供给主体。但是现代公共服务理论与实践表明，公共服务（产品）的非竞争性和非排他性特征，使人们在享受公共产品时会存在“搭便车”现象，导致“市场失灵”。最终，政府与市场双重“失灵”现象会导致全民健身公共服务的公平偏离。而不靠权力和利益驱动的、代表社会力量的非政府组织可以凭借其民间性、灵活性、专业性、高效性、志愿性提供公共产品，弥补“市场失灵”和“政府失灵”的缺憾。志愿服务的特点是自愿性、无偿性、公益性，传递的是一种“奉献、友爱、互助、进步”精神，其伦理价值取向即为社会公平正义。

因此，全民健身志愿服务与创新社会管理的伦理价值取向是一致的，均是为追求社会公平。

参考文献

[1]刘丽丽.全民健身背景下操舞健身机制与方法研究[M].北京:中国书籍出版社,2019.

[2]赵新世.全民健身体系及其实现路径研究[M].北京:中国水利水电出版社,2019.

[3]魏玉琴,李亚楠,平静.全民健身背景下我国休闲体育发展研究[M].长春:东北师范大学出版社,2019.

[4]申丽琼.全民健身与高校体育发展战略研究[M].哈尔滨:哈尔滨工业大学出版社,2019.

[5]刘东起.新形势下网球运动文化发展剖析与全民健身攻略[M].北京:中国书籍出版社,2018.

[6]唐刚.公共体育服务参与治理研究[M].长春:吉林大学出版社,2018.

[7]夏洪涛,杜坤.全民健身视角下的体育产业发展研究[M].北京:经济日报出版社,2018.

[8]宫彩燕.全民健身工程下的社会体育发展机制研究[M].北京:中国原子能出版社,2018.

[9]张家彬.全民健身与城市体育互动研究[M].长春:吉林文史出版社,2018.

[10]戴平."全民健身"战略下的新农村体育发展研究[M].长春:吉林人民出版社,2018.

[11]李阳.全民健身背景下农村体育发展研究[M].长春:吉林大学出版社,2018.

[12]梁华伟.基于全民健身的民族传统体育项目研究[M].长春:吉林人民出版社,2018.

[13]潘丽英.全民健身服务体系构建与运动方法研究[M].北京:新华出版社,2018.

[14]王金花.健康中国与全民健身的融合发展研究[M].北京:北京理工大学出版社,2018.

[15]谢正阳.全民健身公共服务体系研究:来自苏南地区的创新实践[M].苏州:苏州大学出版社,2018.

[16]赵乐峰.全民健身背景下农村体育理论与实证研究[M].哈尔滨:哈尔滨地图出版社,2018.